BÜZZ

Publisher ANDERSON CAVALCANTE
Editora SIMONE PAULINO
Editora assistente LUISA TIEPPO
Tradução JUNE CAMARGO
Preparação MARIANA COBUCI
Projeto gráfico ESTÚDIO GRIFO
Assistentes de design FELIPE REGIS, NATHALIA NAVARRO
Revisão MARINA CASTRO

Dados Internacionais de Catalogação na Publicação (CIP)
de acordo com ISBD

S387d
Schultz, Howard
Dedique-se de coração: A história de como a Starbucks se tornou uma grande empresa de xícara em xícara / Howard Schultz
Tradução: June Camargo
São Paulo: Buzz, 2019
336 pp.

ISBN: 978-65-80435-19-7

1. Autoajuda. 2. Negócios. 3. Trabalho. 4. Profissão.
5. Starbucks. I. Camargo, June. II. Título.

CDD 158.1
2019-1159 CDU 159.947

Elaborado por Vagner Rodolfo da Silva CRB-8/9410

Índices para catálogo sistemático:
1. Autoajuda 158.1
2. Autoajuda 159.947

Buzz Editora Ltda.
Av. Paulista, 726 – mezanino
CEP: 01310-100 São Paulo, SP

[55 11] 4171 2317
[55 11] 4171 2318
contato@buzzeditora.com.br
www.buzzeditora.com.br

DEDIQUE-SE DE CORAÇÃO

A história de como a Starbucks se tornou uma grande empresa de xícara em xícara

HOWARD SCHULTZ
com Dori Jones Yang

Este livro é dedicado com amor à minha esposa, Sheri, à minha mãe, à memória do meu pai e a todos os meus parceiros na Starbucks, especialmente a Mary Caitrin Mahoney, Aaron David Goodrich e Emory Allen Evans. Vocês continuam vivos em nossos corações.

O CORAÇÃO À FRENTE

Prefácio à edição brasileira

O que as pessoas têm em comum? Reflita um pouco, considerando diferentes possibilidades, do executivo da multinacional à atendente de loja, do funcionário público ao proprietário de uma empresa, do fabricante artesanal de queijo à mãe na mercearia.

São todos seres humanos. É o traço comum. E, nos dias de hoje, vivem em elevado grau de estimulação, e sentem-se frequentemente desorientados, perturbados e inquietos, pela inevitável agressão psíquica que sofrem diariamente.

Grande parte daqueles que persistem nos velhos modelos de gestão apresenta sintomas de frustração, ansiedade, estresse e medo diante de um castelo de areia que se desmancha a cada dia. A busca, agora, não é mais pela sobrevivência física, mas pela sanidade interior. É como se cada pessoa dissesse: "O que aconteceu com a minha vida? Socorro! Tire-me daqui! Dê-me um minuto que seja de paz de espírito!".

Howard Schultz compreende esse clamor. E a Starbucks tem sido sua resposta empreendedora para o mercado.

Por que Howard teve a habilidade de construir uma empresa que, de onze lojas, hoje tem mais de 28 mil? Ele conseguiu esse feito por ser portador de uma boa semente.

Semente é metáfora de outra palavra comum no mundo dos negócios: ambição. O que seria desse universo sem ela? A ambição é a base das conquistas, das descobertas, de novos negócios, produtos e serviços. É o fermento do impulso que move os criadores de empresas. Não existe empreendedor sem ambição, mas nem toda ambição é igual.

A ambição convencional implica lucrar, competir, vencer. A de Howard Schultz é de outra natureza. Ajudou a construir uma obra com excelência, movida por um desejo nobre, balizada por valores, apoiada na integridade.

Uma obra com excelência conduz ao melhor de nós mesmos e de nossas relações com tudo e todos que nos cercam.

E foi justamente assim. Desde o início, Howard sabia que a Starbucks podia oferecer mais do que um bom café. Algo que fosse além do paladar e mexesse com os sentimentos das pessoas.

Ele percebeu que as pessoas tentam criar um mundo melhor longe do cotidiano ao mesmo tempo monótono e caótico. Entende a Starbucks como um oásis no meio do deserto, onde as pessoas podem viver o salutar equilíbrio psíquico e emocional, nem que seja por alguns instantes, diante de uma xícara de café.

Howard não é apenas exemplo e referência de empreendedor de boa semente. Essa boa cepa também se manifesta em seu modelo de liderança. Consegue difundir uma cultura de empresa baseada em valores.

São esses os alicerces da Starbucks, mais do que crescimento e lucros. Negócios são almas humanas servindo outras almas humanas. A interação social e os relacionamentos fazem parte desses valores e sentimentos, muito além de uma simples xícara de café.

Uma boa semente faz, também, com que a Starbucks se engaje em questões ambientais, sociais e econômicas, seja contribuindo com a preservação da biodiversidade nas regiões de plantio de café, na ajuda prestada às vítimas do furacão Katrina, em Nova Orleans, ou, recentemente, no apoio aos imigrantes.

Howard não tem dúvida de que este negócio existe para contribuir com o mundo. Sabe que o segredo é o coração e o coloca à frente.

O propósito da Starbucks é inspirar e nutrir o espírito humano – uma pessoa, uma xícara de café e uma comunidade de cada vez. Sustentado por uma cultura baseada em valores, reverberada em mais de 28 mil lojas espalhadas por mais de 77 países.

Acompanhe a história, desde o começo. Contada por seu protagonista. E, a exemplo do que ele preconiza e amplifica, dedique-se à leitura sem pressa e... de coração!

ROBERTO TRANJAN
Escritor, conferencista, educador, empreendedor
e sócio-fundador da Metanoia – Propósito nos Negócios.

PRÓLOGO

Importe-se mais do que os outros: pense com sabedoria.
Arrisque mais do que os outros: pense com segurança.
Sonhe mais do que os outros: pense com praticidade.
Espere mais do que os outros: pense que é possível.

Em um dia frio de janeiro de 1961, meu pai fraturou o calcanhar trabalhando. Eu tinha sete anos de idade naquela época e estava em meio a uma guerra de neve no *playground* atrás do colégio quando minha mãe debruçou-se no parapeito da janela do nosso apartamento no sétimo andar e acenou vigorosamente em minha direção. Eu corri para casa.

"O papai sofreu um acidente", disse-me ela. "Eu tenho que ir ao hospital."

Meu pai, Fred Schultz, teve que ficar em casa com o pé para cima por mais de um mês. Eu nunca havia visto gesso até então e, à primeira vista, fiquei fascinado. Mas a novidade logo se tornou banal. Como muitos outros na sua condição, quando papai não trabalhava, também não recebia.

Seu último emprego fora de motorista de caminhão, recolhendo e entregando fraldas. Por meses a fio ele reclamara amargamente do mau cheiro e da bagunça, dizendo que era o pior emprego do mundo. Mas quando se viu sem ele, parecia querê-lo de volta. Minha mãe estava grávida de sete meses, então não podia trabalhar. Nossa família não possuía renda, nem assistência médica, nem indenização, não havia nada a que recorrer.

No jantar, minha irmã e eu comíamos em silêncio enquanto meus pais discutiam sobre quanto dinheiro teriam de conseguir emprestado e de quem. Às vezes, à noite, o telefone tocava e minha mãe insistia para que eu atendesse. Se fosse algum cobrador, eu devia dizer que meus pais não estavam em casa.

Meu irmão, Michael, nasceu em março; tiveram de conseguir novo empréstimo para pagar as despesas com o hospital.

Anos mais tarde, aquela imagem do meu pai – preso ao sofá de casa, com a perna engessada, impossibilitado de trabalhar ou ganhar dinheiro, e repudiado pelo mundo – ainda ardia em minhas lembranças. Relembrando hoje, sinto muito respeito pelo meu pai. Ele nunca terminou o colegial, mas era um homem honesto que trabalhava arduamente.

Às vezes, ele tinha de arranjar dois ou três empregos só para colocar comida na mesa. Ele se importava muito com seus três filhos, e jogava bola conosco nos fins de semana. Adorava os Yankees.

Mas era um homem sofrido. Em uma série de empregos – motorista de caminhão, operário, taxista – ele nunca conseguiu ganhar mais do que 20 mil dólares por ano, nunca conseguiu ter casa própria. Eu passei minha infância nos Projects, habitações populares subsidiadas pelo governo federal, em Canarsie, Brooklyn. Na adolescência percebi o estigma que isso carregava.

Quando fiquei mais velho, discutia frequentemente com meu pai. Eu me sentia amargurado diante de sua falta de realizações, sua falta de responsabilidade. Eu achava que ele podia ter conseguido muito mais, se ao menos tivesse tentado.

Depois que ele morreu, percebi que o julguei injustamente. Ele havia tentado se ajustar ao sistema, mas o sistema o esmagara. Ele nunca foi capaz de sair do buraco e melhorar sua condição de vida com sua baixa autoestima.

O dia em que ele faleceu, vítima de câncer no pulmão, em janeiro de 1988, foi o mais triste da minha vida. Ele não tinha economias, nem aposentadoria. E o mais importante, ele nunca conseguira alcançar realização e dignidade em um trabalho que considerasse significativo.

Quando criança, não fazia ideia de que um dia eu administraria uma empresa. Mas sabia, do fundo do meu coração, que se algum dia eu estivesse em uma posição em que pudesse fazer a diferença, não deixaria as pessoas para trás.

Os meus pais não conseguiam entender por que a Starbucks me atraía. Eu abandonei um emprego que garantia prestígio e um bom salário em 1982 para ingressar no que era então um pequeno comércio varejista em Seattle com cinco lojas. Da minha parte, via a Starbucks não pelo que era, mas pelo que poderia vir a ser. A empresa cativou-me imediatamente por associar paixão e autenticidade. Caso pudesse expandir-se por todo o país, espalhando a arte italiana da fabricação do café expresso, bem como oferecendo grãos de café recém-torrados, eu gradualmente percebi que poderia reinventar um antigo (e ao mesmo tempo novo) produto e atrair milhões de pessoas com a mesma força que me atraía.

Assumi o cargo de CEO da Starbucks em 1987 porque, como empreendedor, convenci os investidores a acreditar na visão que eu tinha para a empresa. Nos dez anos que se seguiram, com uma equipe de gerentes inteligentes e experientes, construímos a Starbucks, transformando uma empresa local com seis lojas e menos de cem funcionários em uma empresa nacional com mais de 1.300 lojas e 25 mil funcionários. Hoje estamos em cidades espalhadas por toda a América do Norte, bem como em Tóquio e Cingapura. A Starbucks tornou-se uma marca reconhecida em nível nacional, um destaque que nos autoriza a experimentar novos produtos inovadores. Tanto as vendas quanto os lucros subiram mais de 50% ao ano durante seis anos consecutivos.

Mas a história da Starbucks não é apenas um registro de crescimento e sucesso. Ela conta também como uma empresa pode ser construída de uma maneira diferente. Fala sobre uma empresa completamente diferente daquelas para as quais meu pai trabalhou. Temos a prova viva de que uma empresa pode funcionar com o coração, nutrir a alma e ainda assim render lucros. Esta história mostra que uma empresa pode oferecer, a longo prazo, valor para seus acionistas sem sacrificar a crença central de que deve tratar seus funcionários com respeito e dignidade, tanto porque temos uma equipe de líderes que acreditam que isso é certo quanto porque essa é a melhor forma de se fazer negócios.

A Starbucks cria um vínculo emocional com as pessoas. Algumas desviam-se do roteiro só para tomar o café da manhã. Nos tornamos um símbolo tão ressoante da vida americana contemporânea que nosso logo com a sereia frequentemente aparece nos programas de televisão e no cinema. Nós introduzimos novas palavras ao vocabulário americano e novos rituais sociais aos anos 90. Em algumas comunidades, as lojas Starbucks tornaram-se um Terceiro Lar – um local para reuniões sociais e amigáveis fora de casa e do trabalho, mas como uma extensão da própria casa.

As pessoas se ligam à Starbucks porque se identificam com a nossa essência. É mais do que um excelente café. É o romance da experiência com o café, a sensação de aconchego que faz com que as pessoas da comunidade entrem nas lojas Starbucks. Esse tom é determinado pelos nossos baristas, que fazem o expresso de acordo com a preferência de cada cliente e explicam a origem dos diferentes cafés. Alguns vêm para a Starbucks com menos habilidades do que as que meu pai tinha, entretanto, são eles que criam a magia.

Se existe um feito do qual mais me orgulho na Starbucks, é a relação de confiança e segurança que construímos com as pessoas que trabalham na empresa. Isto não é apenas uma frase vazia, como é em tantos lugares. Nós construímos isso através de programas inovadores e abrangentes como o programa de assistência médica, mesmo para os que trabalham meio período, e opções em ações que garantem a participação de todos. Tratamos os funcionários do armazém e o pessoal recém-contratado das lojas com o mesmo respeito que a maioria das empresas demonstra apenas por executivos do alto escalão.

Tais políticas e atitudes vão contra o senso comum nos negócios. Uma empresa administrada somente em benefício de seus acionistas trata seus funcionários como um item de linha, um custo a ser contido. Os executivos que eliminam cargos agressivamente, com frequência são recompensados, temporariamente, com uma elevação no preço das ações. Mas a longo prazo, não estão apenas prejudicando o moral mas sacrificando a inovação, o espírito empreendedor e o compromisso sincero das mesmas pessoas que poderiam levar a empresa às alturas.

O que muitos não percebem é que não se trata de um jogo de soma zero. Tratar os funcionários de forma benevolente não deve ser visto como um custo agregado que reduz os lucros, mas como um poderoso elemento motivador que pode transformar a empresa em algo bem maior do que um líder é capaz de imaginar. Com orgulho pelo que faz, o pessoal da Starbucks tende a não abandonar o trabalho. Nosso índice de *turnover* é inferior à metade da média na indústria, o que não só representa economias em dinheiro como também fortalece nossa ligação com os clientes.

Mas os benefícios são ainda mais profundos. Se as pessoas se importam com a empresa para a qual trabalham, se formam um vínculo emocional com ela e acreditam nos sonhos da empresa, irão dedicar-se com emoção, procurando aperfeiçoá-la. Quando os funcionários têm autoestima e respeito por si mesmos podem contribuir muito mais: para a empresa, para a família, para o mundo.

Embora eu não tenha planejado conscientemente, a Starbucks tornou-se um legado do meu pai.

Pelo fato de que nem todos podem assumir seu próprio destino, aqueles que podem alcançam cargos de autoridade e têm responsabilidade em relação àqueles cujos esforços diários mantêm a empresa funcionando, não só para manter o trajeto certo, mas para ter certeza de que ninguém está sendo deixado para trás.

Eu nunca planejei escrever um livro, pelo menos não tão cedo em minha carreira. Acredito firmemente que a maior parte das realizações da Starbucks estão no futuro, não no passado. Se compararmos a Starbucks a um livro de vinte capítulos, estamos apenas no terceiro.

Mas por diversos motivos, eu decidi que agora seria um bom momento para contar a história da Starbucks.

Primeiramente, eu gostaria de inspirar as pessoas a perseguirem seus sonhos. Eu tenho origens humildes; não tive talheres de prata, nem *pedigree*, nem mentores que me guiassem. Eu ousei sonhar grande, e então desejei que meus sonhos se concretizassem. Estou certo de que a maioria das pessoas pode realizar seus sonhos e ir além deles se tiverem perseverança.

Segundo, e mais importante, espero inspirar líderes de empresas a sonhar alto. O sucesso é vazio se você atingir a linha de chegada sozinho. A melhor recompensa é chegar lá cercado de vencedores. Quanto mais vencedores você trouxer consigo – sejam eles seus funcionários, clientes, acionistas ou leitores –, mais gratificante será a vitória.

Não estou escrevendo este livro para ganhar dinheiro. Toda a renda resultante dele será revertida para a Starbucks Foundation, que irá doar as verbas para trabalhos filantrópicos em nome da Starbucks e seus sócios.

Esta é a história da Starbucks, mas não é um livro convencional sobre negócios. Seu propósito não é compartilhar a história da minha vida, ou oferecer conselhos sobre como consertar empresas quebradas, ou documentar a história de uma corporação. Ele não traz resumos executivos, nem listas de itens para tomada de ação, nem diagramas teóricos para analisar por que algumas empresas são bem-sucedidas e outras não.

Em vez disso tudo, é a história de uma equipe de pessoas que construiu uma empresa de sucesso com base em valores e princípios diretores raramente encontrados nas corporações norte-americanas. Ela conta como, com o decorrer do tempo, nós aprendemos algumas lições importantes sobre os negócios e sobre a vida. Esses *insights*, espero, ajudarão outras pessoas a construir uma empresa e perseguir o sonho de suas vidas.

Meu objetivo final ao escrever *Dedique-se de coração* é insistir para que as pessoas tenham coragem de perseverar, de continuar seguindo seus corações mesmo quando os outros as ridicularizarem. Não seja derrotado pelos pessimistas que dizem não a tudo. Não deixe os obstáculos intimidarem-no. Quais eram os obstáculos à minha frente, uma criança dos Projects?

Uma empresa pode crescer sem perder a paixão e a personalidade que erguem-na, mas somente se ela for guiada pelos valores e pelas pessoas, não pelos lucros.

O segredo é o coração. Eu ponho emoção em cada xícara de café, e os meus parceiros fazem o mesmo na Starbucks. Quando os clientes sentem isso, respondem com bondade.

Se você dedicar-se com emoção ao trabalho, ou a qualquer empresa que valha, poderá realizar sonhos que outros julgavam impossíveis. É isso o que torna a vida compensadora.

Existe uma tradição judaica chamada *yahrzeit*. Na véspera do aniversário da morte de um ente querido, os parentes mais próximos acendem uma vela e mantêm-na queimando por 24 horas. Eu acendo uma vela todos os anos para o meu pai.

Só quero que a luz nunca se apague.

1

REDESCOBRINDO O CAFÉ

os anos que antecederam 1987

IMAGINAÇÃO, SONHOS E ORIGENS HUMILDES

Os olhos são cegos. É preciso buscar com o coração.
ANTOINE DE SAINT-EXUPÉRY, "O pequeno príncipe"

A Starbucks, como é hoje, na verdade tem dois pais. Um é o da Starbucks original, fundada em 1971, uma empresa apaixonadamente comprometida com a excelência em café e dedicada a ensinar aos seus clientes, um a um, o que é um excelente café.

E o outro, a visão e os valores que eu trouxe à empresa: a associação de direcionamento competitivo e um profundo desejo de certificar-se de que todos da organização podem vencer juntos. Eu quis misturar café e romance, ousar atingir o que outros diziam ser impossível, desafiar os obstáculos com ideias inovadoras, e fazer tudo isso com elegância e estilo.

Na verdade, a Starbucks precisava da influência dos dois pais para se tornar o que é hoje.

A Starbucks prosperou por dez anos antes que eu a descobrisse. Soube de sua história através de seus fundadores, e a recontarei no segundo capítulo. Neste livro, relatarei a história da forma como a vivenciei, desde o início da minha vida, porque muitos dos valores que modelaram o crescimento da empresa derivam da minha vida em um apartamento apertado no Brooklyn, em Nova York.

Origens humildes podem instilar direcionamento e compaixão

Uma coisa que notei a respeito dos românticos: eles tentam criar um mundo novo e melhor longe da monotonia do cotidiano. Este é o objetivo da Starbucks. Nós tentamos criar, em nossas lojas, um oásis, um pequeno espaço na vizinhança onde se pode fazer uma pausa, ouvir um pouco de *jazz*, e refletir sobre questões do universo, questões pessoais ou até mesmo místicas diante de uma xícara de café.

Que tipo de pessoa sonha com tal lugar?

De acordo com minha experiência pessoal, eu diria que quanto mais modestas suas origens, maior a probabilidade de você usar a sua imaginação e inventar mundos nos quais tudo parece possível.

Isso certamente se aplica a mim.

Eu tinha três anos quando minha família mudou-se do apartamento da minha avó em Bayview Projects em 1956. Eles estavam no centro de Canarsie, na Jamaica Bay, a quinze minutos do aeroporto, quinze minutos de Coney Island. Na época, os Projects não eram lugares assustadores, mas um conjunto amplo, amigável e frondoso, com uma dúzia de edifícios de oito andares, todos novos. O primário, P.S. 272, ficava no térreo dos Projects e era bem completo, com *playground*, quadras de basquete e pátio. Ainda assim, ninguém se orgulhava de morar nos Projects; nossos pais eram o que hoje chamamos de "classe pobre trabalhadora".

Entretanto, eu tive muitos momentos felizes durante minha infância. Crescer nos Projects fez com que eu adquirisse um sistema de valores bem equilibrado, ao mesmo tempo que me forçava a conviver com muitos tipos diferentes de pessoas. Somente o nosso edifício abrigava 150 famílias, e todos compartilhávamos um minúsculo elevador. Todos os apartamentos eram bem pequenos e nossa família instalou-se em uma unidade apertada com dois quartos.

Tanto meu pai quanto minha mãe vieram de famílias de classe trabalhadora, que moraram na zona leste do Brooklyn, em Nova York, por duas gerações. Meu avô morreu jovem, então meu pai teve que abandonar os estudos e começar a trabalhar quando ainda era adolescente. Durante a Segunda Guerra Mundial, foi enfermeiro no exército no Pacífico Sul, New Caledonia e Saipan, onde contraiu febre amarela e malária. Consequentemente, seus pulmões ficaram enfraquecidos, e ele se resfriava com facilidade. Depois da guerra, teve uma série de empregos, mas na verdade nunca se encontrou, nunca teve um plano para sua vida.

Minha mãe era uma mulher de fibra e tinha muita força de vontade. Seu nome é Elaine, mas a chamava de Bobbie. Depois que crescemos, ela passou a trabalhar como recepcionista, mas enquanto éramos crianças ela cuidava de nós em tempo integral.

Minha irmã, Ronnie, quase da minha idade, também vivenciou muitas das duras experiências da infância que eu vivenciei. Mas, até certo ponto, eu consegui poupar meu irmão Michael das dificuldades econômicas que eu sentia e dar-lhe o tipo de orientação que meus pais não puderam oferecer. Ele estava sempre comigo para onde quer que eu fosse. Eu costumava chamá-lo de "O Sombra". Apesar da diferença de oito anos, eu desenvolvi uma relação bastante próxima com Michael, agindo como pai quando podia. Com orgulho, observei-o tornar-se um bom atleta, um aluno forte e finalmente um sucesso em sua própria carreira.

Eu praticava esportes dia e noite com as crianças da vizinhança durante a minha infância. Meu pai nos acompanhava sempre que podia, depois do trabalho e nos fins de semana. Todos os sábados e domingos de manhã, a partir das oito horas, centenas de crianças se reuniam no pátio da escola. Lá você tinha de ser bom: se não vencesse, estaria fora do jogo, seria forçado a ficar olhando por horas a fio antes de entrar no jogo outra vez. Então eu jogava para ganhar.

Sorte minha, tornei-me um atleta naturalmente. Fosse beisebol, basquete ou futebol, eu entrava correndo e jogava para valer até ficar bom naquilo. Costumava organizar partidas de beisebol e basquete com todas as crianças da vizinhança – judias, italianas, negras. Ninguém tinha de nos ensinar sobre a diversidade; nós já vivíamos a diversidade.

Sempre fez parte da minha personalidade desenvolver uma paixão desenfreada por coisas que me interessavam. Minha primeira paixão foi pelo beisebol. Naquela época, nos vários distritos de Nova York, toda conversa começava e terminava com beisebol. As conexões e barreiras com outras pessoas existiam não por causa de raça ou religião, mas pelo time para o qual torciam. Os Dodgers tinham acabado de partir para Los Angeles (partiram o coração do meu pai, e ele nunca os perdoou), mas ainda tínhamos muitos astros do beisebol. Lembro-me de quando voltava para casa e ouvia as vozes dos locutores ecoando por todas as janelas.

Eu era um fã inveterado dos Yankees, e meu pai levou meu irmão e eu a muitos jogos. Nunca conseguíamos boas cadeiras, mas isso não importava.

Era a emoção de estar presente que importava. Mickey Mantle era o meu ídolo. Eu tinha seu número, sete, em minhas camisetas, tênis, em tudo o que era meu. Quando jogava beisebol, eu imitava o estilo e os gestos de Mickey Mantle.

Quando Mick aposentou-se, foi difícil crer no fim. Como ele poderia parar de jogar? Meu pai me levou às duas comemorações "Mickey Mantle Days" no Yankee Stadium, em 18 de setembro de 1968 e 8 de junho de 1969. Enquanto observava as homenagens prestadas a ele e ouvia os outros jogadores dizerem adeus, e o ouvia falar, sentia-me profundamente triste. Beisebol nunca foi a mesma coisa para mim depois daquilo. Mick era uma presença tão intensa em nossas vidas que anos mais tarde, quando ele morreu, eu recebia telefonemas de condolências de amigos de infância com os quais não falava havia décadas.

O café não ocupou um lugar importante na minha infância. Minha mãe tomava café instantâneo. Quando a empresa apareceu, ela comprava café em lata e usava a antiga cafeteira. Lembro-me de ouvir o borbulhar e observar aquela tampa de vidro até que finalmente o café ficasse pronto.

Só quando cresci comecei a perceber como a situação financeira da minha família era crítica. Em raras ocasiões íamos a um restaurante chinês, e meus pais discutiam sobre que pratos pedir, exclusivamente com base no dinheiro que meu pai tinha na carteira naquele dia. Eu me senti irritado e envergonhado quando soube que o acampamento do qual participei no verão era um programa subsidiado para crianças menos privilegiadas. Depois disso, recusei-me a voltar.

Quando entrei no colegial, entendi o estigma de ter vivido nos Projects. A Canarsie High School ficava a menos de dois quilômetros de distância, mas para chegar lá eu tinha que caminhar em meio a pequenas casas de família e *duplexes*. Eu sabia que as pessoas que moravam por lá nos menosprezavam.

Uma vez pedi uma garota de outra parte de Nova York em namoro. Lembro-me de como seu pai foi fazendo uma cara de enterro ao ouvir minha resposta à pergunta: "Onde você mora?".

"Moramos no Brooklyn", respondi.

"Onde?"

"Canarsie."

"Onde?"

"Bayview Projects."

"Ah."

Houve um julgamento a meu respeito que ele ocultou, e eu fiquei enojado diante daquilo.

Sendo o mais velho dos três filhos, eu tinha de crescer rapidamente. Comecei a ganhar dinheiro ainda em uma idade tenra. Aos doze anos, tinha um emprego como entregador de panfletos; mais tarde trabalhei atrás do balcão de uma lanchonete da região. Aos dezesseis, arranjei um emprego para o período depois da aula na região da moda de Manhattan, em um peleiro, esticando peles de animais. Era um trabalho horroroso, e deixou calos nos meus dedos. Eu passei um verão muito quente em uma fábrica que explorava mão de obra, preparando fios de lã em uma malharia. Sempre dava parte do meu salário à minha mãe – não porque ela insistisse, mas porque eu me sentia mal em relação à condição dos meus pais.

Ainda nos anos 50 e 60, o sonho americano era vibrante, e todos sentíamos ter direito a uma parte dele. Minha mãe nos convencera disso. Ela mesma nunca concluíra o colegial, e seu maior sonho era formar os três filhos. Sábia e pragmática à sua maneira rude e convicta, ela me deu grande confiança. Vez após vez, colocava modelos poderosos na minha frente, apontando personalidades que haviam feito algo em suas vidas e insistindo que eu, também, poderia realizar o que me propusesse se me dedicasse de corpo e alma. Ela me encorajava a me desafiar, colocando-me em situações nas quais não me sentia confortável, para que eu aprendesse a superar a adversidade. Não sei como ela chegou a essa conclusão, porque não vivia conforme regras assim. Mas ela queria que nós tivéssemos sucesso.

Anos mais tarde, durante uma de nossas visitas a Seattle, mostrei à minha mãe nossos novos escritórios no Starbucks Center. Enquanto conversávamos, passando por departamentos e estações de trabalho, observando as pessoas conversarem e digitarem nos computadores, eu podia ver sua cabeça girando ao ritmo das operações. Finalmente, ela se aproximou de mim e sussurrou: "quem paga todas essas pessoas?". Estava além da sua imaginação.

Durante minha infância, eu nunca sonhei em trabalhar em uma empresa. O único empreendedor que eu conhecia era meu tio, Bill Farber. Ele tinha uma pequena fábrica de papel no Bronx, para a qual mais tarde contratou meu pai como contramestre. Eu não sabia que tipo de trabalho acabaria fazendo, mas sabia que tinha de escapar das dificuldades pelas quais meus pais passavam diariamente. Tinha de sair dos Projects, sair do Brooklyn. Lembro-me de que me deitava na cama à noite e pensava: *e se eu tivesse uma bola de cristal e pudesse ver o futuro?* Mas logo interrompia esse pensamento, pois imaginar o que eu veria me assustava demais.

Eu só conseguia enxergar uma saída: os esportes. Como as crianças do filme *Basquete Blues*, meus amigos e eu achávamos que os esportes eram o passaporte para uma vida magnífica. No colegial, eu só me aplicava nos estudos quando precisava, porque o que eu aprendia em sala de aula parecia irrelevante. Em vez disso, passava horas e dias jogando futebol.

Eu nunca vou me esquecer do dia em que entrei para o time. Como símbolo daquela honra, recebi a jaqueta, com o grande C azul que me identificava como um atleta de talento. Mas minha mãe não conseguia pagar 29 dólares pela jaqueta, então pediu-me que esperasse mais ou menos uma semana até o papai receber. Fiquei arrasado. Todo mundo na escola planejara usar as suas jaquetas em uma data previamente combinada. E eu não podia aparecer sem a minha, mas também não queria fazer minha mãe sentir-se ainda pior. Então pedi dinheiro emprestado a um amigo para comprá-la e usei-a no dia combinado, mas escondi dos meus pais até quando eles puderam pagar.

Meu maior triunfo na escola foi tornar-me *quarterback*, o que me transformou em um Grande Homem entre 5.700 alunos da Canarsie High School. A escola também era tão pobre que nós nem tínhamos um campo de futebol americano e todos os nossos jogos eram fora. Nosso time era bem fraco, mas eu era um dos melhores jogadores.

Um dia, um olheiro veio acompanhar um jogador do time adversário em um dos jogos. Eu não sabia que ele estava lá. Alguns dias depois, contudo, recebi uma carta que para mim, naquele momento, parecia ser de outro planeta, Northern Michigan University. Eles estavam recrutando jogadores para o time de futebol americano. Se eu me interessei? Eu dava pulos de alegria. Eu me senti vencedor de um grande campeonato.

No final das contas, a Northern Michigan ofereceu-me uma bolsa de estudos, a única oferta que eu recebi. Sem ela, não sei como poderia ter realizado o sonho da minha mãe, que era o de me ver formado.

Durante as férias, na primavera no último ano do colégio, meus pais me levaram para ver aquele lugar inimaginável. Viajamos de carro cerca de 1.600 km até

Marquette, na Península Superior de Michigan. Nunca havíamos saído de Nova York e meus pais se viram nessa aventura. Atravessamos montanhas arborizadas, vastos trechos de campo aberto, passamos ao lado de lagos enormes que pareciam oceanos. Quando finalmente chegamos, o *campus* parecia os Estados Unidos que eu havia visto somente nos filmes, com árvores florescendo, alunos risonhos, *frisbees* voando.

Finalmente eu estava fora do Brooklyn.

Coincidentemente, a Starbucks foi fundada naquele mesmo ano em Seattle, uma cidade ainda mais distante da minha imaginação naquela época.

Eu adorava a liberdade e o espaço da escola, embora me sentisse sozinho e deslocado a princípio. Fiz alguns amigos no meu primeiro ano como calouro e acabei dividindo o mesmo quarto com eles por quatro anos, dentro e fora do *campus*. Meu irmão visitou-me duas vezes e, em um ano, no Dia das Mães, fui até Nova York; cheguei de surpresa.

No final, eu não era tão bom jogador de futebol quanto pensava, e acabei não jogando mais. Para permanecer na escola eu fazia empréstimos, trabalhava meio período e trabalhava no verão para pagar as despesas. Tinha um emprego noturno como *barman* e fazia muitos outros bicos. Ainda assim, aqueles foram os anos mais divertidos da minha vida, uma época de poucas responsabilidades. Além de tudo, era pouco provável que eu fosse convocado para ir ao Vietnã.

Formei-me em comunicação e fiz cursos de oratória e comunicações interpessoais. Durante o último ano, frequentei também algumas aulas de administração porque estava começando a me preocupar com o que faria depois que me formasse. Mantive média B, esforçando-me somente quando tinha de fazer um teste ou uma apresentação.

Depois de quatro anos, fui o primeiro da família a me formar. Para os meus pais, eu tinha conseguido o grande prêmio: um diploma. Mas eu não tinha nenhuma direção a seguir. Ninguém nunca me ajudou a enxergar o valor do conhecimento que eu estava adquirindo. Desde então sempre brincava dizendo: se alguém tivesse me dado orientação e me direcionado, eu poderia ter sido alguém.

Demorou anos para eu descobrir qual era a minha paixão na vida. Cada passo depois daquela descoberta era um salto enorme em direção a algo desconhecido, cada movimento mais arriscado que o anterior. Mas sair do Brooklyn e me formar foram acontecimentos que me deram coragem para continuar sonhando.

Durante anos eu escondi o fato de ter crescido nos Projects. Eu não mentia sobre isso, mas também não trazia o assunto à tona, afinal, não era uma credencial positiva. Mas por mais que eu tentasse negar, aquelas lembranças das minhas primeiras experiências ficaram marcadas indelevelmente em minha memória. Eu jamais poderia esquecer como é estar do outro lado, com medo de prever o futuro.

Em dezembro de 1994, um artigo no *New York Times* sobre o sucesso da Starbucks mencionou que eu cresci nos Projects em Canarsie. Depois que isso ocorreu, recebi cartas de Bayview e outros cantos. A maioria delas vinha de mães tentando orientar seus filhos, dizendo que minha história lhes dera esperança.

Os obstáculos para a transição do ambiente em que cresci até chegar onde me encontro hoje são imensuráveis. Como aconteceu?

O sol brilhou para mim, é verdade, como sempre diz meu irmão Michael. Mas a minha história tem tanto a ver com perseverança e esforço, quanto com talento e sorte. Eu desejei que acontecesse. Tomei a vida em minhas mãos, aprendi com quem podia, agarrei cada oportunidade que tive e moldei meu sucesso passo a passo.

O medo do fracasso foi o que primeiro me invadiu, mas, à medida que eu lidava com cada desafio, minha ansiedade era substituída por um crescente senso de otimismo. Assim que você supera obstáculos aparentemente intransponíveis, outras situações difíceis tornam-se menos assustadoras. A maioria das pessoas é capaz de ir além de seus sonhos se insistir. Eu encorajaria qualquer um a sonhar grande, formar bases sólidas, absorver informações como uma esponja, e a não ter medo de desafiar o senso comum. Só porque ninguém fez antes não significa que você não deva tentar.

Eu não posso lhe dar uma receita secreta para o sucesso, nenhum plano à prova de falhas para ser bem-sucedido no mundo dos negócios. Mas minha própria experiência sugere que é possível começar do nada e exceder os seus próprios sonhos.

Recentemente fiz uma viagem a Nova York e voltei a Canarsie, e dei uma olhada em Bayview pela primeira vez depois de vinte anos. Na verdade, não é um lugar ruim, exceto pelo buraco feito à bala na porta da entrada e as marcas de incêndio em volta da campainha. Quando morava lá, também não tínhamos grades de ferro nas janelas, mas também não tínhamos ar-condicionado. Vi um grupo de crianças jogando basquete, exatamente como eu fazia, e observei uma jovem mãe empurrando um carrinho de bebê. Um garotinho olhou para mim e perguntou: *qual dessas crianças vai se revelar e realizar seus sonhos?*

Eu parei em frente à Canarsie High School, onde a equipe de futebol estava treinando. A brisa amena do outono, os uniformes azuis e os apitos das partidas fizeram com que a antiga alegria voltasse a me invadir. Perguntei onde estava o treinador. Em meio às costas fortes e os enchimentos de ombro surgiu uma figura franzina usando um boné vermelho. Para minha surpresa, estava frente a frente com Mike Camardese, um cara que jogava no mesmo time que eu. Ele me pôs a par dos acontecimentos do time, contando sobre como a escola finalmente havia conseguido um campo de futebol. Coincidentemente, estavam realizando uma cerimônia de inauguração do campo naquele sábado e ele teria o nome do meu ex-treinador, Frank Morogiello. Na ocasião, decidi firmar um compromisso de cinco anos patrocinando o time. Sem o apoio do treinador Morogiello, onde eu estaria hoje? Talvez minha contribuição permita a alguns atletas de Canarsie, orientados como eu fui, ir além das suas raízes e conseguir algo que ninguém jamais teria imaginado.

Soube que alguns treinadores enfrentam dilemas excepcionais. Os atletas de "classe mundial" dos times – aqueles com maior habilidade e experiência – às vezes fraquejam diante de um momento decisivo. Eventualmente, contudo, há um jogador do time, um cara mediano cujas habilidades e treinamento não são exatamente de "classe mundial". Entretanto, em um momento decisivo, é ele quem o treinador manda para o campo. Ele está tão concentrado e tão decidido a vencer que pode exceder os melhores atletas em termos de desempenho quando a situação realmente importa.

Identifico-me com um atleta mediano. Sempre fui concentrado e faminto, então em momentos decisivos a adrenalina toma conta de mim. Muito tempo depois de os outros pararem para descansar e se recuperar, eu ainda estou correndo, perseguindo algo que ninguém viu.

Suficiente não basta

Toda experiência prepara você para a seguinte. Nunca se sabe qual será a próxima.

Depois de me formar na universidade em 1975, como muitas crianças, eu não sabia o que viria depois. Não estava pronto para voltar a Nova York, então fiquei em Michigan, trabalhando em uma estação de esqui. Não tinha um mentor, ou um modelo, nem um professor especial para me ajudar a fazer as escolhas acertadamente. Então decidi pensar um pouco, mas ainda assim não me vinha inspiração.

Um ano depois voltei para Nova York e consegui um trabalho na Xerox, no programa de treinamento de vendas. Tive muita sorte, porque consegui frequentar a melhor escola de vendas do país, o centro de 100 milhões de dólares da Xerox em Leesburg, Virgínia. Aprendi lá mais do que havia aprendido na escola sobre o mundo profissional e dos negócios. Eles treinaram-me em vendas, *marketing* e habilidades de apresentação, e acabei formando um forte senso de autoestima. A Xerox era uma empresa excelente, e eu era respeitado quando dizia aos outros quem era o meu empregador.

Depois de concluir o curso, passei seis meses fazendo cinquenta ligações por dia sem qualquer resultado. Batia à porta de escritórios em Manhattan, em um território que ia da 42nd Street à 48th Street, do East River à Fifth Avenue. Era uma área fantástica, mas eu não tinha permissão para vender, apenas para identificar boas oportunidades.

As ligações que não resultavam em nada foram um excelente treinamento para os negócios. Ensinaram-me a pensar sozinho. Então, muitas portas se fechavam para mim e eu tive que desenvolver certa insensibilidade e um breve argumento de vendas para o que, naquela época, era uma máquina novíssima chamada processador de texto. Mas o trabalho me fascinava e eu mantive meu senso de humor e aventura. Lutava contra a concorrência, tentando ser o melhor, ser notado, fornecer os melhores argumentos aos meus vendedores. Eu queria vencer.

Finalmente, consegui: tornei-me vendedor no mesmo território. Fiquei bom naquilo, usando paletó, fechando vendas e ganhando comissões por três anos. Eu vendia muitas máquinas e superava muitos dos meus colegas. Descobri que vender tem muito a ver com autoestima. Mas não posso afirmar que desenvolvi paixão por processadores de texto.

Eu paguei os empréstimos que devia na faculdade e aluguei um apartamento em Greenwich Village com outro rapaz. Nós estávamos nos divertindo a valer. Durante um verão, eu e mais sete colegas alugamos uma casa nos Hamptons para passar os fins de semana, e foi lá, na praia, no fim de semana de 4 de julho, 1978, que encontrei Sheri Kersch.

Com o brilho de seus cabelos ondulados longos e louros e sua tremenda energia, Sheri me atraiu com seu impecável estilo e classe. Estava estudando para formar-se em decoração de interiores e também estava passando os fins de semana com um grupo de amigos na praia. Ela não era simplesmente bonita mas tinha uma sólida formação, com valores arraigados do Meio Oeste, vindos de uma família amável e cordial. Nós dois estávamos no início de nossas carreiras, sem ter grande preocupação no mundo. Começamos a namorar, e quanto mais a conhecia, mais percebia que magnífico ser humano havia encontrado.

Em 1979, contudo, eu estava impaciente em relação ao meu emprego. Queria algo mais desafiador. Um amigo disse-me que uma empresa sueca, a Perstorp, planejava estabelecer uma divisão nos Estados Unidos para sua subsidiária de utensílios domésticos, a Hammarplast. Parecia uma ótima oportunidade de começar em uma empresa em crescimento. A Perstorp me contratou e enviou-me para três meses de treinamento na Suécia. Hospedei-me na charmosa cidadezinha de Perstorp, perto de Malmö, e explorei Copenhague e Estocolmo nos fins de semana. A Europa me surpreendeu com seu senso histórico e prazer pela vida.

A empresa inicialmente colocou-me em uma divisão diferente, que vendia suprimentos para construção. Transferiram-me para a Carolina do Norte e eu tive de vender acessórios e móveis para cozinha. Detestava o produto. Quem podia ter uma boa relação com peças de plástico prensadas? Depois de dez meses de miséria, não consegui suportar. Eu estava pronto para desistir e me matricular na escola de interpretação, qualquer coisa para voltar a Nova York e estar com Sheri.

Quando ameacei sair, a Perstorp não só me transferiu de volta para Nova York, como também me promoveu a vice-presidente e diretor-geral da Hammarplast. Eu era encarregado das operações nos Estados Unidos, gerenciando cerca de vinte representantes de vendas independentes. Eles deram-me não só um salário de 75 mil dólares/ano mas também um automóvel da empresa, uma verba de representação e cobertura total de viagens, incluindo quatro viagens ao ano para a Suécia. Finalmente eu estava vendendo produtos dos quais gostava: uma moderna linha sueca de equipamentos e utensílios domésticos. Enquanto vendedor, eu sabia motivar minha equipe de vendedores. Rapidamente coloquei os produtos em grandes magazines e consegui aumentar o volume de vendas.

Fiz isso por três anos e adorei. Aos 28 anos tinha chegado lá. Sheri e eu mudamos para a região nordeste de Manhattan, onde compramos nosso apartamento. Sheri estava em fase de ascensão profissional, trabalhando para um fabricante italiano de móveis como designer e vendedora.

Ela pintou as paredes de salmão claro e começou a lançar mão de suas habilidades profissionais para criar, em estilo imponente, um lar em nosso espaço. Tínhamos uma vida maravilhosa, frequentávamos o teatro, jantávamos fora, convidávamos amigos para reuniões em casa. Até alugamos uma casa de verão nos Hamptons.

Meus pais não acreditavam que eu tivesse ido tão longe tão rápido. Em seis anos depois de ter me formado havia conseguido uma carreira de sucesso, um salário alto, um apartamento próprio. A vida que eu tinha estava além dos melhores sonhos que meus pais haviam vislumbrado para mim. A maioria das pessoas estaria satisfeita com isso.

Então ninguém – principalmente os meus pais – conseguia entender por que eu ainda estava tão inquieto. É que eu sentia que faltava algo. Eu queria ser dono do meu próprio destino. Talvez seja um dos meus pontos fracos: estou sempre me perguntando o que estarei fazendo depois. Suficiente não basta.

Ao conhecer a Starbucks me dei conta do que significa o trabalho realmente cativar seu coração e sua imaginação.

UM FORTE LEGADO LHE GARANTE SUSTENTABILIDADE FUTURA

Cem vezes por dia eu me lembro de que minha vida interior e exterior dependem do trabalho de outros homens, que estão vivos e mortos, e que eu devo me esforçar para me manifestar na mesma medida em que recebi.
ALBERT EINSTEIN

Assim como eu não criei a Starbucks, a Starbucks não introduziu o café expresso e o café bem torrado nos Estados Unidos. Em vez disso, nos tornamos os respeitáveis herdeiros de uma grande tradição. O café e os bares foram uma parte significativa da vida em comunidade durante séculos, tanto na Europa quanto na América. Eles eram associados a revoltas políticas, movimentos de escritores e debates intelectuais em Veneza, Viena, Paris e Berlim.

A Starbucks faz sucesso com as pessoas porque abraça seu legado. Ela extrai força de sua própria história e se liga ao passado mais distante. É isso o que a torna mais do que uma empresa em crescimento ou uma moda passageira.

É o que a torna sustentável.

Se cativar a sua imaginação, irá cativar os outros

Em 1981, enquanto eu trabalhava para a Hammarplast, notei um fenômeno estranho: um pequeno varejista de Seattle fazia, excepcionalmente, um número superior de pedidos para um certo tipo de aparelho para coar café. Era um aparelho simples, um coador plástico em uma jarra térmica.

Investiguei. A Starbucks Coffee, Tea and Spice tinha somente quatro lojas naquela época, entretanto estava comprando esse produto em quantidades superiores à Macy's. Por que Seattle teria gostado tanto dessa cafeteira enquanto o resto do país preparava o café diariamente em cafeteiras elétricas ou manuais?

Então um dia disse a Sheri: "Vou visitar essa empresa. Quero saber o que está acontecendo lá".

Naquela época eu viajava muito, por todo o país, mas nunca tinha ido a Seattle. E quem ia a Seattle naquela época?

Cheguei em um dia claro de primavera, o ar estava tão limpo que agredia os meus pulmões. As árvores de cereja e maçã estavam começando a florescer. Das ruas da cidade eu conseguia ver os elevados topos das montanhas cobertos de neve ao leste, oeste e sul da cidade, diante do céu azul.

A gerente de *merchandising* no varejo da Starbucks, Linda Grossman, encontrou-me no hotel e acompanhou-me até a loja principal da Starbucks, no histórico bairro onde ficava o Pike Place Market. Chegando lá, passamos por bancas de salmão fresco onde os vendedores gritavam seus pedidos sonoramente e atiravam peixe por cima das cabeças dos clientes, passamos por fileiras de maçãs recém-polidas e repolhos bem ordenados, passamos por uma padaria que exalava aromas de pães assados na hora. Era um espetáculo que exibia o talento artístico dos lavradores da região e pequenos representantes independentes. Eu adorei o mercado desde a primeira vez em que estive lá, e ainda adoro. É tão artesanal, tão autêntico, tão antigo.

A loja original da Starbucks era um local modesto, mas repleto de personagens, um armazém estreito com um violinista solo tocando Mozart na entrada, com a caixa do violino aberta para recolher esmolas. No instante em que a porta se abriu, senti um forte aroma de café que me convidou a entrar. Entrei e vi o que parecia um templo para adoração ao café. Por trás de um gasto balcão de madeira havia caixas contendo cafés de todas as partes do mundo: Sumatra, Quênia, Etiópia, Costa Rica. Lembre-se: naquela época a maioria das pessoas pensava que o café vinha em latas, não em grãos. Havia uma loja que vendia apenas grãos de café e lá havia uma prateleira inteira cheia de mercadorias relacionadas a café, incluindo uma exposição de cafeteiras da Hammarplast, nas cores vermelha, amarela e preta.

Depois de me apresentar para o cara que ficava atrás do balcão, Linda começou a falar sobre o motivo pelo qual os consumidores gostavam dos conjuntos de coador e jarra térmica. "Parte do prazer é o ritual", explicou ela. A Starbucks aconselha que se prepare o café manualmente, porque a cafeteira elétrica faz com que o café se acumule e queime.

Enquanto conversávamos, o balconista apanhou alguns grãos de café Sumatra, moeu, colocou os grãos triturados no filtro em um coador, e despejou água quente sobre eles. Embora a tarefa tenha levado somente alguns minutos, ele a realizou com reverência, como um artesão.

Quando me deu uma xícara de porcelana cheia de café recém-coado, o vapor e o aroma pareciam me envolver por completo. Não era preciso acrescentar leite ou açúcar. Eu provei um pequeno gole.

Nossa! Deixei minha cabeça pender para trás e arregalei os olhos. Com um único gole, podia afirmar que era mais forte do que qualquer café que eu já havia provado.

Ao ver minha reação, o pessoal da Starbucks riu. "É forte demais para você?"

Eu sorri e balancei a cabeça. Depois dei outro gole. Dessa vez consegui sentir melhor o sabor enquanto o café escorregava boca adentro.

No terceiro gole estava ganho.

Era como se eu tivesse descoberto um novo continente. Comparativamente, percebi que o café que eu bebi a vida toda era refugo. Estava ansioso para aprender. Comecei a fazer perguntas sobre a empresa, sobre cafés de diversas regiões do mundo, sobre as diferentes maneiras de torrar. Antes de sairmos da loja, eles moeram mais grãos do Sumatra e me deram um pacote de presente.

Linda conduziu-me então à torrefação da Starbucks para apresentar-me aos proprietários da fábrica, Gerald Baldwin e Gordon Bowker. Eles montaram-na em um antigo e estreito galpão industrial com uma porta metálica na entrada, ao lado de uma fábrica de embalagem de carne na Airport Way.

Assim que entrei, senti o magnífico aroma de café sendo torrado, que parecia inundar todo o ambiente. No centro da sala ficava um equipamento prateado com uma grande bandeja na frente. "Aquela", disse-me Linda, "é a máquina de torrefação", e eu fiquei surpreso em saber que uma máquina tão pequena era capaz de atender quatro lojas. Um torrador usando um lenço vermelho nos acenou vigorosamente. Ele pegava uma pequena concha de metal chamada *trier*, examinava os grãos, cheirava-os e inseria-os na parte posterior. Ele explicou que estava verificando a cor e ouvindo quando os grãos de café estalassem duas vezes, certificando-se assim de que estavam suficientemente bem torrados. De repente, com um som crepitante, ele abriu a porta da máquina e despejou um lote de grãos quentes e reluzentes na bandeja para resfriarem. Uma haste metálica começou a circular para resfriar os grãos, e um aroma totalmente novo nos envolveu – como o do melhor café preto que você já provou. Era tão intenso que me deixava tonto.

Nós fomos para cima e passamos por algumas mesas até chegarmos aos escritórios na parte de trás, cada um com uma janela alta de vidro grosso. Embora Jerry Baldwin, o presidente, estivesse usando uma gravata sob o suéter, a atmosfera era informal. Jerry, um homem de boa aparência e cabelos escuros, sorriu para mim e apertou minha mão. Eu gostei dele desde o primeiro encontro, achei-o modesto e autêntico, com um senso de humor perspicaz. Era evidente que café era a sua paixão. Ele tinha a missão de ensinar os consumidores sobre os prazeres do café de classe mundial, torrado e preparado como devia ser.

"Aqui estão alguns novos grãos que acabam de chegar de Java", disse ele. "Acabamos de torrar um lote. Vamos experimentar." Ele mesmo preparou o café, usando um pote de vidro que ele chamava de prensa francesa. Enquanto ele baixava o pistão com delicadeza e servia cuidadosamente a primeira xícara, notei que alguém estava à porta, um homem elegante, de barba, com uma mecha de cabelos escuros caindo sobre a testa e olhos castanhos e intensos. Jerry apresentou-me Gordon Bowker, seu sócio na Starbucks e convidou-o a nos acompanhar.

Eu estava curioso sobre como esses dois homens haviam dedicado suas vidas à causa do café. A Starbucks havia sido fundada há dez anos e eles pareciam trintenários. Tinham um entrosamento típico de camaradagem, proveniente dos dias em que dividiram o mesmo quarto na Universidade de San Francisco, no início dos anos 60. Mas eles pareciam muito diferentes. Jerry era reservado e formal, enquanto Gordon era original e habilidoso, diferente de qualquer um que eu já encontrei. Enquanto conversavam, pude ver que ambos eram muito inteligentes, viajados e totalmente apaixonados pela qualidade do café.

Jerry administrava a Starbucks, enquanto Gordon dividia seu tempo entre a Starbucks, sua empresa de propaganda, um jornal semanal que havia fundado e os planos de abrir uma microcervejaria, chamada The Redhook Ale Brewery. Eu tive de perguntar o que era uma microcervejaria. Claro que Gordon estava bem à nossa frente, cheio de *insights* excêntricos e ideias brilhantes.

Eu fiquei encantado. Ali estava toda uma nova cultura diante dos meus olhos, com conhecimento para adquirir e lugares para explorar.

Naquela tarde eu liguei para Sheri do hotel. "Estou no paraíso!", disse eu. "Sei onde quero morar: em Seattle, Washington. Neste verão quero que você venha até aqui conhecer este lugar."

Era minha Meca. Eu havia chegado.

Como a paixão pelo café tornou-se um negócio

Jerry convidou-me para jantar naquela noite em um pequeno bistrô italiano, em uma ladeira calçada com pedra perto do Pike Place Market. Enquanto jantávamos, ele contou-me a história dos primeiros dias da Starbucks e o legado que havia atraído.

Os fundadores da Starbucks estavam longe de ser típicos empresários. Formado em literatura, Jerry foi professor de inglês, Gordon, escritor, e o terceiro sócio deles, Zev Siegl, ensinava história. Zev, que saiu da empresa em 1980, era filho do concertista que fazia o primeiro violino na Orquestra Sinfônica de Seattle. Eles compartilhavam interesses em produção de filmes, obras literárias, radiodifusão, música clássica, gastronomia, bons vinhos e excelente café.

Nenhum deles aspirava à construção de um império. Eles fundaram a Starbucks por um único motivo: adoravam café e chá e queriam que Seattle tivesse acesso ao que há de melhor em termos desses produtos.

Gordon era de Seattle, e Jerry havia se mudado para lá depois de se formar, em busca de aventura. Jerry era de Bay Area, e foi lá, na Peet's Coffee and Tea em Berkeley, em 1966, que ele descobriu o romance do café. Tornou-se um caso para toda a vida.

O avô espiritual da Starbucks foi Alfred Peet, um holandês que apresentou os cafés torrados aos Estados Unidos. Na época em que conheci a Starbucks, Alfred Peet tinha um pouco mais de setenta anos de idade, era grisalho, teimoso, independente e sincero. Ele não tinha paciência com exageros ou pretensão, mas era capaz de passar horas com qualquer pessoa que tivesse verdadeiro interesse em aprender sobre os melhores cafés e chás do mundo.

Filho de um vendedor de café de Amsterdã, Alfred Peet cresceu em meio ao exotismo dos cafés da Indonésia, do leste africano e Caribe. Ele lembrava como seu pai costumava chegar em casa com pacotes de café nos bolsos de seu sobretudo. Sua mãe preparava três jarras por vez, usando diferentes misturas, e dava sua opinião. Quando adolescente, Alfred trabalhou como *trainee* para uma das grandes importadoras de café da cidade. Mais tarde, como *trader* de chás, ele viajou para lugares distantes como Java e Sumatra, refinando seu paladar até conseguir detectar diferenças sutis em cafés de diversos países e regiões.

Quando Peet mudou-se para os Estados Unidos em 1955, ficou impressionado. Era o país mais rico do mundo, inquestionavelmente o líder do mundo ocidental, entretanto, a qualidade do seu café era terrível. A maioria dos cafés que os americanos tomavam era do tipo *robusta*, o tipo inferior que os vendedores de café de Londres e Amsterdã tratavam como um produto barato. Uma quantidade muito pequena dos finos cafés *arábica* chegavam à América do Norte; a maioria ia para a Europa, onde os paladares eram mais exigentes.

Começando em San Francisco nos anos 50, Alfred Peet passou a importar café *arábica* para os Estados Unidos. Mas a demanda não era suficiente, pois poucos americanos ouviam falar nele. Então, em 1966, ele abriu uma pequena loja, a Peet's Coffee and Tea, na Vine Street, em Berkeley, que administrou até 1979. Ele chegou até a importar sua própria máquina de torrefação, porque achava que as empresas americanas não sabiam torrar pequenos lotes do fino café *arábica*.

O que tornava Alfred Peet singular era que ele torrava bem o café, ao modo europeu, pois acreditava que isso era necessário para extrair o máximo sabor dos grãos importados. Ele sempre analisava cada pacote de grãos e recomendava uma torração adequada às características específicas daquele lote.

No início, somente os europeus ou americanos mais sofisticados visitavam sua pequena loja. Mas com o passar do tempo, Alfred Peet começou a ensinar a alguns americanos que eram bons em julgamento, um a um, as sutis diferenças dos cafés. Ele vendia café em grãos e ensinava seus clientes a moer e preparar em casa. Tratava o café como o vinho, avaliando-o em termos de origens, estados, idade e colheitas. Ele criava suas próprias misturas, a marca do autêntico conhecedor. Assim como cada um dos fabricantes de vinho de Napa Valley acredita que sua técnica seja a melhor, Peet se manteve firme na argumentação sobre o sabor do café bem torrado – que em termos de vinho é como um grande Borgonha[1], encorpado e forte, que inunda a boca de sabor.

---

1 Qualquer um dos tipos de vinhos tintos ou brancos da região de Borgonha, ao leste da França.

Jerry e Gordon eram recém-convertidos. Eles encomendavam o café da Peet's de Berkeley pelo correio, mas pareciam querer mais. Gordon descobriu outra loja, em Vancouver, Canadá, chamada Murchie's, que também oferecia um bom café, e ele regularmente dirigia por três horas rumo ao norte para buscar pacotes dos grãos da Murchie's.

Em um dia luminoso de agosto de 1970, a caminho de casa, vindo de uma dessas jornadas em busca de café, Gordon teve sua própria epifania. Posteriormente ele disse ao *Seattle Weekly* que foi "cegado, literalmente, como Paulo de Tarso, pelo sol refletido no lago Samish. Imediatamente me veio a ideia: abrir uma loja de café em Seattle!". Jerry, logo de cara, gostou da ideia. E Zev também, que, na ocasião, era vizinho de Gordon, com quem tomava chá. Cada um deles investiu igualmente 1.350 dólares e fizeram um empréstimo adicional de 5 mil dólares junto a um banco.

Não era uma época nada promissora para se abrir uma loja em Seattle. Desde o primeiro dia a Starbucks enfrentou obstáculos.

Em 1971, a cidade estava em meio a uma séria recessão chamada Boeing Bust (Falência Boeing). A partir de 1969, a Boeing, maior empregadora de Seattle, sofreu uma virada tão drástica nos pedidos que foi obrigada a reduzir a força-tarefa de 100 mil para menos de 38 mil funcionários em três anos. Casas em locais belos como Capitol Hill estavam vazias e abandonadas. Tantas pessoas perderam seus empregos e mudaram-se da cidade que um *outdoor* perto do aeroporto brincava: "A última pessoa a sair de Seattle, por favor, apague as luzes".

A famosa mensagem apareceu em abril de 1971, no mesmo mês em que a Starbucks abriu sua primeira loja. Naquela época, também, um projeto de renovação urbana ameaçava demolir o Pike Place Market. Um grupo de desenvolvedores queria construir um centro comercial com hotel, sala de convenções e estacionamento no lugar. Em um referendo, os cidadãos de Seattle votaram pela preservação do Pike Place como era.

Seattle naquela época estava apenas começando a divulgar sua imagem como um recanto isolado e exótico dos Estados Unidos. Somente os aventureiros mudavam-se para cá, a milhas de distância da família no leste e meio oeste da Califórnia, às vezes até das montanhas e minas e das terras geladas do Alasca. A cidade não tinha adquirido a aparência atraente e a polidez da

Costa Leste. Muitas das principais famílias ainda conservavam elos com as indústrias madeireiras. Com forte influência de imigrantes noruegueses e suecos vindos no início do século, o povo de Seattle tendia a ser educado e modesto.

No início dos anos 70, alguns americanos, especialmente os da Costa Oeste, começaram a evitar alimentos embalados e com acréscimo de sabores que frequentemente eram artificiais e sem gosto. Optaram por cozinhar vegetais frescos e peixe, comprar pão novo e moer seus próprios grãos de café. Eles recusavam o artificial trocando-o pelo autêntico, o processado pelo natural, o medíocre pelo de qualidade elevada – todos os sentimentos que inspiravam os fundadores da Starbucks.

Um estudo de mercado teria indicado que era uma época ruim para entrar no negócio de cafés. Depois de alcançar o pico de 3,1 xícaras por dia em 1961, o consumo de café nos Estados Unidos começou a sofrer um declínio gradual, que durou até o final dos anos 80.

Mas os fundadores da Starbucks não estavam estudando as tendências do mercado. Estavam atendendo uma necessidade – a sua própria necessidade de qualidade em café. Nos anos 60, as grandes marcas americanas de café começaram a concorrer em preço. Para reduzir os custos, acrescentavam grãos baratos às misturas, sacrificando o sabor. Eles também deixavam as latas de café nas prateleiras dos supermercados até o café ficar passado. Ano após ano, a qualidade do café enlatado piorava, muito embora as campanhas publicitárias anunciassem seu magnífico sabor.

Eles enganaram o público americano, mas não enganaram Jerry, Gordon e Zev. Os três amigos estavam determinados a prosseguir e abrir sua loja de café, mesmo que isso atraísse apenas um minúsculo nicho de amantes de café. Apenas algumas cidades americanas tinham lojas assim até os anos 80.

Gordon consultou seu colega criativo, o artista Terry Heckler, a respeito de um nome para a nova loja. Gordon queria chamá-la Pequod, o nome do navio em *Moby Dick*, de Melville. Mas Terry afirmou em protesto: "você está louco! Ninguém vai tomar uma xícara de Pee-quod!"[2].

---

2 O termo "Pee" em inglês significa urina. Daí estabelecia-se a analogia com uma "xícara de urina".

Os sócios então concordaram que queriam algo mais notável e atrelado ao noroeste. Terry pesquisou nomes de campos de mineração da virada do século no Mt. Rainier e sugeriu Starbo. Em uma sessão de *brainstorm* surgiu Starbucks. O amante da literatura, Jerry, tratou de refazer a relação com *Moby Dick*: o marinheiro do *Pequod* chamava-se Starbuck. O nome evocava o romance em alto mar e a tradição de navegação dos primeiros vendedores de café.

Terry também debruçou-se sobre antigos livros náuticos até encontrar um logo baseado em uma antiga xilogravura escandinava do século XVI: uma sereia com duas caudas, cercada pelo nome original da loja, Starbucks Coffee, Tea, and Spice. Aquela sereia com o tronco nu, em estilo rubenesco, seria tão sedutora quanto o próprio café.

A Starbucks abriu suas portas com pouca festa em abril de 1971. A loja fora projetada para ter uma aparência náutica clássica, como se estivesse lá há décadas. Todos os enfeites foram construídos à mão. Uma parede comprida era coberta de prateleiras de madeira, enquanto a outra era dedicada a grãos de café, com até trinta variedades disponíveis. A Starbucks na época não preparava e vendia café em xícaras, mas às vezes oferecia amostras para os clientes experimentarem os sabores, que eram servidas em xícaras de porcelana, o que tornava o café mais saboroso. As xícaras também forçavam os clientes a ficar um pouco mais para ouvir a respeito do café.

Inicialmente, Zev era o único funcionário remunerado. Ele usava um avental de vendeiro e apanhava grãos para os clientes usando uma concha. Os outros dois mantiveram seus empregos durante o dia e iam na hora do almoço e depois do expediente ajudar Zev, que tornou-se o *expert* no varejo, enquanto Jerry, que havia feito curso de contabilidade na faculdade, cuidava dos números e desenvolvia um conhecimento cada vez maior sobre café. Gordon, em outras palavras, era "o homem da mágica, do mistério e do romance". Devia ser óbvio para ele desde o início que uma visita à Starbucks poderia ser uma escapada para um mundo distante.

Desde o dia da abertura, as vendas superaram as expectativas. Uma coluna altamente cotada do *Seattle Times* levou um número surpreendente de clientes à casa no sábado seguinte. A reputação da loja aumentou principalmente com a propaganda boca a boca.

Naqueles meses, cada um dos fundadores viajou para Berkeley para aprender com o mestre, Alfred Peet, a torrar café. Eles trabalharam em sua loja e observaram a interação com os clientes. Ele não se cansava de enfatizar a importância do aprofundamento no conhecimento sobre cafés e chás.

No início, a Starbucks encomendava o café na Peet's. Mas em um ano, os sócios compraram uma torrefadora usada da Holanda e instalaram-na em um edifício que estava quase desmoronando e ficava perto do terminal Fisherman's. Montaram-na com o auxílio apenas de um manual escrito em alemão. No final de 1972, eles abriram a segunda loja, perto do *campus* da Universidade de Washington. Gradualmente, formaram uma clientela leal, compartilhando com seus clientes o que haviam aprendido sobre cafés de boa qualidade. Seattle começou a assumir a sofisticação do café da Bay Area.

Para os fundadores da Starbucks, qualidade era o carro-chefe. Jerry, especialmente, imprimiu suas fortes opiniões e seu compromisso em busca da excelência na jovem empresa. Ele e Gordon certamente entendiam o mercado, porque a Starbucks era lucrativa a cada ano, e eles nunca esperavam atrair mais do que um pequeno grupo de clientes com paladares diferenciados.

"Nós não administramos a empresa para maximizar nada exceto a qualidade do café", disse-me Jerry Baldwin naquela noite no restaurante. Naquele momento tínhamos terminado de jantar e começado a sobremesa. O garçom serviu a cada um de nós uma xícara de café forte, e Jerry informou orgulhosamente que era da Starbucks.

Nunca ouvi ninguém falar sobre um produto como Jerry falava sobre o café. Ele não estava calculando como maximizar as vendas, estava oferecendo às pessoas algo que acreditava que elas teriam prazer em experimentar. Era uma abordagem aos negócios, e às vendas, tão nova e fresca para mim quanto o café Starbucks que estávamos tomando.

"Fale-me sobre a torração", eu disse. "Por que é tão importante torrar bem?"

A torração era o que diferenciava a Starbucks, contou-me Jerry. Alfred Peet havia lhes convencido de que os grãos mais bem torrados acentuavam o sabor do café.

Os melhores cafés são os do tipo *arábica*, explicou Jerry, especialmente os cultivados no topo das montanhas. Os cafés baratos do tipo *robusta* usados em misturas em supermercados não podem ser bem torrados porque ficariam simplesmente queimados. Mas o melhor *arábica* é capaz de suportar temperaturas elevadas e, quanto mais escuros ficarem os grãos durante a torração, mais acentuado será o seu sabor.

As empresas de alimentos embalados preferem uma torração mais suave porque isso proporciona uma produção maior. Quanto mais o café é torrado, mais perde peso. Os grandes torradores sofrem com uma redução de 10% a 50% devido ao encolhimento dos grãos. Quanto mais suave for a torração, mais dinheiro economizam. Mas a Starbucks se preocupa mais com o sabor do que com a produção.

Desde o início, a Starbucks preferiu exclusivamente a torração mais forte. Jerry e Gordon aproveitaram o estilo de torrar de Alfred Peet e inventaram uma versão bastante semelhante, que chamaram de Full City Roast (hoje chamada de torração Starbucks).

Jerry pegou uma garrafa de cerveja, uma Guinness. Comparar a Full City Roast do café com café enlatado vendido nos supermercados, explicou, é como comparar uma cerveja Guinness a uma Budweiser. A maioria dos americanos bebe cervejas leves como a Budweiser. Mas quando você aprende a gostar de cervejas escuras, saborosas como a Guinness, não dá para voltar para a Bud.

Embora Jerry não colocasse em pauta planos de *marketing* e estratégias de vendas, eu comecei a perceber que ele tinha uma filosofia empresarial como eu nunca havia encontrado antes.

Primeiro, toda empresa precisa defender algo. A Starbucks defendia não só o bom café, mas especificamente o sabor dos grãos bem torrados pelos quais os fundadores eram apaixonados. Foi isso o que a diferenciou e garantiu-lhe autenticidade.

Segundo, não se dá aos clientes simplesmente o que eles pedem. Se você oferecer algo a que eles não estejam acostumados, algo tão superior que leve um tempo até que seus paladares se aperfeiçoem, poderá criar um senso de descoberta, prazer e lealdade que os deixará amarrados em você. Pode demorar mais, mas se você tiver um produto excelente, poderá ensinar seus clientes a gostarem dele em vez de prostrar-se diante do apelo do mercado.

Os fundadores da Starbucks entenderam uma verdade fundamental sobre vendas: para significar algo para seus clientes, você deve lançar mão de inteligência e sofisticação e informar aqueles que desejam aprender. Se agir assim, o que parece um nicho de mercado pode atrair um número bem maior de pessoas do que você imagina.

Eu não fui esperto o suficiente para entender tudo isso naquele dia em que conheci a Starbucks. Levei anos para aprender essas lições.

Embora a Starbucks tenha crescido muito desde aqueles dias, a qualidade do produto ainda acompanha a sua missão. Mas vez ou outra, quando as decisões executivas ficam difíceis e o raciocínio burocrático corporativo começa a prevalecer, eu visito aquela primeira loja localizada no Pike Place Market. Deslizo a mão sobre os antigos balcões de madeira. Encho a mão de grãos bem torrados e deixo-os escorregarem pelos meus dedos, deixando uma fina camada de óleo de aroma agradável. Insisto em lembrar a mim mesmo e aos outros à minha volta que temos responsabilidade diante daqueles que vieram antes.

Podemos inovar, podemos reinventar quase todos os aspectos do negócio, exceto um: a Starbucks sempre venderá os grãos de café torrados de maior qualidade. Esse é o nosso legado.

No dia seguinte, durante a viagem de cinco horas de avião de volta a Nova York, eu não conseguia parar de pensar na Starbucks. Era como uma joia brilhante. Tomei um gole do café aguado servido no avião e coloquei de lado. Apanhei minha valise e retirei um pacote de grãos Sumatra, abri e cheirei. Recostei-me e minha mente começou a vagar.

Eu acredito em destino. Em iídiche chamam isso de *bashert*. Naquele momento, voando a 35 mil pés de altura, eu podia sentir o vigor da Starbucks. Havia algo mágico naquilo, uma paixão e autenticidade que eu jamais havia experimentado nos negócios.

Talvez, apenas talvez, eu pudesse fazer parte daquela mágica. Talvez eu pudesse ajudá-la a crescer. Como seria criar uma empresa, como Jerry e Gordon estavam fazendo? Como seria ser proprietário, não apenas receber um salário? O que eu poderia trazer à Starbucks que pudesse torná-la ainda melhor? As oportunidades pareciam tão amplas quanto o terreno que sobrevoávamos naquele instante.

Quando o avião aterrissou no aeroporto JFK, tinha no fundo do coração uma certeza. Entrei em um táxi e fui para casa ao encontro de Sheri. Foi assim que eu conheci a Starbucks, e desde então nenhum de nós foi o mesmo.

PARA OS ITALIANOS, CAFÉ EXPRESSO É COMO UMA ÁRIA

Alguns homens veem as coisas como são e dizem "por quê?"
Eu sonho com coisas que não existem e digo "por que não?"
GEORGE BERNARD SHAW, frequentemente citado
por ROBERT e KENNEDY

Se você diz que nunca teve uma oportunidade, talvez nunca tenha sabido aproveitar uma oportunidade

Eu não conseguia parar de pensar na Starbucks. Embora fosse muito menor do que as multinacionais com as quais eu trabalhara em Nova York, era tão mais fascinante, como uma música que não sai da cabeça. Eu conseguia enxergar tantas maneiras de contribuir. Na próxima vez em que Jerry Baldwin e sua esposa Jane estiveram em Nova York, Sheri e eu os convidamos para jantar e fomos ao teatro. Nós ficamos amigos. Como se estivesse brincando, perguntei a Jerry: "Você acredita que eu possa me encaixar de alguma forma na Starbucks?".

Ele estava apenas começando a ponderar a necessidade de contratar profissionais treinados, então estava disposto a pensar no assunto. Conversamos sobre como eu poderia ajudar com vendas, *marketing* e *merchandising*.

Demorou um ano para eu convencer Jerry Baldwin a me contratar. A ideia o atraía, mas outros na empresa sentiam-se agitados diante da possibilidade de trazer alguém que consideravam um ousado nova-iorquino. Além do mais, é sempre um risco ter um gerente que não cresceu junto com os valores da empresa.

Por alguns dias, eu nem conseguia entender como contemplava aquela possibilidade. Conseguir um emprego na Starbucks significaria abrir mão de um emprego de 75 mil dólares por ano, prestígio, carro, e possibilidade de participação nas decisões e lucros, e para quê? Mudar-me para um lugar a quase 5 mil quilômetros de distância para fazer parte de uma empresa pequena com cinco lojas era algo que não fazia muito sentido para muitos amigos meus e para minha família. Minha mãe ficou muito preocupada.

"Você está bem, tem futuro", dizia ela. "Não desista por uma empresa que ninguém conhece."

No ano seguinte, encontrei motivos para voltar a Seattle diversas vezes. Sempre tive certeza de que podia encontrar Jerry. Passamos a nos sentir bem um com o outro, compartilhando ideias viáveis de *merchandising* para a Starbucks, produtos que deveriam ou não levar o nome da marca, formas de promover a lealdade dos clientes. A cada visita, vinha preparado com uma longa lista de ideias, e ouvir as críticas de Jerry em relação a elas me ajudava a entender a visão que tinha para a Starbucks.

Jerry confiava na ideia de que um dia a Starbucks poderia expandir-se indo para fora de Seattle. Ele pensava em abrir uma loja em Portland, Oregon, a cidade americana mais próxima. Ele sabia que a empresa poderia crescer, mas parecia ambivalente sobre as mudanças que o crescimento traria. Eu lhe disse que era uma ótima oportunidade.

Quanto mais pensava naquilo, mais promissora a expansão me parecia. A Starbucks tinha um potencial tão grande. Todos os meus amigos em Nova York ficavam impressionados com o café assim que o provavam. Por que as pessoas de todos os Estados Unidos não teriam a mesma reação? Certamente, o mercado era maior do que apenas alguns milhares de amantes de café a noroeste. Jerry tinha tamanho zelo pela missão da empresa, fazia sentido espalhar o entusiasmo da Starbucks em relação aos grãos de café para além de Seattle. Naquela época, eu não conhecia nenhuma outra loja que vendesse bons grãos de café em Nova York ou em qualquer outra cidade.

Embora eu não fosse suficientemente ousado para tornar-me empresário, parte da minha fascinação pela Starbucks derivava da oportunidade de participar da modelagem de uma empresa em fase de crescimento. Eu estava disposto a uma redução salarial se fosse para ter participação acionária em uma empresa muito promissora. Nunca detive sequer uma ação em nada, mas sabia que se Jerry pudesse me dar apenas uma pequena participação na Starbucks, eu canalizaria toda a minha paixão e energia para aquela empresa como jamais havia feito.

Sheri gostou da ideia. Estávamos prontos para nos casar e fixar residência, e ela percebia o quanto eu estava entusiasmado em relação a Seattle e à Starbucks. Embora isso significasse um retrocesso em sua carreira como designer, ela também estava pronta para deixar Nova York. Sendo filha de um empresário de Ohio, entendeu instintivamente o valor de se correr riscos e perseguir os sonhos.

À medida que se passaram os meses, eu procurava Jerry mais do que ele me procurava. Começamos a falar sobre um emprego na Starbucks no qual eu seria chefe de *marketing* e supervisionaria as lojas. Disse a ele que gostaria de uma pequena participação na empresa, e ele pareceu receptivo à sugestão.

Na primavera de 1982, Jerry e Gordon convidaram-me para ir a San Francisco jantar com seu calado parceiro, um acionista e membro do conselho administrativo chamado Steve Donovan. Eu estava certo de que depois do *lobby* que havia feito, o emprego estava garantido. Imaginei que voltaria a Nova York com uma oferta em mãos.

Aquele jantar, para mim, era a apoteose de uma conquista de emprego junto a Jerry que durava quase um ano, então eu estava convicto de que daria tudo certo. Vesti um de meus melhores ternos e fui para o formidável restaurante italiano chamado Donatello's, que ficava acima do bairro financeiro.

Passei pelo restaurante e dei uma volta no quarteirão, para ganhar mais segurança, apesar da garoa. De certo modo, eu havia esperado toda a minha carreira por aquele jantar. Eu sabia que Jerry dissera a eles que eu tinha ideias para promover a empresa, e aquele jantar era uma chance para Steve e Gordon avaliarem a minha capacidade e saber até que ponto eu poderia me encaixar na empresa.

O Donatello's foi uma escolha curiosa, mais formal do que eu esperava, com toalhas de linho branco e garçons usando gravatas borboleta. Eu esperava na mesa quando Jerry, Gordon e Steve chegaram. Steve era um homem classicamente belo, alto e louro. Os três usavam blazers, estavam menos formais do que eu, mas, como eram pelo menos dez anos mais velhos, fiquei satisfeito por estar em traje formal.

O jantar transcorreu bem, excepcionalmente bem. Gostei de Steve, um intelectual cujos interesses iam de recrutamento executivo à pesquisa e meditação. Assim como Jerry e Gordon, ele era um homem viajado, lia muito e tinha muitos *insights* interessantes. Ainda assim, eu estava certo de que o estava impressionando enquanto conversava. Eu olhava com frequência para Jerry e seus olhos me transmitiam aprovação. Depois de quatro anos em uma escola no Meio Oeste eu sabia controlar meu tom nova-iorquino, conversando com facilidade sobre a Itália, Suécia e San Francisco em meio a petiscos e sopa.

Pedimos uma garrafa de Barolo e logo conversávamos como se fôssemos velhos amigos. Quando chegou o prato principal, contudo, direcionei a conversa para a Starbucks. "Vocês têm uma verdadeira joia", disse. Contei-lhes como servi o café da Starbucks a meus amigos em Nova York, como eles ficaram entusiasmados com a cor e o sabor rico daquele café. Os nova-iorquinos adorariam o café da Starbucks. O mesmo valia para pessoas de Chicago, Boston, Washington e todo lugar.

A Starbucks podia ser tão maior, afirmei. Podia expandir-se para além do noroeste, a norte e sul da Costa Oeste. Poderia até, talvez, tornar-se uma empresa nacional. Poderia ter dúzias de lojas, talvez até centenas. O nome Starbucks poderia tornar-se sinônimo de excelência em café – uma marca que garantisse qualidade de classe mundial.

"Pensem nisso", disse eu. "Se a Starbucks abrisse lojas pelos Estados Unidos e Canadá, vocês poderiam compartilhar seu conhecimento e paixão com um número bem maior de pessoas. Poderiam enriquecer tantas vidas."

Ao término da refeição, podia jurar que os havia convencido com meu entusiasmo e energia juvenis. Eles sorriram uns para os outros e pareciam inspirados pela minha visão. Nos despedimos e saímos enquanto eu me parabenizava indo de volta ao hotel. Telefonei para Sheri, acordando-a. "Foi fantástico", disse. "Acho que está tudo a caminho."

Mesmo com as três horas de diferença por causa do fuso horário, custei a pegar no sono naquela noite. Todos os aspectos da minha vida estavam prestes a mudar. Comecei a imaginar como eu daria a notícia, onde Sheri e eu nos casaríamos, como nos mudaríamos para Seattle. Talvez pudéssemos comprar uma casa com jardim. E a Starbucks – até o nome tinha um som mágico. Eu já estava apaixonado.

Vinte e quatro horas depois, estava de volta à minha mesa em Nova York, e quando minha secretária disse-me que Jerry me aguardava ao telefone, corri para atender.

"Sinto muito, Howard. Tenho más notícias." Não conseguia acreditar no tom sombrio de sua voz ou mesmo em suas palavras. Os três haviam conversado e decidiram não me contratar.

"Mas por quê?"

"É arriscado demais, muita mudança." Ele parou, claramente aflito pela mensagem que era obrigado a transmitir. "Seus planos são ótimos, mas simplesmente não é a visão que nós temos para a Starbucks."

Em vez de convencê-los eu os assustei. Eles temiam que eu fosse impulsivo. Eu não me encaixaria. Senti-me como uma noiva no meio do corredor, vendo o noivo sair pela porta da igreja.

Eu estava abalado demais para pensar com clareza. Vi todo o meu futuro passar à minha frente e depois se incendiar.

Naquela noite eu fui para casa e desabafei com Sheri. Eu ainda acreditava tanto no futuro da Starbucks que não conseguia aceitar um "não" como resposta final; tinha de entrar para a Starbucks. Queria transmitir a Jerry o que estava em meu coração.

No dia seguinte telefonei para ele.

"Jerry, você está cometendo um terrível engano" disse. "Depois de todo esse tempo, devemos ser claros um com o outro. Qual foi exatamente o motivo?"

Com muita calma, conversamos seriamente sobre o assunto. A preocupação era a seguinte: os sócios não queriam me autorizar a mudar a empresa. Eles preocupavam-se em me contratar e acabar se comprometendo com uma nova direção para a Starbucks. Eles também achavam que meu estilo e energia bateriam de frente com a cultura existente.

Eu expus toda a paixão que eu tinha pela Starbucks, por café, por aquela oportunidade e falei com a mais profunda convicção. Falei o quanto eu poderia oferecer, das minhas habilidades profissionais de *marketing* e vendas à ampla perspectiva que havia desenvolvido gerenciando uma força de vendas em nível nacional à Hammarplast. Eu estava acostumado a atuar em um campo mais amplo e conseguiria planejar e executar qualquer estratégia de expansão sobre a qual nós concordássemos mutuamente.

"Jerry", protestei, "não é por mim. É por você. O destino da Starbucks está em jogo. Conversamos tanto sobre o que a Starbucks pode ser. É a sua empresa. A sua visão. Você é o único que pode conseguir. Alguém precisa ser corajoso aqui, e esse alguém é você. Não os deixe afastá-lo de algo em que você acredita do fundo do coração."

Jerry prestou atenção ao que eu dizia, depois ficou em silêncio. "Deixa eu refletir sobre isso", disse ele. "Te ligo amanhã."

Talvez ele tenha dormido; eu não dormi.

Na manhã seguinte, peguei o telefone ao primeiro toque. "Você estava certo", disse Jerry. "Desculpe o impasse de 24 horas. Vamos prosseguir. O emprego é seu, Howard, e conte com o meu comprometimento. Quando você pode vir?"

Um mundo totalmente novo acabava de se abrir diante dos meus olhos, como uma cena em *O Mágico de Oz*, quando tudo muda de preto e branco para colorido. O sonho apenas imaginado realmente aconteceria.

Embora eu tivesse que aceitar uma severa redução no pagamento, Jerry concordou em conceder-me uma pequena participação na empresa. Eu seria dono de uma pequenina fatia do futuro da Starbucks.

Nos quinze anos que se passaram desde então, eu frequentemente perguntei-me: o que teria acontecido caso eu tivesse simplesmente aceitado a decisão deles? A maioria das pessoas, quando tem seu trabalho recusado, simplesmente vai embora.

Situações semelhantes apareceram posteriormente na minha vida, em outros cenários e com outros assuntos. Tantas vezes ouvi que não dava para fazer. Vez após vez, tive de lançar mão de cada esforço de perseverança e persuasão para fazer as coisas acontecerem.

A vida é uma série de "quase-erros". Mas muito do que chamamos de sorte não é sorte alguma. É aproveitar o dia e aceitar a responsabilidade pelo futuro. É ver o que as outras pessoas não veem e perseguir aquela visão não se importando com quem o aconselha a não ir atrás dele.

No cotidiano, é tamanha a pressão tanto dos amigos quanto da família e de colegas de trabalho, insistindo que você se conforme, seguindo a sabedoria comum, que pode ser difícil não aceitar simplesmente o *status quo* e fazer o que esperam de você. Mas quando você realmente acredita – em você, em seu sonho –, tem que fazer tudo o que puder para conseguir e transformar sua visão em realidade.

A sorte sozinha não produz nenhuma grande realização.

Surge uma nuvem negra

Agora que eu finalmente conseguira o emprego, tinha que começar a planejar a mudança. Minha principal preocupação, evidentemente, era Sheri. "Essa é uma oportunidade que eu não posso perder", disse a ela. "Quero que você vá comigo visitar Seattle. Antes de dizer sim ou não, precisa conhecer a cidade e sentir você mesma."

Fomos de avião para passar um fim de semana e mais uma vez, era o auge da primavera, com as azáleas em flor e explosões de cores por toda a cidade. Sheri gostou de Seattle, gostou da Starbucks, e ficou entusiasmada ao rever os Baldwins, que foram receptivos e generosos, oferecendo seu tempo e conselhos. Eles sabiam muito sobre comidas e vinhos, tinham histórias interessantes para contar sobre as viagens que fizeram pelo mundo, e compartilhavam seu conhecimento sobre uma ampla variedade de assuntos que nós apenas começávamos a explorar. Sheri voltou com a mesma convicção que eu de que faríamos a coisa certa.

Ambos reconhecíamos, contudo, que mudar para Seattle significaria um sacrifício em relação à carreira de Sheri. Nova York era um centro mundial para decoração de interiores, e Seattle estava longe disso. Mas no fundo ela sempre quis mudar da cidade algum dia. Ela queria ter filhos e criá-los em um ambiente diferente. Poucas mulheres teriam abdicado condescendentemente de uma carreira promissora para se mudar para um lugar que ficava a quase 5 mil quilômetros de distância, uma cidade onde não conhecia uma alma, porque seu marido queria entrar para uma pequena empresa de café. Mas ela não hesitou. Apoiou-me 100%, como sempre fez. Seu constante encorajamento foi vital para mim.

Embora eu estivesse ansioso por começar a trabalhar na Starbucks, decidi tirar alguns dias de folga. Com o orçamento quase zerado, alugamos uma pequena casa de veraneio nos Hamptons, onde nos conhecemos. Nos casamos em julho e aproveitamos muito o interlúdio.

Planejávamos colocar tudo no nosso Audi e cruzar os 4.800 quilômetros até Seattle, levando nosso cachorro no banco traseiro. Partiríamos em meados de agosto e chegaríamos a Seattle no final de semana em que se comemora o Dia do Trabalho nos Estados Unidos.

Já tínhamos começado a carregar o carro para sairmos no dia seguinte quando minha mãe nos telefonou com péssimas notícias: meu pai estava com câncer no pulmão e sua expectativa de vida era de apenas um ano.

Fiquei profundamente abalado. Ele tinha apenas sessenta anos, e meu irmão, Michael, ainda estava na escola. Seria difícil lidar com uma doença devastadora. Minha mãe passara a contar com a minha força. Como poderia superar essa fase sendo que eu estaria em Seattle?

Foi um daqueles momentos em que você se sente na mais completa confusão. Eu já havia me comprometido de estar em Seattle no início de setembro. Mas como partiria diante daquela situação? Conversei com a minha família e parecia que eu não tinha escolha. Eu tinha de ir.

Fui visitar meu pai no hospital. Tinha de me despedir dele, sem saber quando ou se tornaria a vê-lo. Minha mãe sentou-se ao seu lado, chorando. Ela estava com medo, mas tentava não demonstrar. Poderia ter sido o momento para uma conversa franca com meu pai, mas nós nunca construímos esse tipo de relação.

"Vá para Seattle", meu pai disse. "Você e Sheri têm uma vida nova para começar por lá. Nós vamos nos virar por aqui."

Ao sentar-me ao seu lado, duas emoções guerreavam para ocupar meu coração – uma terrível tristeza e uma amargura não resolvida. Meu pai nunca fora um bom provedor para a família. Ele tropeçara em uma série de empregos que não aproveitavam a capacidade mental, sempre irritando-se com o sistema. E agora sua vida estava no fim, antes mesmo que ele tivesse conseguido assumi-la.

Apertei a mão dele e disse um adeus desajeitado.

"Não sei como vou fazer isso" disse à minha mãe enquanto esperávamos o elevador.

"Howard, você tem que ir", insistiu ela.

Me senti muito pequeno; era como se toda a força, energia e otimismo abandonassem meu corpo.

Quando o elevador chegou, minha mãe me abraçou e disse com firmeza: "Você tem que ir".

Entrei no elevador e, ao virar-me, vi o rosto avermelhado da minha mãe, heroicamente esforçando-se para sorrir. Assim que a porta fechou, me senti em pedaços.

Sheri e eu mantivemos nossos planos de ir dirigindo até Seattle, mas uma nuvem de preocupação e receio viajou conosco. Eu ligava para casa a cada parada. Soubemos que o quadro clínico do meu pai era melhor do que pensávamos. A tensão diminuiu, e pudemos nos entregar à criação de uma nova vida juntos nessa cidade que havíamos acabado de começar a explorar.

Mergulhe na cultura

Chegamos a Seattle em meio a um animado festival anual de música e artes ao ar livre chamado Bumbershoot. O clima era de otimismo, diversão e aventura.

Nós havíamos escolhido uma casa na região de Capitol Hill, com uma enorme varanda, mas, como não estava pronta, passamos a primeira semana com os Baldwins. Eles nos mimaram, preparando pratos especiais todas as noites, levando Sheri para conhecer a cidade. Eles até aguentaram Jonas, nosso cachorro de 45 quilos, que chegou a nadar na piscina deles.

Embora tenha demorado cerca de um ano para Sheri realmente sentir-se em casa em Seattle, para mim demorou uns vinte minutos. Na Starbucks, foi imediato.

Quando começo algo, mergulho totalmente naquilo. Naqueles primeiros meses passei todas as horas em que estava acordado nas lojas, trabalhando atrás do balcão, encontrando as pessoas da Starbucks, provando diferentes tipos de café, e conversando com os clientes. Jerry estava comprometido em garantir-me sólido treinamento em café.

A última parte da minha formação – e definitivamente a principal – era aprender a torrar café. Eles só me deixaram fazer isso em dezembro. Passei uma semana em uma torrefação, ouvindo o segundo estalo, examinando a cor dos grãos, aprendendo a saborear as diferenças entre várias torrações. Foi o ajuste final de um treinamento intensivo. Sentia-me como se tivesse sido condecorado cavaleiro.

Eu provavelmente surpreendi as pessoas na Starbucks com minha paixão pelo café. Enquanto trabalhava na loja atrás do balcão, eles testavam constantemente meu conhecimento e minha crença. Sempre tive um paladar apurado mesmo de olhos vendados. Acertava todas.

Não era de surpreender que alguns membros da empresa tivessem ficado indignados diante da contratação que Jerry Baldwin empreendera. Eu sentia que tinha que mostrar meu valor – provar que eu estava à altura da

Starbucks. Esforcei-me para me misturar. Para um nova-iorquino extravagante e de grande energia, em uma cidade tranquila e suave, isso não era fácil. Eu estava acostumado a usar ternos caros, e na Starbucks o código de vestuário informal estava mais para camisetas e sandálias Birkenstocks. Demorou um tempo para eu ganhar confiança. Mas fui contratado para desempenhar uma tarefa, e estava transbordando de ideias para a empresa. Queria causar um impacto positivo.

A atmosfera daquela época na Starbucks era amigável e informal, mas trabalhávamos muito. O Natal era a época de pico, e todos do escritório iam às lojas para ajudar. Um dia eu estava trabalhando na loja do Pike Place em uma época de alto movimento. A loja estava abarrotada, e eu estava atrás do balcão, atendendo os pedidos, enchendo pacotes de grãos de café.

De repente, alguém gritou: "Ei! Aquele cara saiu correndo com alguma coisa!". Aparentemente, um cliente havia pegado duas cafeteiras caras e com uma em cada braço, havia saído correndo.

Eu saltei de trás do balcão e saí correndo. Sem parar para pensar se o cara estava armado, eu o persegui ladeira acima. "Largue isso! Largue!"

O ladrão estava tão apavorado que derrubou as duas peças que havia roubado e fugiu. Eu as apanhei e voltei para a loja com as cafeteiras como se fossem troféus. Todos aplaudiram. Naquela tarde, voltei para a torrefação, onde ficava o meu escritório, e vi que o pessoal havia pendurado um enorme *banner* para mim, que dizia: "Estamos orgulhosos".

Quanto mais eu conhecia a empresa, mais eu admirava a paixão que ela guardava. Mas gradualmente fui notando um ponto fraco. Enquanto o café era inquestionavelmente o melhor que podia ser, o serviço às vezes tinha uma certa dose de arrogância. Aquela atitude nascia do elevado grau de orgulho que a Starbucks tinha pela superioridade de seu café. Os clientes que apreciavam descobrir novos sabores e misturas gostavam de debater em torno do conhecimento recém-adquirido com nosso pessoal, mas eu notei que os clientes que estavam ali em um primeiro contato sentiam-se ignorantes ou menosprezados.

Eu queria eliminar aquela lacuna. Identifiquei-me tanto com a Starbucks que qualquer falha na empresa era como um ponto fraco em mim mesmo. Então trabalhei com os funcionários aperfeiçoando as habilidades de vendas amigáveis ao freguês e desenvolvendo materiais que facilitassem que os clientes aprendessem sobre café. Ainda assim, achava que devia haver uma maneira melhor de tornar o magnífico café acessível a mais do que uma pequena elite de apreciadores.

Visão é o nome que dão àquilo que os outros não veem e que você vê

Não existe lugar melhor para realmente saborear o romance da vida do que a Itália. Foi lá que eu encontrei a inspiração e visão que guiaram minha própria vida, e o rumo da Starbucks, da sossegada cidade de Seattle para o destaque nacional.

Descobri essa inspiração na primavera de 1983, ocasião em que eu sequer procurava especificamente por ela. Estava na Starbucks havia um ano e a empresa enviou-me a Milão para participar de uma exposição internacional de utensílios domésticos. Viajei sozinho e fiquei em um hotel barato próximo ao centro de convenções.

Assim que saí do hotel e me deparei com o brilho de um dia morno de outono, o espírito da Itália me invadiu. Eu não falava uma palavra em italiano, mas sentia que era o meu lugar.

Os italianos valorizam incomparavelmente os prazeres da vida diária. Eles descobriram como viver em perfeito equilíbrio. Compreendem o que significa trabalhar, e igualmente o que significa relaxar e curtir a vida. Eles abraçam tudo com paixão. Nada é medíocre. A infraestrutura na Itália é assustadora. Nada funciona. Mas a comida é simplesmente inacreditável. A arquitetura é de tirar o fôlego. A moda ainda define a elegância por todo o mundo.

Eu adoro particularmente a luz da Itália. Tem um forte efeito sobre mim. Renova-me.

E as coisas sobre as quais a luz reflete são igualmente surpreendentes. Você pode estar descendo uma rua pouco atraente em uma região residencial sem graça alguma e, de repente, ver uma imagem inacreditavelmente luminosa de uma mulher pendurando roupas coloridas em um quintal cercado de flores. Ou, do nada, um comerciante sobe sua porta de ferro e apresenta uma deslumbrante amostra de produtos: frutas e legumes recém-colhidos, perfeitamente arrumados em fileiras.

Os italianos tratam cada detalhe do varejo e do preparo dos alimentos com uma reverência e insistência inigualáveis. No último verão e outono, por exemplo, era possível encontrar figos frescos disponíveis em qualquer mercearia. O comerciante pergunta: "Maduros ou verdes?". E se você pedir meio a meio, o comerciante apanha uma pequena bandeja de papelão e cobre-a com três ou quatro folhas de figo, pega cada figo individualmente, apertando-o para assegurar-se de que estão no ponto. Depois ele dispõe as frutas em quatro fileiras – três verdes, três maduros, três verdes, três maduros – e desliza a bandeja cuidadosamente em uma sacola, entregando-a a você com o orgulho de um artesão.

Na manhã seguinte à que eu cheguei, decidi ir à exposição, que ficava a apenas quinze minutos do meu hotel. Eu adoro caminhar, e Milão é um lugar perfeito para caminhar.

Assim que saí, notei um pequeno bar de café expresso. Entrei rapidamente e observei. Um caixa à porta sorriu e acenou com a cabeça. Atrás do balcão, um homem alto e magro me cumprimentou com entusiasmo, "Buon giorno!", enquanto pressionava uma barra de metal, da qual saía um forte som de vapor. Ele entregou uma pequena xícara de porcelana com café para uma das três pessoas que estavam lado a lado no balcão. Depois veio um *cappuccino* artesanal, coberto com uma perfeita espuma cremosa. O barista se movimentava com tanta graça que era como se estivesse moendo grãos de café, servindo expressos e colocando leite com vapor ao mesmo tempo, enquanto conversava alegremente com os clientes. Era um teatro magnífico.

"Expresso?", perguntou-me ele, com os olhos negros reluzindo enquanto segurava uma xícara que havia acabado de preparar.

Eu não pude resistir. Pedi um expresso e experimentei. Um sabor forte e sensual desceu boca adentro. Depois do terceiro gole, havia acabado, mas eu ainda sentia seu calor e energia.

Meia quadra adiante, em uma travessa, avistei outro bar que servia café expresso. Esse estava ainda mais cheio. Notei que o homem grisalho atrás do balcão saudava cada cliente pelo nome. Ele parecia proprietário e operador. Ele e seus clientes riam, conversavam e desfrutavam do momento. Era fácil dizer que os clientes eram assíduos e as rotinas, confortáveis e familiares.

Nas quadras seguintes, vi outros dois bares que vendiam café expresso. Fiquei fascinado.

Foi naquele dia que descobri o ritual e o romance dos cafés na Itália. Vi como eram populares e vibrantes. Cada um tinha seu personagem singular, mas havia uma característica comum: uma camaradagem entre os clientes, que se conheciam bem, e o barista, que desempenhava sua tarefa com talento. Naquela época, havia 200 mil cafés na Itália, 1.500 só em Milão, uma cidade do tamanho da Filadélfia. Parecia que estavam em cada esquina, e todos lotados. Minha mente começou a se agitar.

Naquela tarde, depois de encerrar as reuniões na exposição, saí outra vez, andando pelas ruas de Milão para observar mais cafés. Logo me vi no centro da cidade, onde a Piazza del Duomo fica quase que totalmente cercada por eles. Ao andar em torno da praça, você é cercado por aromas de cafés e grãos torrados, pela conversa descontraída referente a um debate político, pela tagarelice de crianças usando uniformes escolares. Alguns cafés são elegantes e modernos, enquanto outros são maiores e mais convencionais.

De manhã, todos ficam lotados, e todos servem café expresso, a pura essência do café em uma xícara. Há poucas cadeiras, quando há alguma. Todos os clientes ficam em pé, assim como nos bares do oeste. Todos os homens, ao que parece, fumam.

A energia pulsa por toda parte. Toca ópera italiana. Dá para ouvir a interação de pessoas se encontrando pela primeira vez, bem como pessoas cumprimentando amigos que veem todos os dias no bar. Esses lugares, pelo que vi, oferecem conforto, comunhão e um senso de família ampliada. Entretanto, os clientes provavelmente não se conhecem muito bem, exceto no contexto dos cafés.

No início da tarde, o ritmo diminui. Notei mães com crianças e aposentados entrarem e conversarem com o barista. No final da tarde, muitos cafés colocavam mesinhas nas calçadas e serviam aperitivos. Cada um deles era o ponto para reunião de uma comunidade, parte de uma rotina diária.

Para os italianos, os cafés não são um restaurante simples, como passaram a ser vistos nos Estados Unidos nos anos 50 e 60. Trata-se de uma extensão social, uma extensão da própria casa. Todas as manhãs eles param em seu café preferido, onde são servidos com uma xícara de café expresso e sabem que aquele café foi feito exclusivamente para eles. Em termos americanos, a pessoa que fica atrás do balcão é um funcionário habilidoso, mas torna-se um artista ao preparar uma bela xícara de café. Os baristas da Itália ocupam um lugar de respeito na vizinhança.

À medida que eu observava, tive uma revelação: a Starbucks havia errado – totalmente. *Isso é tão forte!*, pensei. *Esse é o elo.* A ligação com as pessoas que adoravam café não tinha de acontecer apenas em suas casas, onde moíam e preparavam os grãos de café. O que precisávamos fazer era desvendar o romance e o mistério do café, em primeira mão, nos cafés. Os italianos entendiam a relação pessoal que as pessoas tinham com o café, seu aspecto social. Eu não conseguia acreditar que a Starbucks estava no mesmo ramo e ignorava um elemento tão fundamental nele.

Foi como uma epifania. Foi tão imediato e físico que eu fiquei trêmulo. Parecia tão óbvio. A Starbucks vendia excelentes grãos de café, mas nós não servíamos café em xícaras. Tratávamos o café como um produto, algo a ser empacotado e mandado para casa com as compras. Estávamos um passo aquém do coração e da alma do que o café significou pelos séculos. Servir expressos ao estilo italiano poderia ser um diferencial para a Starbucks. Se pudéssemos recriar nos Estados Unidos a autêntica cultura dos cafés italianos, isso poderia agradar a outros americanos assim como agradou a mim. A Starbucks poderia ser uma *experiência* fabulosa, e não simplesmente uma rede de lojas varejistas.

Fiquei em Milão durante uma semana. Continuei minhas caminhadas pela cidade, me perdendo diariamente. Certa manhã peguei um trem para Verona. Embora fique a apenas quarenta minutos da zona industrial de Milão, parecia que nada havia mudado desde do século XIII. Seus cafés eram bem parecidos com os de Milão e, em um deles, eu imitei alguém que estava por lá e pedi um *caffè latte*. Foi a primeira vez que eu provei a bebida. Esperava que fosse apenas café misturado com leite, mas enquanto observava, o barista colocou um pouco de expresso, vaporizou com o leite em uma caneca, e serviu os dois em uma xícara, com uma porção de espuma cremosa em cima.

Ali estava o perfeito equilíbrio entre café e leite vaporizado, combinando expresso, que é a essência nobre do café, e o leite adocicado mais pela vaporização do que pelo acréscimo de açúcar. Era a bebida perfeita. Dentre todos os especialistas em café que eu encontrei, nenhum deles jamais mencionou essa bebida. *Ninguém nos Estados Unidos a conhece,* pensei. *Tenho de levar comigo.*

Todas as noites eu telefonava para Sheri, que havia ficado em Seattle e contava o que estava encontrando e pensando. "Essas pessoas são tão apaixonadas por café!" disse-lhe. "Elas levam-no para um nível totalmente novo."

Naquele dia na praça em Milão, eu não podia prever o sucesso que a Starbucks seria hoje. Mas sentia a demanda implícita por romance e um senso de comunidade. Os italianos transformaram o ato de beber café em uma sinfonia, e estavam certos. A Starbucks tocava sobre o mesmo palco, mas nós tocávamos com uma corda a menos.

Levei aquele sentimento para Seattle e o infundi naqueles à minha volta, que recriaram-no para outros mais em todo o país. Sem o romance do café expresso italiano, a Starbucks ainda seria o que era antes, uma loja adorada que vendia grãos de café em Seattle.

"SORTE É RESULTADO DE PLANEJAMENTO"

Quando você vir uma empresa de sucesso, saiba que alguém um dia tomou uma decisão corajosa.
PETER DRUCKER

Branch Rickey, o empresário dos Brooklyn Dodgers que superou o preconceito racial fechando contrato com Jackie Robinson, frequentemente lembrava: "Sorte é resultado de planejamento". As pessoas às vezes dizem que o sol sempre brilha para a Starbucks, que nosso sucesso ergueu-se com base na sorte. É verdade que nós acertamos em cheio no que se tornou um fenômeno social norte-americano, a ampla popularidade dos cafés e bares de expresso. Não posso afirmar que previ esse acerto em cheio, mas posso afirmar que percebi a atração romântica do café servido na xícara, na Itália, e depois passei três anos estudando ideias e esboçando planos para traduzi-los para um contexto americano.

Sempre que uma empresa, ou uma pessoa, surge na multidão e brilha, outras são ágeis em atribuir essa inclinação à boa sorte.

Aquele que realiza, é claro, argumenta que se trata do produto de talento e trabalho árduo.

Eu concordo com Branch Rickey. Enquanto o azar, sem dúvida, pode surgir do nada, a boa sorte, ao que parece, vem para aqueles que planejam.

Grande ideia, vamos fazer outra coisa

Alguma vez você teve uma ideia brilhante – uma que te surpreendesse – só para ver as pessoas que efetivamente podem transformá-la em realidade dizer a você que não vale a pena seguir aquela ideia?

Foi o que aconteceu comigo quando cheguei a Seattle de volta da Itália. Pensei que havia tido um *insight* extraordinário, que serviria de base para uma indústria totalmente nova e fosse mudar a maneira como os americanos tomavam café. Para os meus chefes, contudo, eu era um diretor de *marketing* excessivamente entusiasmado.

A Starbucks era uma empresa de varejo – não um restaurante ou um bar, argumentaram. Servir café expresso nos colocaria no setor de bebidas, uma mudança que temiam que fosse diluir a integridade do que consideravam ser a missão de um café. Eles também apontaram o sucesso da Starbucks. A empresa era pequena, administrada com conhecimento, e mantinha-se lucrativa todos os anos. Para que balançar o barco?

Mas, conforme soube depois, havia uma razão mais imediata para que minha ideia não atraísse. Jerry considerava uma outra oportunidade que o atraía muito mais.

A história da Starbucks tem algumas reviravoltas inesperadas, mas nenhuma tão estranha quanto a que ocorreu em seguida. Em 1984, a Starbucks comprou a Peet's Coffee and Tea.

Como isso ocorreu exatamente é uma parte da história da Starbucks sobre a qual raramente se fala, uma vez que a Peet's e a Starbucks são agora concorrentes na região de San Francisco Bay. A maioria dos clientes não sabe que outrora eram interligadas.

Foi como um filho comprando o pai. Os fundadores da Starbucks, afinal de contas, tinham se inspirado na Peet's e aprendido as habilidades de torrefação ao lado de Alfred Peet. Mas Alfred Peet vendeu a empresa em 1979, e em 1983 o novo proprietário estava pronto para vendê-la.

Para Jerry Baldwin, foi a chance de sua vida e uma forma muito mais promissora de expandir do que abrindo cafés que servissem expresso. Como purista, ele ainda considerava a Peet's o que havia de melhor em termos de fornecimento de café. Ela era do mesmo tamanho que a Starbucks, com cerca de cinco lojas. Mas, conforme pensava Jerry, a Peet's sempre seria autêntica, a criadora do café bem torrado nos Estados Unidos. O mercado de Seattle, pensou ele, já estava bem servido, enquanto o de San Francisco e o da região norte da Califórnia, uma área muito maior, ofereciam espaço suficiente para o crescimento.

Para financiar a aquisição, a Starbucks assumiu grandes dívidas. No dia em que adquirimos a Peet's, lembro-me, tínhamos um índice de dívida em relação ao patrimônio de 6:1. Só nos idos dos anos 80 os bancos teriam feito tamanha transação.

Meu coração se partiu quando assumimos aquele fardo. Ficamos de mãos atadas e sem qualquer flexibilidade para tentarmos novas ideias. A empresa estava em tal estado que não haveria dinheiro disponível para crescimento ou inovação.

A tarefa de consolidar a Starbucks e a Peet's revelou-se mais difícil do que havíamos imaginado. Apesar de uma preferência comum por café bem torrado, houve um embate entre as culturas das empresas. Enquanto o pessoal da Starbucks sentia gratidão e respeito pelo legado de Peet, o pessoal da Peet's temia que um novo-rico desconhecido de Seattle acabasse os engolindo. E mais, a aquisição desviou a atenção da diretoria. Na maior parte do ano de 1984, os gerentes da Starbucks estavam voando entre San Francisco e Seattle. Eu mesmo ia para lá semana sim semana não supervisionar as operações de *marketing* e varejo da Peet's.

Alguns funcionários da Starbucks começaram a se sentir negligenciados. Havia três meses que eles não recebiam o bônus como de costume. Dirigiram-se a Jerry solicitando uma remuneração mais adequada, benefícios, especificamente para os que trabalhavam meio período, e um restabelecimento do bônus que recebiam. Mas sua atenção estava voltada para outra coisa e ele não respondeu. Funcionários da fábrica que estavam descontentes colocaram em circulação uma petição para que fosse convocado o sindicato. Ninguém da direção percebeu como a insatisfação era ampla e profunda. Os funcionários do varejo pareciam satisfeitos, e como eles estavam em número bem maior do que os funcionários da fábrica, Jerry concluiu que eles votariam para manter o sindicato afastado daquilo. Mas quando chegou o dia da contagem oficial, o sindicato ganhou por três votos.

Jerry ficou chocado. A empresa que ele fundara, a empresa que ele amava, não confiava mais nele. Nos meses que se seguiram, seu coração parecia fraquejar. Ele ficou mais grisalho. A empresa perdeu seu espírito corporativo.

O incidente me ensinou algo importante: não existe nada mais precioso do que a relação de confiança que uma empresa tem com seus funcionários. Se as pessoas acreditam que a direção não está compartilhando de maneira justa as recompensas, sentem-se alheias. Assim que passam a desconfiar da direção, o futuro da empresa está comprometido.

Outra coisa importante que aprendi durante aquela fase difícil foi que assumir dívidas não é a melhor forma de fundar uma empresa. Muitos empresários preferem tomar empréstimos junto a bancos porque isso permite que mantenham controle. Eles temem que levantar capital vendendo ações possa significar perda do controle pessoal sobre a operação. Eu acredito que a melhor forma de um empresário manter controle é tendo um bom desempenho e agradando aos acionistas, mesmo que a sua parte seja inferior a 50%. Esse risco é bem preferível ao risco de incorrer em dívidas elevadas, que podem acabar limitando as possibilidades de inovação e crescimento futuros.

Olhando hoje para o passado, posso afirmar que tive sorte de aprender essas lições naquela ocasião. Naquela época, eu não fazia ideia de que dirigiria qualquer empresa, que dirá a Starbucks. Mas pelo fato de ter visto o que acontece quando a confiança entre a direção e os funcionários se rompe, compreendi a importância vital que é mantê-la. E pelo fato de ter assistido os efeitos nocivos das dívidas, posteriormente fiz a escolha certa para levantar capital. Essas duas abordagens tornaram-se fatores críticos no sucesso futuro da Starbucks.

Você provou que funciona, agora vamos desistir

Em muitas empresas, gerentes de nível médio e até funcionários recém-contratados tornam-se defensores fervorosos de ideias ousadas e arriscadas. É importante que os gerentes ouçam essas ideias e estejam dispostos a testá-las e implementá-las – mesmo que o CEO tenha uma postura cética em relação a elas. Soube dessa verdade primeiramente quando era funcionário da Starbucks em 1984 e depois como CEO. Como chefe, se você tapar os ouvidos para novas ideias, acabará não enxergando grandes oportunidades para a sua empresa.

Demorou aproximadamente um ano para eu convencer Jerry a testar a ideia de servir café expresso. Preocupado com a aquisição da Peet's e pensando que a natureza central da Starbucks pudesse mudar, ele não considerou a ideia como prioridade máxima. Minha frustração aumentava a cada mês.

Finalmente, Jerry concordou em testar um bar quando a Starbucks abriu sua sexta loja, na esquina das ruas Fourth e Spring no centro de Seattle, em abril de 1984. Foi a primeira loja da Starbucks a vender café como bebida e também grãos de café no varejo. Também foi a primeira loja da empresa no centro da cidade, no coração da área empresarial de Seattle. Eu tinha certeza de que os funcionários dos escritórios de Seattle se apaixonariam pelos cafés da mesma forma como eu me apaixonei, em Milão, em 1983.

Pedi metade do espaço de 140 m^2 para montar um bar totalmente ao estilo italiano, mas consegui apenas pouco mais de 25 m^2. Minha grande experiência tinha de ser colocada em um canto pequeno, atrás de um balcão, sem espaço para mesas, cadeiras ou filas, e apenas um minúsculo espaço no balcão para açúcar e leite. Embora eu tenha sido forçado a realizar meu sonho em uma escala bem menor do que o planejado, tinha certeza de que os resultados reproduziriam a sonoridade do que dizia o meu instinto.

Nós não planejamos um *marketing* de abertura e nem colocamos placas anunciando que "agora servimos expresso". Decidimos simplesmente abrir as portas e ver o que aconteceria.

Naquela fria manhã de abril de 1984, com clima diferente da estação, chuviscava, mas não chovia forte. A intenção era abrirmos a loja às 7h da manhã, duas horas antes do horário normal. Cheguei por volta das 6h30 e fiquei olhando ansioso para as ruas pelas janelas. Apenas os funcionários mais dedicados enfrentavam as ladeiras íngremes das ruas do centro de Seattle àquela hora.

Comecei a andar de cá para lá dentro da loja, e a me ocupar, com a ajuda dos últimos preparativos e ajustes. À esquerda ficava nosso balcão convencional de grãos, com as caixas de café. Atrás dele, um *expert* em café usando um avental marrom da Starbucks verificava sua concha de metal, a balança e a máquina de moer. Ele se certificava de que cada um dos rótulos das caixas indicava corretamente seu conteúdo e preparava uma série de carimbos que seriam usados para marcar cada pacote de café vendido com o nome da qualidade do café. Alinhou as canecas, cafeteiras e caixas de chá nas prateleiras ao longo da parede, produtos já familiares aos fãs da Starbucks em Seattle.

Na parte traseira, no canto direito da loja, meu experimento estava pronto para começar. Exatamente como os baristas de Milão, dois funcionários entusiasmados operavam uma lustrosa máquina cromada, liberando jatos de café expresso e praticando sua habilidade recém-adquirida de vaporizar leite para o preparo de *cappuccinos*.

Às 7h em ponto, abrimos as portas. Uma a uma, pessoas curiosas começaram a entrar enquanto iam para o trabalho. Muitos pediam uma xícara de café comum. Outros pediam as desconhecidas bebidas com café expresso que constavam no menu italiano. Os baristas estavam animados com as novas bebidas e gostavam de explicar o que cada uma delas continha. Eles recomendavam a bebida que eu descobri em Verona, uma de que muitos clientes nunca ouviram falar: *caffè latte*, expresso com leite vaporizado. Até onde eu sei, os Estados Unidos foram apresentados ao café pela primeira vez naquela manhã.

Eu observava diversas pessoas provando o primeiro gole. Assim como eu havia feito, a maioria arregalava os olhos, como primeira resposta ao sabor intenso ao qual não estava habituada. Eles hesitavam, depois tornavam a provar, saboreavam o doce calor do leite. Eu via sorrisos conforme a riqueza da bebida tocava os paladares.

O ritmo acelerava durante o horário de *rush* pela manhã, e depois desacelerava. Era estranho servir as pessoas no canto apertado de uma loja. Os clientes se espremiam naquele espaço pequeno à direita enquanto o balcão dos grãos permanecia vazio. Se aquela loja fosse um navio, teria afundado.

A partir do instante em que abrimos, estava claro para mim: a Starbucks havia entrado em um negócio diferente. Não tinha volta.

Ao fecharmos, cerca de 400 clientes haviam passado por lá – um número bem superior à média de 250 das melhores lojas Starbucks que vendiam grãos. E o mais importante, eu sentia os primeiros traços daquela mesma interação social calorosa e da arte convidativa que haviam me cativado na Itália. Naquele dia fui para casa feliz da vida.

À medida que se passaram as semanas, o negócio cresceu, quase que somente na parte de bebidas. Em dois meses, a loja estava servindo 800 clientes por dia. Os baristas não conseguiam atender o número de pedidos, e as filas começavam a se estender pela porta, chegando até a calçada. Sempre que eu parava para analisar o progresso da minha experiência, os clientes vinham a mim, ansiosos por compartilharem seu entusiasmo. A resposta foi surpreendente.

A loja na esquina das ruas Fourth e Spring tornou-se ponto de encontro. E sua atmosfera era elétrica. Eu prosperei por lá. E o mesmo ocorreu com a pequena multidão de pessoas da Starbucks que havia apoiado a ideia, pessoas como Gay Niven, uma compradora da Starbucks desde 1979, e Deborah Tipp Hauck, que eu contratei em 1982 para gerenciar uma loja.

Aqui estavam os resultados do teste que eu procurava. Com o sucesso do primeiro café, comecei a vislumbrar muitas possibilidades futuras. Poderíamos abrir cafés pela cidade, todos destinados a servir café expresso. Eles se tornariam não só um catalisador, mas também um veículo para a introdução de uma nova e mais ampla base de clientes para o café da Starbucks.

Certamente, pensei, a popularidade da Fourth com a Spring superaria quaisquer dúvidas que Jerry Baldwin ainda tivesse. Ele contemplaria a grande oportunidade de levar a Starbucks para um nível totalmente novo, com a mesma vivacidade que eu.

Mais uma vez, fui forçado a despertar do sonho.

Para Jerry, o sucesso daquela loja era um engano. Embora eu continue tendo imenso respeito por ele, Jerry e eu víamos o negócio de café e também o mundo de maneiras diferentes. Para ele, as bebidas com expresso representavam um desvio do negócio central que era vender saborosos grãos de café *arábica* no varejo. Ele não queria que os clientes pensassem na Starbucks como um lugar em que se pode conseguir uma xícara de café com rapidez e sair.

Para mim, o café expresso era o coração e a alma da experiência com o café. O ponto em questão de uma loja vendendo café expresso não era apenas ensinar aos clientes excelência em café, mas mostrar-lhes como apreciá-la.

Eu devo ter parecido completamente insano para Jerry durante os meses que se seguiram desde a abertura daquela loja. A cada dia eu entrava no escritório mostrando os indicativos de vendas e o número de clientes. Ele não podia negar que o empreendimento estava dando certo, mas ainda assim não queria dar sequência a ele.

Jerry e eu nunca discutimos durante todo o curso de nosso relacionamento profissional. Mas ambos reconhecemos que havíamos chegado a um impasse, que nossa dissensão não era apenas em relação a uma nova virada nos negócios, mas em relação ao que poderia potencialmente representar uma virada para a empresa. Astuto como era, ele sabia que um fogo me incendiava por dentro, um fogo que não era possível apagar.

Depois de semanas tentando convencê-lo, um dia entrei no escritório de Jerry decidido a ter uma conversa conclusiva sobre o assunto.

"Os clientes estão respondendo", disse a ele. "É uma grande ideia. Temos que dar sequência a ela."

"Somos torrefadores de café. Eu não quero entrar para o setor de restaurantes", disse ele, em tom de cansaço, percebendo que nós teríamos outra conversa repetitiva sobre o assunto.

"Não se trata de setor de restaurantes!", insisti. "Estamos dando às pessoas a chance de apreciar nosso café da maneira como deve ser preparado." "Howard, ouça-me. Simplesmente não é a coisa certa a se fazer. Se focalizarmos demais em servir café, nos tornaremos apenas outro restaurante ou cafeteria. Pode parecer sensato a cada passo, mas, no final, perderemos as nossas raízes com o café."

"Mas nós estamos retomando as nossas raízes com o café!", contestei. "Isso trará mais pessoas para as nossas lojas."

Diante da minha determinação, Jerry permaneceu em silêncio em sua mesa por alguns minutos, com os braços cruzados, até que finalmente ofereceu:

"Talvez possamos colocar máquinas de café expresso no fundo de mais uma ou duas lojas."

"Podia ser tão maior do que isso", repeti, sabendo que se eu aceitasse aquela concessão, seria o mais longe a que eu poderia levar a empresa.

"A Starbucks não precisa ser maior do que é. Se tivermos clientes demais entrando e saindo, não poderemos conhecê-los como sempre conhecemos."

"Na Itália os baristas conhecem os clientes", respondi.

"Além disso, temos muitas dívidas para levar essa ideia em consideração. Mesmo que eu quisesse, não teríamos verbas." Ele se levantou, preparando-se para ir para casa, mas vendo minha relutância em encerrar a conversa, acrescentou com firmeza: "Sinto muito, Howard. Não vamos fazer isso. Você vai ter que se acostumar".

Fiquei deprimido durante meses, paralisado pela incerteza. Sentia-me dividido por dois sentimentos conflitantes: lealdade à Starbucks e confiança em minha visão dos cafés ao estilo italiano.

Estava tão ocupado com meu trabalho diário, indo e voltando de San Francisco e encontrando maneiras de consolidar as operações das duas empresas, que eu poderia simplesmente ter me distraído e abandonado a ideia. Mas eu me recusava a deixá-la morrer. O negócio de cafés expresso era certo demais para mim, e meu instinto falava muito alto para simplesmente desistir.

Em um final de semana daquela época, como era de costume, fui ao clube no centro para minha partida de basquete de domingo, e joguei com um cara louro e musculoso que tinha aproximadamente a minha idade. Ele era cinco centímetros mais alto do que meus 1,85 m e jogava bem.

Quando o jogo terminou, começamos a conversar e ele se apresentou como Scott Greenburg. Contou-me que era advogado em uma grande empresa na cidade. Depois de saber o que eu fazia, disse que adorava o café da Starbucks. Então comecei a levar um pacote de café vez ou outra para ele nos jogos. Nos encontrávamos ocasionalmente, e com o passar do tempo, vi-me compartilhando algumas das minhas frustrações com ele.

Scott era advogado, e seu trabalho era aconselhar as empresas em muitos aspectos, incluindo investimentos privados e ofertas públicas de ações. Quando eu lhe disse que estava pensando em me desligar da empresa e abrir cafés, ele disse que achava que os investidores poderiam se interessar.

Gradualmente, partilhando minhas ideias com Scott e Sheri, percebi o que tinha de fazer. *Este é o momento,* pensei. *Se eu não aproveitar a oportunidade, se eu não sair da minha zona de conforto e arriscar tudo, se eu deixar o tempo correr demais, meu momento terá passado.* Eu sabia que se não aproveitasse aquela oportunidade, eu iria revê-la em pensamentos por toda a minha vida, e indagaria: *e se? Por que eu não fiz?* Era a minha chance. Mesmo que não desse certo, ainda assim eu tinha que ter tentado.

Resolvi sair da Starbucks e abrir minha própria empresa. Minha ideia era abrir lojas que servissem café em xícaras e bebidas com café expresso, concentrando em pontos da cidade com movimento elevado. Queria recriar o romance, a arte e o senso de comunidade que eu havia visto na Itália.

Levei vários meses planejando, mas finalmente tomei uma atitude. Sabendo da minha frustração, Jerry e Gordon apoiaram a ideia. Permitiram que eu ficasse em meu emprego e no escritório até que estivesse pronto para mudar, no final de 1985.

Em alguns aspectos, sair para abrir minha própria empresa exigiu muita coragem. Assim que eu decidi, descobrimos que Sheri estava grávida. Sem o meu salário, teríamos que viver da renda dela até que eu conseguisse montar e fazer a empresa funcionar. Ela estava disposta a voltar logo para o trabalho depois que o bebê nascesse, em janeiro, mas eu detestei o fato de, diante da minha decisão, ela não ter outra escolha.

Mas até certo ponto, sentia que vinha me preparando a vida toda para dar aquele passo. Ironicamente, isso ia contra os valores que meus pais haviam me ensinado. Com meu pai, aprendi que abandonar um emprego gera instabilidade e conflitos na família; o refrão constante da minha mãe era: "Você tem um bom emprego. Para que abandoná-lo?".

Mas eu via a mudança como algo mais coerente com o sonho da minha vida, meus desejos mais prematuros de fazer algo para mim mesmo e para a minha família, de realizar algo único, de ter controle do meu destino. A insegurança, o desejo de obter respeito, a necessidade ardente de ir muito além dos esforços dos meus pais, tudo se reunia naquele momento definitivo.

Meu amigo Kenny G posteriormente contou-me sobre uma experiência semelhante em sua vida. Nos anos 80, ele estava em uma banda já estabelecida, com uma posição e renda seguras. (Isso foi bem antes de ele se tornar um famoso saxofonista de *jazz*.) Mas ele percebeu que teria de deixar a banda se quisesse realmente encontrar sua própria música. Musicalmente falando, ele saiu e fez exatamente isso. Se não tivesse tentado, hoje seria apenas saxofonista de uma banda.

O que diferencia a pessoa de talento que tenta da pessoa que tem ainda mais talento mas não arrisca? Como exemplo, olhe para as listas de espera de atores aspirantes de Nova York: muitos deles provavelmente não são menos talentosos do que estrelas como Robert DeNiro e Susan Sarandon.

Parte do que constitui o sucesso é momento certo e oportunidade. Mas a maioria de nós tem de criar as próprias chances, e devemos estar preparados para agarrar a oportunidade quando vemos uma que os outros não veem.

É algo para se sonhar, mas quando chega a hora, você tem que estar disposto a abandonar o que é conhecido e sair em busca de sua própria música. E foi o que eu fiz em 1985. Se não tivesse feito isso, a Starbucks não seria o que é hoje.

PESSIMISTAS NUNCA CONSTRUÍRAM UMA GRANDE EMPRESA

Nós nos julgamos pelo que nos sentimos capazes de fazer, enquanto os outros nos julgam pelo que já fizemos.
HENRY WADSWORTH LONGFELLOW, "Kavanagh", 1849

Trata-se de um clássico conto americano, o sonho de todo empresário: para dar início a uma grande ideia, atraia alguns investidores e construa uma empresa lucrativa e sustentável.

O problema é que geralmente você precisa começar como pedinte, um joão-ninguém.

Se você quer saber como um pedinte se sente, tente conseguir dinheiro para abrir uma nova empresa. As pessoas batem a porta na sua cara. Olham com suspeita. Eles acabam com a sua autoconfiança. Apresentam todos os motivos imagináveis para sua ideia não funcionar.

Contudo, existe o outro lado da moeda em ser um pedinte, pois enfrentar essa adversidade pode ser algo renovador. No meu caso, devia-se ao fato de tantas pessoas afirmarem que meu plano não daria certo. Não importava quantas vezes as pessoas dissessem aquilo, eu acreditava firmemente que conseguiria. Eu estava tão confiante na vitória, que até gostava de estar em uma posição em que as expectativas das pessoas fossem tão baixas, mas que eu sabia em que podia vencê-las.

Ninguém nunca construiu coisa alguma acreditando em pessimistas. E poucos fizeram isso se prendendo a ideias em campos já testados.

Os que escolhem a estrada menos percorrida são os que criam novas indústrias, inventam novos produtos, constroem empresas duradouras, e inspiram os que os cercam a empurrar suas capacidades para os níveis mais elevados de realização.

Se você parar de ser o pobre mendigo, lutando contra os obstáculos, irá se arriscar ao pior de todos os destinos: a mediocridade.

“Não” em italiano não soa tão mal

Jerry Baldwin me surpreendeu. Enquanto eu preparava os documentos para minha nova empresa e planejava a abordagem aos investidores para conseguir financiamento, ele me chamou em seu escritório e ofereceu-se para investir 150 mil dólares da Starbucks em minha empresa de café.

“Não é uma empresa na qual queremos entrar”, explicou, “mas vamos apoiá-lo.”

Com aquelas palavras, ironicamente, a Starbucks tornou-se meu primeiro investidor, comprometendo uma grande quantia de dinheiro para uma empresa tão endividada. Jerry também concordou em atuar como diretor e Gordon prometeu ser consultor em meio período durante seis meses. Aquele selo de aprovação deles facilitou tremendamente a minha transição.

Talvez Jerry pretendesse evitar que eu me tornasse concorrente ou talvez quisesse assegurar-se de que eu usaria o café da Starbucks, embora, de qualquer forma, isso acabaria sendo minha própria escolha. Estava claro para mim, contudo, que Jerry também tinha simplesmente a intenção de me apoiar, e eu me sentia agradecido.

Gordon estava tão entusiasmado com o empreendimento quanto eu, e colocou sua mente criativa em funcionamento, ajudando-me a refinar minha ideia. “Não se trata do comum”, disse-me Gordon. “Você precisa elevar as expectativas dos clientes. Tudo na nova loja – o nome, a localização, a apresentação, o cuidado em preparar o café – deve levar o cliente a esperar algo melhor.”

Foi Gordon quem propôs que eu chamasse a empresa de Il Giornale. Conhecido como o nome do maior jornal da Itália, *giornale* também carregava a conotação de diário. Você tem o jornal diário, o lanche diário e seu café diário. Se servíssemos um excelente café com a elegância e estilo italianos, poderíamos esperar que as pessoas retornassem diariamente. Com o apoio de Jerry e Gordon, pensei, ingenuamente, que poderia atrair todos os fundos de investimento que precisasse em seis meses.

Não há nada mais doce para um novo empresário do que o sabor do sucesso depois de conseguir o investimento inicial. Mas o primeiro “não” é como um tapa na cara. Eu tive que passar por aquilo, dentre todos os lugares, na Itália.

Em dezembro, assim que eu saí da Starbucks, Gordon e eu ingressamos em uma aventura: fomos até a Itália pesquisar sobre os cafés. Nos três anos anteriores, eu aprendera a gostar dele e de seu ecletismo. Esperava voltar com 1 milhão em investimentos financiados.

Tínhamos como alvo principal a Faema, uma fabricante de máquinas para café expresso localizada em Milão. Eu havia tentado vender minha ideia a eles pelo telefone, e eles pareceram bastante interessados. Em nosso primeiro dia em Milão, fiz minha apresentação inicial, e estava orgulhoso. Expliquei-lhes como recriaríamos a experiência dos cafés italianos nos Estados Unidos, posteriormente expandindo para cinquenta lojas. Falei com a eloquência que podia sobre o escopo potencial da oportunidade e enfatizei a atração inerente ao café ao estilo italiano, que era pouco conhecido nos Estados Unidos. Para uma empresa que vendia máquinas de fazer café expresso, pensei, o empreendimento deveria parecer uma grande oportunidade.

Mas depois de uma breve conversa, eles recusaram a proposta. Os americanos, insistiam, jamais apreciariam o expresso como os italianos. Embora eu percebesse que estava excessivamente otimista em relação a uma grande empresa estrangeira ter uma participação financeira em uma pequena empresa americana ainda não em operação, não tive como deixar de me sentir desencorajado. A recusa da Faema significava que eu teria de bater de porta em porta em busca de investidores individuais para conseguir o 1,7 milhão de que eu precisava. Sabia como seria difícil.

Mas como sempre, a Itália impedia que eu me sentisse triste por muito tempo. Gordon e eu visitamos cerca de 500 cafés em Milão e Verona. Tomamos notas, tiramos fotografias e filmamos os baristas em ação. Observamos os hábitos locais, menus, decoração, técnicas de preparo do expresso. Bebemos muito café, provamos muito vinho italiano, e saboreamos alguns pratos fantásticos. Sentávamos em cafés ao ar livre sob aquela intensa luz italiana e esboçávamos diferentes projetos, imaginando como reproduziríamos um autêntico café italiano.

Quando voltamos para Seattle, estávamos tão convictos da ideia quanto quando havíamos partido, e me sentia renovado em minha determinação em conseguir o dinheiro de que precisava para abrir a Il Giornale.

Não tinha fundos próprios para investir, e não sabia nada sobre capital de risco. Não me parecia correto consultar amigos ou a família para conseguir dinheiro. Se a ideia fosse notável, pensei, investidores experientes participariam. Se fosse inviável, diriam-me.

Eles me disseram, e vários.

Eu não percebi, até bem mais tarde, as implicações a longo prazo de se recorrer à captação externa. Diferente das empresas com base em conhecimento, como a Microsoft, as empresas de varejo exigem intensa capitalização; quando expandem-se com rapidez com lojas próprias, exigem repetidas injeções de fundos para despesas resultantes de custos de construção, estoque e aluguéis. Cada vez que se levantam mais fundos, a fatia dos fundadores sofre uma redução. Eu jamais poderia ter retido uma participação de 50%, como faziam alguns executivos de empresas de *software*. Gostaria, hoje, de ter retido uma participação maior na empresa. Mas, naquela época, parecia que eu não tinha outra escolha. E se eu tivesse, a Starbucks talvez não tivesse crescido tanto, com a mesma rapidez e uniformidade com que cresceu.

Depois de voltar da Itália, meu amigo Scott Greenburg e eu sentamos à mesa da minha cozinha e elaboramos um novo plano de investimento privado para a Il Giornale. Ambos éramos jovens e estávamos fascinados diante das possibilidades, e nos complementávamos bem: eu tinha visão, e ele sabia quais informações e projeções eram necessárias para atrair investidores privados e como analisar as oportunidades e os riscos.

Como estávamos introduzindo algo novo em Seattle, imaginava que eu tinha de abrir pelo menos uma loja, para mostrar às pessoas o funcionamento prático e o poder artístico de atração de um café italiano. Para tanto, contudo, precisava obter uma quantia de 400 mil dólares. Depois disso, calculei, precisaria de mais 1,25 milhão para lançar pelo menos oito cafés e provar que a ideia funcionava em ampla escala tanto em Seattle quanto fora da cidade. Desde sua criação, a Il Giornale visava a ser uma grande empresa, não apenas uma única loja.

Às vezes a sinceridade vende mais do que planos de negócios

O primeiro investidor externo da Il Giornale foi Ron Margolis – em alguns aspectos, o investidor mais improvável que se pode imaginar. Ron era um médico que havia investido algumas de suas economias no mercado de ações e o restante em pequenos empreendimentos arriscados, em sua grande maioria empresas criadas por pessoas que ele passou a conhecer e apoiar.

Quando entrei em contato com ele solicitando dinheiro, Ron e eu éramos completamente desconhecidos. Sheri conhecia a esposa dele, Carol, através de contatos profissionais. Em um dia de outono, os três passeavam com os seus cães sobre as folhas secas em um parque de Seattle. Carol tinha um filho pequeno, Sheri estava grávida e Ron era obstetra, então a maior parte da conversa girava em torno de bebês. Mas quando Sheri mencionou que eu pretendia abrir minha própria empresa, Ron disse: "Se Howard abrir uma empresa, tenho certeza de que será bem-sucedido, então não deixem de me contar". Pouco tempo depois, Sheri providenciou um encontro entre nós. Carol nos convidou para irmos à sua casa.

Nessa etapa inicial, eu ainda estava muito entusiasmado com a ideia para ficar tenso. Levei o plano de negócio que Scott e eu havíamos passado horas redigindo. Tínhamos preparado as projeções financeiras padrão: quanto dinheiro eu precisava conseguir, quanto tempo levaria para abrir a primeira loja, quanto demoraria até obtermos lucro, como os investidores teriam retorno sobre o capital investido. Providenciei até um desenho esquemático para minha primeira loja com um arquiteto.

Ron nunca me deixou exibi-los.

Quando chegamos à casa dos Margolises, sentamos na sala de jantar. "Fale-me sobre essa nova empresa que você está pensando em abrir", disse Ron, depois de uma conversa introdutória.

Comecei com empolgação. Contei-lhe sobre a inspiração que eu tivera durante minha viagem à Itália, sobre como uma rápida parada em um café é uma rotina diária para os italianos. Descrevi o talento e arte com que o barista preparava cada bebida. Debati minha ideia de espalhar jornais em estantes para que os clientes pudessem ler, e, assim, assimilar ainda mais o nome Il Giornale. Se a cultura do café expresso pode sobreviver na Itália, defendia, também pode em Seattle – e em qualquer outro lugar.

Quanto mais eu falava, mais entusiasmado ficava, até que de repente Ron interrompeu-me. "De quanto você precisa?" disse ele.

"Estou em busca de capital para abertura da minha empresa, no momento", respondi, enquanto começava a folhear meus papéis. "Deixe eu te mostrar as projeções financeiras."

"Não faça isso," disse ele, tentando afastar os papéis. "Eu não entenderia. De quando você precisa? Cem mil dólares é o suficiente?" Ron apanhou seu talão de cheques e caneta e preencheu um cheque no ato.

Queria que todo levantamento de verba tivesse sido tão fácil como aquele. Ron não investe com base em projeções financeiras, mas procura honestidade, sinceridade e paixão. Ele busca, em suma, alguém em quem possa confiar. Naquele dia ele fez uma aposta de risco. Levou quatro anos para a empresa trazer lucro. Ron e Carol não tinham garantia alguma de que receberiam a quantia de volta, que dirá de que teriam retorno do investimento. Mas assim que a empresa passou a oferecer algumas das ações a investidores externos, e os lucros e o preço das ações começaram a subir, eles foram recompensados: as ações que compraram por 100 mil dólares passaram a valer mais de 10 milhões de dólares.

A paixão por si só não representa garantia de retornos notáveis. O próprio Ron é capaz de afirmar que muitos dos outros investimentos que empreendeu, feitos com base no mesmo princípio instintivo, não tiveram retorno satisfatório. Alguns empresários fracassam porque suas ideias não são tão notáveis. Outros permanecem míopes e não se dispõem a abrir mão do controle. Alguns recusam-se a injetar mais dinheiro. Uma série de fatores diferentes pode desviar uma empresa de seu curso no período entre o entusiasmo inicial do fundador e os retornos finais. Mas paixão é, e sempre será, um ingrediente necessário. Até mesmo o melhor dos planos organizacionais não produzirá qualquer resultado se não levar consigo paixão e integridade.

A ironia do voto de confiança de Ron na Il Giornale é que ele nem é um apreciador de café. Ele investiu em mim, não na minha ideia. Ele é médico, não empresário. Mas vale a pena lembrarmos o conselho dele:

"Parece-me que as pessoas que realmente alcançam o sucesso têm um impulso de fazer algo", observa Ron. "Elas gastam energia tentando apostar. Neste mundo, um número relativamente pequeno de pessoas está disposto a fazer uma grande aposta."

Se você encontrar alguém que esteja, ouça atentamente; pode acabar ajudando-o a realizar um sonho de proporções surpreendentes.

Como o mundo olha um pedinte

Quando meu filho nasceu, em janeiro, eu tinha conseguido levantar toda a quantia que estimara inicialmente, 400 mil dólares, 92 centavos por cada ação. (Devido a dois *splits* no número de ações, isso passou a equivaler a 23 centavos por ação.) O maior volume tinha sido oferecido pela Starbucks e por Ron Margolis; o restante veio de Arnie Prentice e seus clientes.

Arnie Prentice, copresidente de uma empresa de serviços financeiros que conhecia a Starbucks e o café expresso italiano, foi um dos primeiros a acreditar firmemente no que eu estava tentando realizar. Ele organizava cafés da manhã e almoços para eu apresentar minha ideia a seus clientes, colocando sua reputação em jogo para validar a minha. Ele ingressou para o conselho administrativo da Il Giornale e até hoje faz parte do conselho da Starbucks.

O capital inicial permitiu que eu garantisse uma operação de *leasing* e começasse a construir a primeira loja Il Giornale, em um novo conjunto de escritórios comerciais que se tornou o maior arranha-céu de Seattle, o Columbia Center. Foi naquele momento que Dave Olsen se uniu a mim (falarei mais sobre ele no próximo capítulo). Nós dois começamos a trabalhar juntos para colocar a empresa em funcionamento até abril de 1986.

Mas grande parte da minha energia e tempo ainda eram dedicados a conseguir o outro 1,25 milhão. Alugamos um pequeno escritório na First Avenue, e começamos a abrir caminho. Passava cada minuto do meu dia pedindo dinheiro, correndo de uma reunião para outra e tentando manter a argumentação cheia de entusiasmo. Falava frequentemente ao telefone, antes e depois que a primeira loja abriu, abordando cada investidor potencial que encontrava.

Eu não fui apenas um pedinte durante aquele ano; fui um *pobre* pedinte. Foi o período mais difícil da minha vida. Sentia como se estivesse sendo chutado e escorraçado todas as vezes em que eu saía por uma porta.

Naquela época, tinha 32 anos e estava em Seattle havia apenas três. Eu tinha experiência em vendas e *marketing*, mas nunca havia administrado minha própria empresa. Não tive nenhum contato com a elite endinheirada de Seattle.

Não sabia nada sobre como levantar verba, e era tão ingênuo que conversaria com qualquer um. Existe uma definição legal para um "investidor confiável", alguém que tem uma quantia suficientemente grande para assumir o risco de investir em uma pequena empresa. Sempre que encontrava alguém que se encaixasse nessa descrição, eu o abordava. Suspeito que gastei metade do tempo falando com pessoas que não poderiam investir mesmo se quisessem. Eu teria de baixar o preço para um terço.

Eu recebia frequentemente recusas com forte dose de arrogância. Quando estava no colegial, trabalhei durante um verão como garçom em uma colônia em estilo bangalô em um restaurante como o Catskill Mountains. Lembro-me de como alguns clientes eram terrivelmente rudes comigo. Eles eram rudes e exigentes, e eu me desdobrava fazendo o melhor possível para agradar-lhes e quando saíam, deixavam apenas uma mísera gorjeta. Como um jovem pobre do Brooklyn, eu imaginava que os ricos fossem assim. Lembro-me de quando dizia a mim mesmo: *Se um dia eu for suficientemente rico para tirar férias em um lugar como esse, não vou ser como eles. Irei me lembrar do que se passou comigo.*

Eu tive quase os mesmos sentimentos durante aquele ano em que estava levantando capital, e jurei a mim mesmo que se algum dia eu estivesse em uma posição de sucesso e fosse consultado por empreendedores em busca de investimento, mesmo que eu achasse que eles tinham o pior conceito formado, eu sempre respeitaria o espírito empreendedor.

Muitos dos investidores que consultei disseram-me abruptamente que eles achavam que eu estava vendendo uma ideia maluca.

"Il Giornale? Não dá para pronunciar esse nome."

"Como você pôde sair da Starbucks? Que atitude imbecil."

"E o que te leva a pensar que isso vai funcionar? Os americanos nunca vão pagar um dólar e meio por uma xícara de café!"

"Você está pirado. É insano. Seria melhor você arrumar um emprego." No decorrer daquele ano em que tentei levantar verba, falei com 242 pessoas, e 217 delas disseram "não". Tente imaginar como pode ser triste e desanimador ouvir tantas vezes motivos para a sua ideia não valer um investimento. Alguns ouviam a minha apresentação de uma hora de duração e não voltavam a me atender. Eu telefonava e eles não me atendiam. Quando finalmente terminava, eles me diziam por que não estavam interessados. Foi uma fase humilhante.

A parte mais difícil era manter uma atitude entusiasta. Não se deve visitar um investidor potencial sem conseguir demonstrar toda a sua paixão e seu entusiasmo pelo que está disposto a fazer. Não se pode estar desanimado ao encontrar uma pessoa para iniciar as negociações de locação de um imóvel. Mas quando você já teve três ou quatro reuniões sem sucesso naquela semana, como se recuperar? Realmente é preciso ser um camaleão. Lá está você, em frente a outra pessoa. Para lá de deprimido, mas com a necessidade de demonstrar o mesmo vigor e confiança de uma primeira reunião.

Ainda assim, eu nunca duvidei, *nem uma única vez*, de que o meu plano daria certo. Eu estava definitivamente convencido de que a essência da experiência com o café expresso italiano – a essência do senso de comunidade e arte e o relacionamento diário com os clientes – era o segredo para que os americanos aprendessem a apreciar um bom café.

Existe uma fronteira bem definida entre autoconfiança e dúvida de si mesmo, e é até possível sentir ambas as emoções simultaneamente. Naquela época, e frequentemente ainda hoje, eu me surpreendia com inseguranças e, ao mesmo tempo, tinha muita autoconfiança e fé.

Francamente, quando comecei, não acredito que era tão bom em conseguir verba, até porque demorou muito tempo para eu atingir minhas metas. Com a prática, no entanto, fui me aperfeiçoando nas apresentações e prevendo objeções e preocupações.

Enquanto isso, eu estava consumindo meu capital inicial. Em abril, quando abrimos a primeira loja Il Giornale, foi excitante observar os moradores de Seattle descobrindo os prazeres das bebidas com café expresso feitas artesanalmente enquanto se dirigiam para o trabalho. Desde o primeiro dia, as vendas superaram as nossas expectativas, e a atmosfera era a prevista. Mas levaria um tempo até que pudéssemos esperar lucros, e enquanto isso eu tinha de pagar o aluguel e as pessoas contratadas, gastando aquilo que ainda não tinha.

Conforme os meses passavam, preocupávamo-nos com as alternativas que teríamos para continuar funcionando porque não estava entrando dinheiro conforme eu planejara. Algumas vezes não tínhamos certeza de que podíamos pagar os funcionários ou o aluguel. Dave Olsen e eu sentávamos e nos perguntávamos: "Quem vamos pagar essa semana?". Na verdade, nós nunca atrasamos um pagamento, mas chegamos muito perto.

Por algum motivo, as pessoas à minha volta nunca duvidavam de que eu conseguiria, de que eu encontraria uma maneira de fazer as coisas caminharem bem. De alguma forma, a confiança deles me fortalecia para encontrar soluções. Os obstáculos que enfrentávamos eram simples. Os investidores tinham de ter muito estômago para apostar no nosso sucesso.

Eu continuei reunindo pessoas comprometidas, mas não podia usar o dinheiro até alcançar o que chamamos de um "número fechado de captação".

O número fechado de captação é a quantia mínima de dinheiro que um empreendedor deve conseguir para acessar o dinheiro disponível. No meu caso, eu não podia usar o dinheiro que havia conseguido até garantir investimentos que totalizassem 900 mil dólares.

Um ponto decisivo para a Il Giornale veio em junho, quando, para meu alívio, finalmente consegui atingir o meu número fechado de captação. Um investidor chamado Harold Gorlick nos deu mais de 200 mil dólares, o maior cheque que já havia recebido. Fiquei boquiaberto olhando para ele um bom tempo, perguntando-me que mistura mágica de momento certo e inclinação seria necessária para fazer algum investidor acreditar. Gorlick era cliente de Arnie Prentice. Era um cara incomum, um homem bem-sucedido que fez fortuna nos setores de encanamentos e aquecedores. Ele tinha uma aparência rude, mas eu passei a admirá-lo muito.

Alguns anos mais tarde, Harold me apresentou seu sobrinho, um saxofonista de *jazz* em ascensão conhecido como Kenny G. Nós éramos jovens, cada um aspirando a deixar a sua marca em setores diferentes, e a nossa amizade cresceu conforme enfrentávamos desafios semelhantes. Kenny finalmente investiu no negócio, também, e até tocava em comemorações para os funcionários e realizava concertos beneficentes nas inaugurações de nossas fábricas e lojas. Sua música tornou-se parte da cultura da empresa.

Com o número fechado de captação, consegui usar uma parte do capital amenizando nossa crise financeira imediata. Mas a meta de 1,25 milhão ainda parecia muito distante. Não havia muitas portas mais nas quais bater.

Sim, é possível reinventar uma *commodity*

A tensão cresceu à medida que o verão se aproximava. A maior barreira que eu continuava enfrentando era a aparente improbabilidade da minha própria ideia em uma época em que os investidores tinham tantas outras indústrias atraentes nas quais investir.

Um dos grupos que consultei chamava-se Capital Resource Corp., uma pequena empresa de investimentos, na qual quinze a vinte sócios reuniam seu dinheiro para apoiar empreendimentos promissores. Até aquele momento, o sucesso da primeira loja era visível e minha argumentação havia ficado bem mais ambiciosa. A Il Giornale Coffee Company, imaginei, abriria e administraria cinquenta cafés, começando em Seattle e espalhando-se por outras cidades.

O sócio que prontamente nos atendeu, Jack Rodgers, recomendava um investimento grande, mas o grupo negou. Conforme o acordo deles, estavam comprometidos em investir em empreendimentos de alta tecnologia. E não há nada de *high-tech* quando se trata de café.

A sabedoria convencional nos negócios nos diz que os empreendimentos mais atraentes têm uma tecnologia ou ideia proprietária – algo para oferecer o que ninguém mais tem. Exemplos notáveis são os computadores da Apple, os *chips* da Intel, e o sistema operacional da Microsoft. Se você tem uma patente do seu produto, muito melhor. Menos arriscado se conseguir erguer uma barreira para entrada, evitar que uma dúzia de concorrentes invadam e tomem seu mercado antes que você possa se estabelecer. E as ideias mais promissoras são aquelas nas indústrias do futuro, como biotecnologia, *software* ou telecomunicações.

A Il Giornale não se encaixava em nenhum desses paradigmas – e nem a Starbucks se encaixa hoje. Nós não tínhamos presença marcada no suprimento mundial do bom café, nem patente sobre o tipo de torração, nem direito sobre o termo *caffè latte*, a não ser o fato de que popularizamos a bebida nos Estados Unidos. Era possível a qualquer um montar um café na vizinhança e competir conosco no dia seguinte, mesmo sem ter experiência naquilo antes.

Ouvi todos os argumentos sobre o porquê de o café nunca poder passar a ser uma indústria em crescimento. Era o segundo produto mais comercializado no mundo depois do óleo. O consumo de café havia decaído nos Estados Unidos desde meados dos anos 60, à medida que os refrigerantes ultrapassaram-no, passando a ocupar o lugar de bebida favorita do país. Os cafés existem há muito tempo.

Expliquei, vez após vez, o crescente interesse em cafés específicos. Em cidades como Seattle e San Francisco, um crescente nicho de pessoas havia aprendido a beber café de qualidade elevada em casa e nos restaurantes. Mas eles tinham pouca ou nenhuma oportunidade de experimentar um bom café no trabalho. Enquanto que em cidades e mais cidades, pequenos estabelecimentos de bairro começavam a vender grãos de café de qualidade elevada, o café expresso podia ser encontrado principalmente em restaurantes como uma bebida a ser consumida depois do jantar. Embora existissem alguns bares que vendessem café expresso, nenhum oferecia o expresso de alta qualidade servido com rapidez que as áreas urbanas exigem.

O que nós propusemos fazer na Il Giornale, disse-lhe, foi reinventar um produto. Nós podíamos ter algo antigo, ermo e comum – o café –, e injetar um senso de romance e comunidade em torno dele. Podíamos redescobrir o enigma e charme que haviam rodeado o café no decorrer dos séculos. Podíamos encantar os clientes com uma atmosfera de sofisticação, estilo e conhecimento.

A Nike é a única empresa que eu conheço que fez algo comparável. Os tênis certamente já eram um produto – barato, padronizado, prático, e de um modo geral não muito bom. A estratégia da Nike foi primeiramente projetar calçados de corrida de classe mundial e depois criar uma atmosfera de *performance* atlética superior e uma engenhosa irreverência em torno do produto. Esse espírito pegou com tamanha rapidez que inspirou uma série de não-atletas a usar Nike também. Nos anos 70, um bom par de tênis custava 20 dólares. Quem pensaria que alguém pagaria 140 dólares por um par de tênis de basquete?

Como, então, deve-se avaliar uma boa oportunidade de investimento? Como se identifica uma boa ideia para um empreendimento? O que as pessoas não estavam entendendo quando rejeitavam a chance de investir na Il Giornale?

A resposta não é fácil, mas tem muito a ver com instinto. As melhores ideias são aquelas que criam uma nova mentalidade ou sentem uma necessidade antes de outros sentirem, e é preciso um investidor astuto para reconhecer uma ideia que não só esteja à frente de seu tempo, mas que também ofereça possibilidades a longo prazo. Em 1985, embora a Capital Resource Corp.

tenha recusado minha proposta, Jack Rodgers e vários outros indivíduos que compunham aquele grupo investiram na Il Giornale independentemente. Eles não deixaram a sabedoria convencional impedi-los. Eu frequentemente me perguntava se os seus investimentos em empresas de alta tecnologia realmente traziam grandes resultados.

Inovações não são baratas

Em agosto, senti como se estivesse indo para os pênaltis. A loja estava aberta havia quatro meses e os negócios iam bem. Mas eu ainda tinha conseguido apenas metade do que precisava. Já havia assinado o contrato de locação de uma segunda loja, e não sabia como pagaria. Tinha de ganhar o jogo de uma vez.

Havia uma grande organização que eu ainda não tinha contatado. Três dos líderes organizacionais mais proeminentes de Seattle ainda não tinham ouvido meu argumento. Era o trio formado por Jack Benaroya, Herman Sarkowsky e Sam Stroum. Na região, eram titãs que haviam desenvolvido alguns dos edifícios mais altos, os complexos residenciais de maior sucesso e as empresas mais robustas de Seattle. Ativos na comunidade judaica, e filantropos generosos, os três eram amigos e às vezes empreendiam investimentos conjuntamente.

O filho de Herman, Steve, tem aproximadamente a minha idade. Um dia ele trouxe seu pai à Il Giornale e apresentou-me, e Herman concordou em me deixar fazer uma apresentação para os três. Era minha última chance. Se esses três grandes investidores me recusassem, eu não saberia a quem mais recorrer em Seattle. Eu tinha de trabalhar.

Até o momento, eu havia repetido meu argumento de vendas umas cem vezes, mas praticava vez após vez antes de cada reunião decisiva. Não queria entrar em cena até que me sentisse totalmente preparado. Mesmo que eles investissem apenas um pouco, sua contribuição seria um endosso de valor inestimável e eu poderia contar com outros do alto escalão da comunidade empresarial para segui-los.

A reunião devia ocorrer no último andar de um dos edifícios mais altos de Seattle. Eu tive de dar três voltas no quarteirão para me acalmar. Minha apresentação transcorreu bem, e eles pareciam prontos para investir muito dinheiro. Mas o grupo fez algumas exigências nada fáceis. Queriam um preço mais baixo, opções e cargos na diretoria. Levou duas semanas para acertarmos os detalhes. E finalmente decidiram, conjuntamente, investir 750 mil dólares. Isso me levou às alturas. Eu tinha conseguido.

Acabei conseguindo 1,65 milhão de dólares junto a cerca de trinta investidores, incluindo a contribuição inicial. A fatia maior veio do grande trio. Juntamente com Arnie Prentice, Harold Gorlick e Jack Rodgers, Steve Sarkowsky assumiu a diretoria e apoiou-me fortemente durante alguns momentos tensos e difíceis que se seguiram. Se você perguntar a qualquer um dos investidores hoje por que decidiram correr o risco, quase todos lhe dirão que investiram em mim, não em minha ideia. Eles acreditavam porque eu acreditava, e prosperaram porque confiaram em alguém em quem ninguém mais havia confiado.

A Il Giornale acabou desaparecendo na história, e é lembrada apenas por alguns de seus antigos clientes. Mas aqueles investidores iniciais acabaram tendo um retorno de 100% sobre o investimento. Como aquilo aconteceu foi algo que envolveu estranhas viradas do destino.

A MARCA DOS VALORES DE UMA EMPRESA

A medida final de um homem não é onde ele fica nos momentos de conforto e conveniência, mas onde fica em fases de desafio e controvérsia.
MARTIN LUTHER KING JR.

Dificilmente um casal com um recém-nascido se senta e faz a seguinte pergunta: *qual é a nossa missão enquanto pais? Que valores queremos transmitir a essa criança?* A maioria dos novos pais estão preocupados meramente em se perguntar como passar mais uma noite.

De forma semelhante, a maioria dos empresários também não consegue enxergar longe. Estão excessivamente absortos por problemas que se apresentam de imediato para se darem ao luxo de ponderar valores. Eu sei que certamente isso ocorreu comigo.

Mas enquanto pai, ou enquanto empreendedor, você começa a deixar a marca de suas crenças a partir do primeiro dia, esteja percebendo isso ou não. Assim que os filhos, ou as pessoas da empresa, absorverem esses valores, você não poderá de repente mudar a visão de mundo deles com uma palestra sobre ética.

É difícil, senão impossível, reinventar a cultura de uma empresa. Se você cometeu o erro de fazer negócios de uma maneira durante cinco anos, não pode repentinamente impor uma série de valores diferentes. Nessa ocasião, a água já estará no poço e você terá que bebê-la.

Qualquer que seja a sua cultura, seus valores, seus princípios diretores, você terá de adotar passos para inculcá-los na organização desde o início para que possam guiar cada decisão, cada contratação, cada objetivo estratégico que for definido. Seja você CEO ou funcionário de nível inferior, a coisa mais importante que você faz no trabalho é comunicar diariamente os seus valores aos outros, especialmente aos recém-contratados. Estabelecer o tom correto desde o princípio de uma empresa, qualquer que seja o seu porte, é um elemento vital para seu sucesso a longo prazo.

Compartilhar a missão

Não vou te enganar. Quando comecei a planejar a Il Giornale, não esbocei uma declaração de missão ou uma lista de valores que eu queria que a empresa incorporasse. Tinha algumas noções nítidas, sobretudo, com base no que eu havia visto dar certo e errado na Starbucks, sobre que tipo de empresa eu queria criar.

O que é quase inconcebível para mim hoje é como a pessoa ideal chegou a mim, exatamente quando eu mais precisava, para me ajudar a articular nossos valores comuns e erguer a empresa. Talvez tenha sido obra do destino.

Um dia, no final de 1985, estava em minha mesa, absorto, planejando os detalhes do lançamento da Il Giornale. Eu já havia saído da Starbucks mas ainda estava usando o escritório, e o chão estava repleto de rascunhos de cardápios, gráficos, *layouts* e desenhos.

Atendi ao telefone e fui saudado por um homem que havia encontrado apenas algumas vezes e era conhecido principalmente por sua reputação: Dave Olsen. As pessoas na Starbucks falavam de Dave com respeito quase chegando à reverência, tamanho era o seu conhecimento sobre café. Um homem alto, de ombros largos, vindo de Montana, com cabelos ondulados um tanto longos e um olhar intenso que reluzia por trás dos pequenos óculos ovais, ele administrava um pequeno estabelecimento comercial em University District chamado Café Allegro. Os estudantes e professores frequentavam o estabelecimento estudando filosofia, debatendo política estrangeira ou simplesmente tomando *cappuccinos*. De certo modo, o Café Allegro era um protótipo do que a Starbucks tornou-se posteriormente, um ponto de encontro para a vizinhança, embora seu estilo fosse mais boêmio e não vendesse grãos de café ou outros produtos para uma clientela urbana que de manhã queria "café para viagem". Estava mais para a tradição do café europeu do que para os cafés italianos que visitei em Milão.

"Soube que você está planejando abrir conjuntamente alguns cafés no centro da cidade", disse Dave. "Estive pensando em procurar um ou dois pontos no centro da cidade. Talvez possamos conversar."

"Perfeito, podemos nos encontrar", disse, e marcamos um encontro para alguns dias depois.

Eu desliguei e me virei para Dawn Pinaud, que havia me ajudado a colocar a Il Giornale em funcionamento. "Dawn", disse eu, "você tem alguma ideia de quem era?"

Ela parou e me olhou com expectativa.

"*Dave Olsen!* Talvez ele queira trabalhar conosco!" Foi um tremendo golpe de sorte. Embora ele brinque com isso agora, protestando que era apenas um cara usando jeans, administrando um pequeno café e se divertindo, eu sabia que ter Dave em minha equipe conferiria à Il Giornale uma autenticidade e especialidade em cafés muito além do que eu fora capaz de desenvolver em três anos. Com seu jeito humilde, seu discurso preciso, pensamentos profundos e risada sonora, também sabia que seria um bom companheiro de trabalho.

No dia da nossa reunião, Dave e eu sentamo-nos no chão do meu escritório e começamos a espalhar os planos e esquemas e a falar sobre a minha ideia. Dave entendeu de imediato. Ele havia passado dez anos usando avental, atrás de um balcão, servindo bebidas com café expresso. Ele havia vivenciado em primeira mão o entusiasmo que as pessoas podem desenvolver em relação ao café expresso, tanto em seu próprio café quanto na Itália. Eu não tive de convencê-lo de que a ideia tinha grande potencial. Ele já tinha certeza disso.

A sinergia era tremendamente intensa. Meu ponto forte era voltado ao exterior: comunicar a visão, inspirar investidores, conseguir financiamento, encontrar o imóvel, projetar as lojas, construir a marca e planejar visando a crescimento futuro. Dave entendia o funcionamento interno: os detalhes práticos de se ter um café em funcionamento, contratar e treinar baristas, assegurar o café de melhor qualidade.

Nunca nos passou pela cabeça nos tornarmos concorrentes. Embora Dave procurasse formas de ir adiante e crescer, quando ele viu o que eu estava planejando, considerou que seria mais divertido unir forças. Concordou em trabalhar comigo para fazer a Il Giornale decolar.

Pelo fato de eu ainda ter pouco dinheiro, Dave concordou em trabalhar 24 horas por dia por um salário desprezível de 12 mil dólares por ano. Na verdade, ele se comprometeu em tempo integral e até mais no início. Mais tarde foi generosamente recompensado conforme suas opções em ações foram valorizadas. Mas Dave não estava naquilo pelo dinheiro. Ele entrou para nossa equipe porque acreditava. Ele estava intrigado com a abordagem do café italiano, e queria certificar-se de que nós serviríamos o melhor café e as bebidas com expresso possíveis. Ele tornou-se a consciência do café em nossa empresa.

Anos mais tarde, como o vice-presidente sênior de cafés da Starbucks, Dave afirmava que não se via como um funcionário, como executivo ou fundador, mas muito mais como "um participante com disposição e muita sorte". "É como uma expedição para escalar uma montanha", disse Dave. "Claro, eu recebo para isso, felizmente. Eu não faria tudo o que faço se não recebesse. Mas de qualquer maneira, provavelmente faria boa parte do que faço."

Se toda empresa tem uma memória, então Dave Olsen está na essência da memória da Starbucks, onde se reúnem o propósito e os valores centrais. Simplesmente vê-lo no escritório é algo que me põe no eixo.

Se você estiver criando uma organização, perceberá rapidamente que não consegue fazer isso sozinho. Construirá uma empresa bem mais forte se puder encontrar um colega em quem confia totalmente, alguém que traz pontos fortes diferentes para a mistura, mas que ainda compartilha seus valores. Dave fica muito contente no topo do Monte Kilimanjaro. Eu fico energizado pelo entusiasmo de um jogo de basquete. Ele é capaz de falar com entusiasmo diante de um saboroso café Sulawesi; eu sou capaz de contagiar uma sala cheia de pessoas com meu profundo compromisso com o futuro da empresa.

Dave Olsen e eu viemos de mundos diferentes. Ele cresceu na tranquila cidade de Montana, e quando usava Levis, camisetas e sandálias Birkenstocks, já administrava um pequeno café, enquanto eu fazia ligações em meio aos arranha-céus de Manhattan para a Xerox. O caso de amor de Dave com o café começou em 1970, durante uma visita a um amigo em Berkeley. Enquanto caminhava deparou-se com a Peet's, na época um café original na Vine Street. Ele comprou uma pequena cafeteira de café expresso e duzentos gramas de café italiano bem torrado do próprio holandês e começou a experimentar. O expresso que ele preparou naquele dia cativou-o de tal forma que começou a fazer experiências regularmente para acertar o sabor.

O Exército transferiu-o para Seattle, onde trabalhava como carpinteiro. Um dia em 1974, abandonou o emprego, pegou sua bicicleta e pedalou até San Francisco, percorrendo pouco mais de 1600 quilômetros de distância. Lá ele descobriu os cafés de North Beach, os restaurantes italianos com atmosferas que lembravam óperas, boêmias, barulhentas, ecléticas e estimulantes. Eles tratavam o preparo do café expresso como uma das muitas finas artes italianas. Dave começou a parar de bicicleta em frente a diversos restaurantes e conversar com os proprietários sobre comida, vinho e café.

Muitas pessoas sonham em abrir um café. Poucas realmente o fazem. Mas é precisamente isso que Dave Olsen fez quando retornou para Seattle no outono de 1974. Ele alugou um ponto em University District, Seattle, na garagem do que fora um necrotério, em uma ruela em frente à entrada principal do *campus*.

O Café Allegro tornou-se um santuário do expresso, com uma máquina de café expresso. Naquela época poucos americanos conheciam o termo *caffè latte*. Ele fazia uma bebida semelhante chamada *café au lait*. Dave pesquisou em Seattle os melhores grãos de café e rapidamente encontrou a Starbucks, que na ocasião vendia somente café em pacotes. Ele ficou conhecendo os fundadores e torradores, e provava o café com eles. Trabalhou com eles para desenvolver conjuntamente uma torração personalizada para café expresso que agradasse ao seu paladar, só um pouco mais escura do que a maioria dos outros cafés da Starbucks, mas um pouco mais clara do que o café mais escuro que eles ofereciam.

Aquela torração de café expresso desenvolvida para o Café Allegro, ainda é vendida nas lojas Starbucks atualmente, e é usada em todas as bebidas que levam café expresso que nós servimos. É desse modo que Dave Olsen se encontra intimamente integrado ao legado da Starbucks.

Tão diferentes quanto as nossas histórias, quando Dave e eu abrimos a Il Giornale em 1985, tínhamos uma relação inegável: a nossa paixão por café e pelo que queríamos realizar servindo café. Nós assumimos papéis diferentes, mas não importava com quem falássemos ou em qual situação estivéssemos envolvidos, transmitíamos exatamente a mesma mensagem, cada um de uma forma que refletisse nossos estilos individuais. Havia duas vozes, mas um único ponto de vista. A relação, o alinhamento e o propósito comum que Dave e eu tínhamos são raros tanto nos negócios quanto na vida em geral.

A primeira vez em que o encontrei, Dave tinha apenas um blazer esporte, e isso porque sua esposa trabalhava para uma companhia aérea que exigia que os parentes de funcionários da empresa que voassem gratuitamente usassem blazer e gravata. Anos depois, ele ainda ficava tão surpreso quanto qualquer um diante do fato de ser executivo em uma empresa de 1 bilhão de dólares, embora conservasse o espírito de um artista ou inventor.

A Starbucks não seria o que é hoje se Dave Olsen não fizesse parte da minha equipe na Il Giornale. Ele ajudou a modelar seus valores, trazendo um amor forte e romântico pelo café, uma integridade inabalável, uma honestidade desconcertante, e insistência pela autenticidade em todos os aspectos dos negócios. Ele compartilhava comigo uma visão de organização na qual as pessoas deixassem seus egos do lado de fora da porta e trabalhassem conjuntamente como uma equipe cheia de inspiração. Ele me deixou livre para construir a empresa, pois eu sabia que nunca teria de me preocupar com a qualidade do café. Dave é uma rocha, parte do alicerce da empresa.

Quando você está abrindo uma nova empresa, não reconhece como essas decisões iniciais são críticas não só na formulação da empresa em si, mas em formar a base para o seu futuro. À medida que você constrói, nunca sabe quais decisões acabarão sendo os verdadeiros alicerces. Cada um acrescentará muito valor posteriormente, mas você não está consciente dele no momento.

Não subestime a importância dos primeiros sinais que você dá durante a construção de sua empresa e a definição de valores dela. Ao encontrar um sócio e selecionar funcionários, certifique-se de escolher pessoas que compartilham da sua paixão, do seu compromisso e metas. Se você compartilhar sua missão com almas semelhantes, isso produzirá um impacto muito maior.

Tudo importa

Na ocasião, nossos planos pareciam impossivelmente ambiciosos. Mesmo assim, quando ninguém havia ouvido falar na Il Giornale, eu tive um sonho de construir a maior empresa de café da América do Norte, com lojas em todas as principais cidades. Contratei alguém que sabia criar uma planilha em um computador para fazer projeções e pedi que ele construísse um modelo com base na abertura de 75 lojas em um período de cinco anos. Mas quando olhei os números, eu o instruí a reconsiderar o projeto para cinquenta lojas, uma vez que imaginava que ninguém acreditaria que 75 fossem concebíveis. Na verdade, cinco anos depois, nós atingimos aquela meta.

O minúsculo escritório que eu aluguei tinha espaço para apenas três mesas, muito apertado, e havia uma pequena sala para reuniões. Quando começamos a vender sanduíches *panini*, Dave costumava fatiar as carnes no escritório, a cerca de nove metros de distância da minha mesa. Enquanto isso eu falava ao telefone com investidores potenciais, com o cheiro daquelas carnes defumadas rodeando meu nariz.

No dia em que a primeira loja Il Giornale abriu, em 8 de abril de 1986, cheguei cedo, como no dia de inauguração do primeiro café da Starbucks. Às 6h30 da manhã, a primeira cliente estava esperando do lado de fora da porta. Ela entrou imediatamente e pagou por uma xícara de café.

Alguém comprou alguma coisa!, pensei tomado de uma sensação de alívio. Fiquei o dia todo lá e estava agitado demais para trabalhar atrás do balcão, de modo que ia para a frente para observar. Muitas pessoas da Starbucks vieram naquele dia para ver como era a minha loja. Até o horário de fechar, aproximadamente 300 clientes passaram por lá, principalmente no período da manhã. Eles faziam muitas perguntas sobre o menu, e começamos a ensiná-los sobre o café expresso ao estilo italiano. Foi um início gratificante, e eu estava contente.

Naquelas primeiras semanas eu verificava a qualidade, a velocidade de atendimento e a limpeza. Recusava-me a permitir qualquer deslize. Aquele era o meu sonho, e tudo tinha de sair com perfeição. Tudo importava.

Dave trabalhava atrás do balcão, desde a hora em que abria até passar por todo o *rush* matutino. Então ele vinha para o escritório. Dave e eu sempre voltávamos para a loja no horário do almoço. Nós pagávamos preço integral, fazendo o possível para manter as vendas elevadas, comendo e bebendo muito para ter certeza de que os investidores potenciais viam números de vendas convincentes. Trata-se de um hábito que conservamos: ainda pagamos preço integral em todas as lojas Starbucks que visitamos.

Cometemos muitos erros. Naquela primeira loja estávamos determinados a recriar um verdadeiro café ao estilo italiano. Nossa missão original era a de sermos autênticos. Nós não queríamos fazer nada que diluísse a integridade do café expresso e a experiência do estilo italiano em Seattle. No que dizia respeito à música, nós tocávamos apenas ópera italiana. Os baristas usavam camisa branca e gravata borboleta. Todo o serviço era feito em pé, sem cadeiras ou bancos. Penduramos jornais nacionais e internacionais nas paredes. O menu era repleto de palavras italianas. Até a decoração era italiana.

Pouco a pouco, percebemos que muitos outros detalhes não eram adequados para Seattle. As pessoas começaram a reclamar da incessante ópera.

As gravatas borboleta demonstraram ser impraticáveis. Os clientes que não estavam com pressa queriam cadeiras. Algumas das bebidas e pratos italianos precisavam ser traduzidos.

Nós gradualmente aceitamos o fato de que tínhamos de adaptar a loja às necessidades dos clientes. Rapidamente consertamos uma porção de erros, acrescentando cadeiras e variando o repertório musical. Mas fomos cuidadosos, mesmo no início, em não nos comprometermos excessivamente em sacrificar nosso estilo e elegância. Até debatemos se deveríamos usar copos descartáveis para os clientes que queriam café "para viagem", que nós saberíamos que constituiria uma parte importante da receita. Embora o café expresso tenha um gosto melhor em xícaras de cerâmica, nós não tínhamos escolha: se não oferecêssemos café para viagem, teríamos pouquíssimos clientes.

Ainda assim, a ideia principal funcionava. Em seis meses, passamos a servir mais de mil clientes por dia. Nossa pequena loja de 65 m², perto da entrada principal do mais alto edifício de Seattle, tornou-se ponto de encontro. Estávamos preenchendo um vazio na vida das pessoas. Os frequentadores assíduos aprendiam a pronunciar o nome, Il Giornale (*il djor-nahl'-i*), e até se orgulhavam de o pronunciarem bem, como se fizessem parte de um clube. Aquela primeira loja era uma pequena joia, definitivamente estava adiante do seu tempo.

Rapidez, percebi, era uma vantagem competitiva. Os nossos clientes, dentre os quais a maioria trabalhava nos agitados edifícios comerciais do centro da cidade, estavam sempre com pressa. Hap Hewitt, um engenheiro inovador que montou as esteiras transportadoras na fábrica da Starbucks, também inventou um sistema para servir três tipos de café simultaneamente, criado a partir de uma torneira de chope.

O nosso logo refletia a ênfase na rapidez. O nome Il Giornale encontrava-se inscrito dentro de um círculo verde que emoldurava a cabeça de Mercúrio, o rápido deus mensageiro. Mais tarde, criamos um sistema portátil acoplado como uma mochila e enviávamos os funcionários com uma bandeja e xícaras para vender café em escritórios. Chamávamos esses vendedores de homens Mercúrio.

No entanto, a chave para o sucesso, imaginamos, estava nas mãos das pessoas que contratávamos. Dave treinava-os no preparo de café; eu os ensinava técnicas de vendas e gerenciamento. E o mais importante, nós os insuflávamos com um desejo de atingir o Grande Sonho, o espírito de que, juntos, conseguiríamos realizar grandes feitos.

Dawn Pinaud foi a primeira funcionária da Il Giornale. Ela me ajudou a abrir a empresa e gerenciava a loja do Columbia Center. Jennifer Ames-Karrernan entrou em março e trabalhou como barista desde o primeiro dia. Ela havia trabalhado com contabilidade e auxiliou no crescimento da empresa.

Com seu entusiasmo, Dawn e Jennifer criaram sistemas que, embora muito sofisticados para uma única loja, ajudaram-nos a ter uma visão acurada do nosso negócio. Nós tínhamos um forte controle sobre nosso café, nossas tortas, nosso dinheiro. Rastreávamos uma porção de categorias de produtos para ver o que apresentava índices mais elevados de vendas. Nós sempre sabíamos o que precisávamos fazer para cumprir o orçamento. Com todas essas informações, conseguimos estabelecer metas definidas assim que começamos.

Em novembro, contratei Christine Day como minha assistente. Ela havia voltado a trabalhar depois de reservar um tempo à maternidade e tinha formação em administração, bem como experiência em uma empresa financeira. Ela acabou lidando com quase tudo: administração, finanças, computadores, folha de pagamento, recursos humanos, compras, gerenciamento de conta bancária e digitação. No início, ela até preparava os relatórios de lucros e perdas, os demonstrativos financeiros e auditorias de estoque e vendas. Cuidava de toda a contabilidade manualmente. Assim como Dave e eu, Christine imediatamente começou a trabalhar doze horas por dia, de tão rápido que se envolveu com nossa paixão e convicção.

Um dia, Christine estava negociando com a Solo, o grande fornecedor de copos de papel, tentando conseguir um preço mais baixo. Como não éramos um grande cliente, eles não viam razão para conceder-nos desconto. "Um dia nós seremos seu maior cliente", argumentou Christine. Duvido que tenham acreditado, mas tenho certeza de que ela acreditou. Todos tínhamos tanta confiança na empresa que nenhum de nós jamais questionou a nossa capacidade de nos tornarmos uma empresa de classe mundial.

Nós éramos, em muitos aspectos, como uma família. Eu costumava convidar todos para comer pizza em casa, e eles presenciaram os primeiros passos do meu filho. Em meu aniversário de 33 anos, encomendaram um bolo e fizeram uma surpresa para mim na loja. Os clientes se reuniram à nossa volta e engrossaram o coro dos baristas cantando "Parabéns a você", deixando-me envergonhado, mas inundando-me de gratidão, porque, apesar de todo o nosso trabalho árduo, ainda conseguíamos criar alguma diversão um para o outro.

Abrimos uma segunda loja seis meses depois da primeira, em outro ponto bom da cidade, o Seattle Trust Tower, esquina da Second com a Madison. Na terceira loja, porém, nos tornamos internacionais, e alotamos um ponto em Vancouver, Canadá, no SeaBus Terminal, que foi inaugurada em abril de 1987. Pode ter parecido uma escolha ilógica para um empreendimento com apenas duas lojas. Mas eu percebi que, em virtude do meu desejo de expandir para 50 lojas e diante das dúvidas dos meus investidores em relação à minha capacidade de expansão fora de Seattle, eu precisava demonstrar rápida e decisivamente que meus planos eram viáveis. Eu não podia esperar abrir a décima loja para agir. Tinha de fazer isso logo.

Nós não fazíamos ideia das complexidades relacionadas a taxas de câmbio e alfândega e às diferentes práticas trabalhistas. Nunca consideramos as complexidades de se operar em um país estrangeiro, como a necessidade de uma conta bancária separada, prestação de contas separada para o governo canadense e ajustes de câmbio em nossa contabilidade – tudo por um pequeno café.

Dave foi ao norte para abrir a loja de Vancouver e treinar o pessoal. Quando Dave se envolve em um projeto, você não só fica com a certeza de que ele será feito de maneira adequada, mas também de que será feito com obstinação. Embora ele tivesse uma jovem família em Seattle, passou aproximadamente um mês no Canadá, morando em um hotel barato para certificar-se de que nosso café Il Giornale espelharia o serviço e a autenticidade de nossa loja do Columbia Center em Seattle.

Todas as três lojas Il Giornale rapidamente conquistaram os clientes. Em meados de 1987, nossas vendas giravam em torno de 500 mil dólares por ano em cada loja. Embora ainda estivéssemos perdendo dinheiro, estávamos a caminho de nossas metas ambiciosas e, enquanto equipe, estimulados com o que estávamos criando. Nossos clientes sentiam-se encantados. Minha visão estava se transformando em realidade.

Quando você vir a oportunidade de sua vida, aja com rapidez

Em março de 1987, algo que mudou o curso da minha vida, e a da Starbucks, aconteceu: Jerry Baldwin e Gordon Bowker decidiram vender as lojas de Seattle, a torrefação e o nome Starbucks, ficando apenas com os haveres da Peet's. Gordon queria efetuar uma retirada e fazer uma pausa no negócio de café para focalizar em outras empresas, enquanto Jerry, que dividia seu tempo entre Seattle e Berkeley, queria concentrar-se na Peet's.

Eles haviam mantido a ideia em segredo, mas não foi algo completamente inesperado para aqueles que os conheciam. Eu estava ciente de alguns dos problemas e da tensão entre as duas partes da empresa. Assim que soube, reconheci que precisava comprar a Starbucks. Parecia meu destino. Mais uma vez, *bashert.*

Naquela época, a Starbucks era muito maior do que nós, com seis lojas, diante das três da Il Giornale. Minha empresa ainda não havia completado um ano de operações, então as vendas anuais da Starbucks correspondiam a muitas vezes as nossas. Seria comparável a um salmão engolindo uma baleia – ou, como diz Dave, "a criança é pai do homem". Mas para mim, o encaixe parecia natural e lógico: não só a Il Giornale logo viria a precisar de sua própria torrefação, como as vendas de grãos no varejo da Starbucks e o comércio de bebidas da Il Giornale complementavam-se mutuamente com perfeição. E o que é mais importante, eu entendia e valorizava o significado da Starbucks.

Eu acabara de esgotar quase todos os recursos para conseguir 1,25 milhão de dólares. E naquele exato momento precisava de aproximadamente outros 4 milhões de dólares para comprar os ativos da Starbucks. Por mais intimidante que aquela tarefa parecesse, eu tinha certeza de que conseguiria. Meus investidores originais estavam impressionados com o progresso que a Il Giornale havia feito em um curto espaço de tempo, e eu tinha certeza de que alguns deles concordariam em aumentar sua aposta. Outros ainda, que haviam recusado no início, certamente seriam convencidos dessa vez, agora que envolvia a compra da Starbucks. Se administrássemos bem, todos os investidores se beneficiariam.

Preparamos os números rapidamente. Eu havia acabado de contratar Ron Lawrence, que tinha anos de experiência no setor de restaurantes, para lidar com finanças e contabilidade e para projetar um sistema de ponto de vendas para a empresa.

"Ron", disse, "nós precisamos de um projeto e de um pacote de colocação de títulos privados para abordar nossos investidores. Precisamos investir todos os recursos financeiros na Starbucks. Você pode fazer isso em uma semana ou duas?"

Ele estava preparado, e começamos a trabalhar para determinar como levantar fundos o suficiente para comprar a empresa e ter também algum capital de expansão. Depois de obter uma linha de crédito com bancos locais, preparamos uma circular de oferta para distribuir para todos os investidores da Il Giornale e alguns outros que eu havia conhecido.

Dirigi-me ao conselho de administração e apresentei o plano. Parecia vitória certa.

O que fazer quando tentam tomar de você

Então, um dia, quase foi tudo por água abaixo. Eu quase perdi a Starbucks antes mesmo de tê-la.

Enquanto estruturávamos o acordo, ouvi que um dos meus investidores estava preparando um plano à parte para comprar a Starbucks. Sua proposta não iria distribuir igualmente os direitos de propriedade entre os acionistas da Il Giornale, mas asseguraria uma participação desproporcional a ele e alguns de seus amigos. Eu tinha certeza de que aquele homem pretendia rebaixar-me de fundador e acionista majoritário para funcionário com uma posição bem inferior e fraca, administrando a Starbucks conforme a vontade de um novo conselho que ele controlaria. Pensei também que seu plano teria tratado injustamente alguns de meus investidores originais, pessoas que haviam confiado em mim disponibilizado seu dinheiro para que fosse consolidada a Il Giornale.

A pressão que sofria era quase insuportável. Esse homem era um líder empresarial em Seattle, e eu acreditava que ele já havia reunido apoio dos outros líderes da cidade. Temi que todas aquelas personalidades influentes que me apoiavam fossem mudar de lado diante dessa nova proposta, deixando-me sem qualquer escolha. Consultei Scott Greenburg, e nós conversamos com um de seus sócios, Bill Gates, pai do fundador da Microsoft, que era uma figura importante na cidade. Nós preparamos uma nova estratégia e agendamos uma reunião com o investidor. Bill Gates concordou em me acompanhar.

O dia da nossa reunião foi um dos mais difíceis e mais dolorosos da minha trajetória. Eu não tinha ideia do que aconteceria, e o trabalho da minha vida estava em jogo. Quando entrei, senti-me como o Leão Medroso tremendo diante de um público com o Grande Oz. Meu oponente estava sentado na ponta de uma mesa de reunião, enorme, com total controle da sala. Sem ao menos esperar para me ouvir, começou a vociferar.

"Nós te demos a chance da sua vida", lembro-me de ele ter berrado. "Investimos em você quando você não era nada. E continua sendo nada. Agora você tem a chance de comprar a Starbucks. Mas é nosso dinheiro. Nossa ideia. Nossa empresa. E nós vamos fazer, com ou sem você." E recostou-se antes de proferir o ultimato: "Se não aceitar essa proposta, nunca mais irá trabalhar nessa cidade. Nunca conseguirá mais um centavo. Está frito".

Eu estava amedrontado, mas também estava furioso. Então aquilo significava que eu devia enfiar a viola no saco e aceitar? "Ouçam", disse, com a voz trêmula. "Essa é a chance de uma vida. É *minha* ideia! Eu a trouxe até vocês, e vocês não vão levá-la embora. Nós *conseguiremos* o dinheiro, com ou sem vocês."

"Não temos nada para discutir com você", disse ele. Os demais na sala permaneceram em silêncio, aprovando as palavras dele.

Quando a reunião terminou, saí e comecei a chorar, ali mesmo no corredor. Bill Gates tentou me convencer de que tudo acabaria bem, mas estava horrorizado diante da explosão durante a reunião. Tenho certeza de que ele nunca havia visto nada parecido.

Naquela noite, quando cheguei em casa, senti como se minha vida tivesse chegado ao fim. "Não há esperanças", disse a Sheri. "Não sei como vou conseguir o dinheiro. Não sei o que vamos fazer."

Foi um ponto decisivo em minha vida. Se eu tivesse concordado com as condições que aquele investidor propôs, ele teria roubado meu sonho. Poderia ter decidido me demitir e ditar a atmosfera e os valores da Starbucks. A paixão, o compromisso, e a dedicação que fizeram essa empresa lutar teriam desaparecido.

Dois dias depois, com o apoio de Steve Sarkowsky, encontrei alguns dos outros investidores e apresentei minha proposta: todos os investidores da Il Giornale teriam a chance de investir na compra da Starbucks. O plano seria justo para todos, e seria justo para mim. Eles viram e afirmaram ter admirado minha integridade ao recusar-me a aceitar um plano que beneficiaria apenas grandes investidores à custa dos pequenos. Apoiaram-me, como fez a maioria dos outros investidores. Em semanas, conseguimos os 3,8 milhões de dólares de que precisávamos para comprar a Starbucks, e nossa vida nunca mais foi a mesma.

Muitos de nós enfrentamos momentos críticos como aquele em nossas vidas, quando nossos sonhos parecem prontos para se despedaçar. Nunca é possível se preparar para tais acontecimentos, mas a forma como se reage a eles é crucial. É importante lembrar seus valores: seja ousado, mas seja justo. Não ceda. Se outros à sua volta também têm integridade, a sua pode prevalecer.

É nesses momentos vulneráveis que as inesperadas palavras te acertam em cheio, e perde-se uma oportunidade. Também é em um momento assim que sua força é testada da forma mais reveladora.

Não posso afirmar que eu fiz a escolha certa em toda interação de negócios da minha vida. Mas não importa o quanto eu tenha alcançado, não importa quantas pessoas se reportam a mim, sou incapaz sequer de imaginar-me um dia tratando alguém como fui tratado naquele dia. Os cépticos sorriem maliciosamente quando me ouvem falar em "tratar as pessoas com respeito e dignidade", uma frase que posteriormente incorporamos à Declaração de Missão da Starbucks. Eles acham que é papo furado, ou uma realidade evidente. Mas algumas pessoas não vivem conforme essa regra. Se eu sinto que uma pessoa sofre com falta de integridade ou princípios, encerro qualquer acordo com ela. A longo prazo, não vale a pena.

Os investidores originais que confiaram em mim foram bem recompensados. Ficaram ao meu lado durante momentos difíceis e confiaram em minha integridade. Eu tentei nunca violar essa confiança.

Em agosto de 1987, a Starbucks era minha. Foi eletrizante, mas também amedrontador.

Acordei cedo em uma manhã daquele mês e encarei a situação. Naquela hora, a enormidade da tarefa e responsabilidade pareciam diminuir. Eu tinha a chance de realizar meus sonhos, mas também tinha esperanças e medos como se carregasse umas cem pessoas nas costas. Enquanto corria pelo caminho arborizado, via uma longa e sinuosa estrada à minha frente, desaparecendo diante do topo da colina adiante, em meio à densa neblina.

A Starbucks Corporation de hoje na verdade é a Il Giornale. A mesma fundada em 1985 que adquiriu os ativos da Starbucks em 1987 e mudou seu nome para Starbucks Corporation. A empresa que Jerry e Gordon fundaram chamava-se Starbucks Coffee Company e eles nos venderam os direitos sobre esse nome. Agora a empresa deles é conhecida como Peet's.

Aos 34 anos de idade, estava no início de uma grande aventura. O que me manteria na estrada não seria o tamanho das minhas realizações, mas meus valores mais profundos e sinceros e meu compromisso em construir valor a longo prazo para nossos acionistas. A cada passo do caminho, procurei prometer menos e cumprir mais. A longo prazo, essa é a única forma de garantir um emprego em qualquer lugar.

2

REIVENTANDO A EXPERIÊNCIA DO CAFÉ

os anos como empresa de capital fechado, 1987-1992

SONHE DE OLHOS ABERTOS

Aqueles que sonham à noite no sombrio recesso de suas mentes acordam para descobrir que era tudo mera presunção, mas aqueles que sonham durante o dia são homens perigosos, pois eles podem sonhar de olhos abertos e tornar seus sonhos possíveis.
T. E. LAWRENCE DA ARÁBIA

Uma tarde ensolarada de sexta-feira em agosto me saudava quando saí do escritório de advocacia depois de fechar o acordo para aquisição da Starbucks. As pessoas andavam apressadas pelas ruas como se fosse um dia comum, mas eu me sentia leve. Jerry e Gordon haviam assinado, eu havia assinado, papel depois de papel. Um cheque foi entregue. Eu saudei cada um e aceitei os parabéns que me davam. Agora a Starbucks era minha.

Automaticamente, Scott Greenburg e eu andávamos a passos largos a caminho do Columbia Center, até aquela primeira loja Il Giornale. Às duas horas de uma tarde de verão, havia apenas um cliente, uma mulher ao lado da janela, profundamente imersa em pensamentos. Cumprimentei os baristas, que não faziam ideia da transação que havíamos acabado de concluir. Eles prepararam um *doppio macchiato* para mim – dois jatos de expresso, com uma medida de espuma cremosa em uma xícara – e um *cappuccino* para Scott. Nos sentamos nos bancos do café perto da janela.

Ali estávamos nós, dois caras recém-chegados na casa dos trinta, que alguns anos antes haviam se encontrado em uma quadra de basquete e acabavam de fechar um negócio de 4 milhões de dólares. Foi uma ação com impacto altamente visível para a carreira de Scott, que era procurador, e impulsionou-me à presidência de uma empresa à qual havia pertencido como funcionário.

Scott colocou o plano de negócios sobre a mesa entre nós, um documento confidencial de cem páginas que usamos para os investidores privados. Nas capas estavam os dois logos, o da Il Giornale e o da Starbucks. Nós os preparamos com todo cuidado, descrevendo claramente tudo o que eu pretendia fazer com a Starbucks assim que a Il Giornale adquirisse a empresa. O plano foi nossa bíblia durante meses, e agora ganhava vida. Foi um momento extasiante, aquele que você chega a duvidar de que realmente esteja vivendo. Scott ergueu sua xícara em um brinde, seus olhos cintilavam. "Conseguimos", dissemos na ocasião.

Voltando para casa, isto é, para a Starbucks

Na segunda-feira seguinte pela manhã, 18 de agosto de 1987, nascia a moderna Starbucks.

Entrei pela porta da frente da antiga torrefação novamente, como fizera tantas vezes antes, mas daquela vez como novo proprietário e CEO. Fui direto até as máquinas de torrefação. O torrador cumprimentou-me com um sorriso e um tapinha nas costas e então virou-se para cuidar da bandeja de resfriamento, que estava repleta de grãos recém-torrados. Mergulhei minha mão nos grãos mornos e cheirosos e apanhei um punhado, esfregando-os lentamente entre os dedos. Tocar os grãos me convenceu do significado da Starbucks, e tornou-se um hábito diário.

Enquanto caminhava pela fábrica, as pessoas sorriam, abraçavam-me dando as boas-vindas. Era como voltar para casa; os aromas, os sons, os rostos familiares. Gay Niven estava lá, com seu brilhante cabelo ruivo, e Deborah Tipp Hauck, que então supervisionava cinco lojas. Fiquei contente em ver Dave Seymor e Tom Walters, um torrador. Mas apesar da alegria deles, eu sabia, algumas pessoas na Starbucks sentiam-se agitadas. Suas vidas acabaram de ser mudadas e eles não tiveram qualquer chance de participar da decisão. Sabiam que a Starbucks mudaria, mas não sabiam como. Será que eu diminuiria a qualidade do café? Facilitaria as coisas para algumas pessoas, ou deixaria de reconhecer como outros progrediram em seus cargos? Meus planos de crescimento rápido eram realmente viáveis?

Às dez horas convoquei todos para uma grande reunião no chão da torrefação. Era a primeira de muitas reuniões.

Eu estava mais entusiasmado do que nervoso. Havia anotado em um cartão apenas alguns pontos para lembrar enquanto me reportava ao grupo. Eram eles:

1. *Falar do fundo do meu coração.*
2. *Colocar-me na pele deles.*
3. *Compartilhar o Grande Sonho com eles.*

Assim que comecei a falar, contudo, descobri que não precisava consultar as minhas notas.

"É muito bom estar de volta", comecei. A tensão na sala começou a se dissipar. "Há cinco anos, mudei minha vida por essa empresa. Fiz isso porque reconheci nela a paixão de vocês. Durante toda a minha vida quis fazer parte de uma empresa e um grupo de pessoas que compartilhassem uma visão comum. Vi isso aqui em vocês e admirei."

"Estou aqui hoje porque adoro esta empresa. Adoro o que ela representa." Trabalhando juntos, disse-lhes, nós poderíamos levar tudo o que a Starbucks significa para as pessoas de Seattle e multiplicar isso em escala nacional. Poderíamos compartilhar nossa missão do café de forma muito mais ampla.

"Sei que vocês estão apreensivos. Sei que estão preocupados", disse. "Alguns de vocês podem até estar bravos. Mas se apenas procurarem me ouvir prometo que não vou decepcioná-los. Prometo que não deixarei ninguém para trás."

"Quero assegurar a vocês de que não estou aqui para fazer nada que comprometa a integridade da empresa."

Foi fácil para mim falar naquele tom porque eu já havia estado no lugar deles.

Minha meta, anunciei, era construir uma empresa de alcance nacional de cujos valores e princípios diretores todos nós pudéssemos nos orgulhar. Expus minha visão sobre o crescimento da empresa e prometi fazer com que ele ocorresse de modo a agregar valor para a Starbucks, não diminuí-la. Expliquei como eu queria incluir as pessoas no processo de tomada de decisão, ser aberto e honesto com elas.

"Em cinco anos", disse-lhes, "quero que vocês relembrem o dia de hoje e digam: 'eu estava lá quando tudo começou. Ajudei a transformar essa empresa em algo formidável'."

E o mais importante, assegurei-os de que não importava quais investidores detinham quantas ações, a Starbucks era a empresa deles e continuaria sendo assim. Espiritual e fisicamente, pertencia a eles. Os melhores dias da Starbucks, encerrei, ainda estavam por vir.

Observei as expressões enquanto falava. Alguns deles pareciam querer acreditar no que eu estava dizendo, mas ficavam na defensiva. Outros tinham aquele olhar de dúvida, pois já haviam decidido não comprar a ideia do sonho – pelo menos não naquele momento.

Voltar para uma empresa que eu conhecia por dentro e por fora me concedeu uma vantagem incrível. Eu conhecia a organização, tanto seus pontos fracos quanto seus pontos fortes. Com essa percepção, podia prever o que seria possível, o que não seria possível e em que ritmo caminharíamos.

Mas, nos dias que se seguiram, percebi que havia uma séria defasagem em meu conhecimento: o moral na Starbucks estava horrível. Nos vinte meses desde que saí, divisões se espalharam pela empresa. As pessoas estavam céticas e cautelosas, tendo sido negligenciadas e desmerecidas. Sentiam-se abandonadas pela direção anterior e ansiosas em relação a mim. O tecido da confiança e da visão comum que a Starbucks tinha quando ingressei pela primeira vez estava muito desfiado.

Conforme as semanas se passavam, tomei contato efetivamente com o prejuízo. Logo ficou óbvio para mim que minha prioridade teria de ser construir uma nova relação de respeito mútuo entre os funcionários e a direção. Todas as minhas metas e meus sonhos se transformariam em nada a menos que conseguisse isso.

Perceber isso foi uma grande lição para mim. Um plano de negócios é apenas um pedaço de papel, e até mesmo o melhor plano de negócios do mundo será inútil se as pessoas da empresa não comprarem a ideia. Não pode ser sustentável, nem mesmo implementado adequadamente, a não ser que as pessoas estejam comprometidas com ele, com a mesma vibração que o líder. E não aceitarão a menos que confiem no julgamento do líder e entendam que seus esforços serão reconhecidos e valorizados.

Eu havia visto, com a pequena equipe da Il Giornale, o quanto um número reduzido de pessoas é capaz de fazer quando acreditam no que está fazendo com fervor. A Starbucks podia chegar longe, eu sabia, se as pessoas estivessem motivadas pelo mesmo propósito.

A única forma de ganhar a confiança dos funcionários da Starbucks era ser honesto, compartilhar meus planos e entusiasmo com eles, e então prosseguir observando minhas palavras, realizando exatamente o que eu havia prometido – senão mais. Ninguém me seguiria até que eu lhes mostrasse com minhas próprias atitudes que minhas promessas não eram infundadas.

Levaria tempo.

Entrando na via expressa

"Falta de experiência em administração" era um dos fatores de risco que eu notara no documento de aquisição. Era algo implícito. Eu havia atuado por menos de dois anos como presidente de uma empresa. Dave Olsen havia administrado apenas um único café durante onze anos. Ron Lawrence, nosso *controller*, havia trabalhado como contador e *controller* para diversas organizações. Christine Day era hábil em cuidar de tudo o que passássemos para ela, mas nunca havia trabalhado como gerente.

Nós quatro agora tínhamos de descobrir não só como incorporar a Il Giornale à Starbucks, mas também como abrir 125 novas lojas no prazo de cinco anos, conforme havíamos previsto para os investidores. Notamos que à medida que nossa perícia aumentasse, deveríamos conseguir abrir quinze lojas no primeiro ano, vinte no segundo, 25 no terceiro, trinta no quarto e 35 no quinto. Sem problemas. As vendas cresceriam atingindo a casa dos 60 milhões e os lucros germinariam um atrás do outro. O plano estava perfeito no papel.

Eu nunca havia tentado nada nem um pouco parecido, e para fazer isso, sabia que precisava aprender rápido, contratar gerentes experientes, e tomar atitudes de imediato para aproveitar o apoio e entusiasmo do pessoal da Starbucks.

Mas perceber o que era necessário não me preparou para a gigantesca tarefa. Durante dias, eu me sentia como se estivesse em um túnel de vento, indo na direção errada. Questões urgentes e problemas de uma complexidade que eu nunca havia enfrentado antes chegavam rapidamente a mim. Qualquer um deles podia me dar uma rasteira.

Naquela primeira segunda de manhã, fui informado de que um importante torrador e comprador da Starbucks tinha decidido se demitir. Sua saída nos deixou com um único comprador experiente e somente um grupo de torradores juniores. Literalmente da noite para o dia, Dave Olsen teve de dominar as habilidades incrivelmente complexas de compra e torração de café. Felizmente ele entrou com vontade.

Aquela oportunidade se transformou em uma dádiva para Dave. Deu-lhe, em sua área, a mesma chance que eu tivera: a chance de ocupar um novo cargo. Ele começou a viajar pelo mundo para os principais países que cultivavam café, para conhecer os produtores, e aprender sobre agricultura e economia de café. Sempre teve um exímio "faro" para o café, com a mesma perspicácia que os maiores vinicultores. Agora, conforme explorava diferentes origens e combinações, a gama de cafés que a Starbucks oferecia ficava ainda melhor.

Todos nós nos acostumamos a fazer o impossível. Nos dois primeiros meses, Ron Lawrence teve de consolidar a compra, fundir os relatórios financeiros da Starbucks e da Il Giornale, implantar um novo sistema de informática, alterar os sistemas contábeis, e realizar uma auditoria fiscal. "O.K.", disse ele, depois de tomar conhecimento de seu trabalho, "e o que mais?"

Minha própria lista de urgências continuava crescendo também. Eu sabia que precisava de alguém para me ajudar a administrar a Starbucks, alguém que tivesse experiência como executivo. Recorri a um homem que eu havia conhecido através de um amigo em comum, Lawrence Maltz. Lawrence era quinze anos mais velho do que eu e tinha vinte anos de experiência nos negócios, incluindo oito anos como presidente de uma lucrativa empresa de bebidas.

Lawrence investiu na Starbucks e ingressou na empresa como vice-presidente executivo em novembro de 1987. Deixei-o encarregado de operações, finanças e recursos humanos enquanto eu cuidava da expansão, dos imóveis, do projeto, *marketing*, *merchandising* e das relações com investidores.

Nossa pequena equipe administrativa não examinou as razões para que quiséssemos crescer rapidamente. Decidimos ser campeões e rapidez fazia parte da fórmula. Quando olhava para o futuro, via um cenário nítido e audacioso – não uma vida imóvel com cores inexpressivas.

Agora que a incorporação da Starbucks estava concluída com a Starbucks, nossa meta para a Il Giornale de abrir cinquenta lojas em cinco anos não parecia mais extravagante. Foi por isso que eu prometi aos investidores em 1987 que a Starbucks abriria 125 lojas em cinco anos. Podíamos passar a oferecer ações a investidores externos algum dia. Os clientes respeitariam a nossa marca de tal forma que passariam a falar "uma xícara de Starbucks". Haveria filas longas saindo porta afora das lojas recém-inauguradas em cidades distantes de Seattle. Talvez pudéssemos mudar a forma como os americanos bebiam café.

Era uma extensão, e muitas pessoas disseram-me que era impossível.

Mas isso fazia parte do encanto, para mim e para muitas outras pessoas na Starbucks. Desafiar a sabedoria convencional, superar os obstáculos, é algo que oferece uma emoção difícil de comparar.

Mas minha opinião em relação a uma empresa de sucesso não era medida simplesmente com base no número de lojas. Eu queria criar uma marca que tivesse respeito por oferecer o melhor café e uma empresa bem administrada e admirada por sua responsabilidade corporativa. Eu queria elevar a empresa a um padrão mais alto. Queria que nosso pessoal se orgulhasse de trabalhar para uma empresa que realmente se importasse com eles e que desse retorno à comunidade.

Naqueles primeiros dias, à medida que eu trabalhava para promover a confiança, começava a imaginar o tipo de empresa que, em última instância, desejava criar. Promover uma atmosfera na qual as pessoas fossem tratadas com respeito não era algo que eu considerasse apenas interessante, era fundamental à missão da Starbucks. Nós nunca poderíamos atingir nossas metas a menos que compartilhássemos uma visão comum. Para chegar àquele ideal, nós tínhamos de criar uma empresa que valorizasse as pessoas, que as inspirassem, que compartilhasse suas recompensas com aqueles que trabalhavam conjuntamente visando a criar valor a longo prazo.

Eu queria construir uma empresa que lutasse durante anos porque sua vantagem competitiva baseara-se em seus valores e princípios diretores. Eu queria atrair e contratar indivíduos que trabalhassem juntos com um único propósito – que evitassem a competição interna e que também amassem buscar atingir metas que os outros julgavam impossíveis. Quis criar uma cultura na qual o resultado final não fosse apenas satisfação pessoal mas um empreendimento respeitado e admirado.

Em vez de um sonho pequeno, eu sonhava grande.

Se você quer construir um grande empreendimento, precisa ter coragem para sonhar grande. Se nutre sonhos pequenos, pode ter sucesso construindo algo pequeno. Para muitas pessoas isso basta. Mas se você quer causar amplo impacto e obter valor duradouro, seja corajoso.

Quem quer um sonho fácil de realizar?

Escolhendo uma identidade

Depois da aquisição, eu tive que tomar uma decisão crítica sobre nossa identidade: deveríamos manter o nome Il Giornale, ou deveríamos nos consolidar sob o nome Starbucks?

Para a maioria dos empresários que fundaram suas primeiras empresas, abandonar um nome é como jogar fora o próprio filho. Eu certamente me apegara à Il Giornale que criei a partir do nada. Mas o nome Starbucks era muito mais conhecido, e eu sabia lá do fundo do coração que era a escolha certa. Ainda assim, era minha obrigação frente à equipe original da Il Giornale pesar cuidadosamente os prós e contras.

Para confirmar minha percepção, consultei Terry Heckler, que havia ajudado a escolher o nome para a Starbucks anos antes. Ele batizou vários outros produtos de sucesso desde então em Seattle, inclusive Cinnabon, Encarta, e o *software* Visio. Decidi fazer duas reuniões com grandes investidores e outra com os funcionários para discutir o assunto. Terry pediu para apresentar suas recomendações para as duas reuniões.

Sua opinião era inequívoca: o nome Il Giornale, disse ele, é difícil de escrever, soletrar e pronunciar. As pessoas acham-no obscuro. Com quase dois anos em funcionamento era ainda novo demais para ser amplamente reconhecido. Os italianos realmente eram os únicos que reivindicavam legitimamente café expresso, e nenhum de nós era italiano.

O nome Starbucks, por sua vez, tinha magia. Inspirava curiosidade. Por toda Seattle, já havia uma aura e magnetismo inegáveis e, graças a efetivação de pedidos por catálogo, o nome estava começando a ser conhecido pelos Estados Unidos também. Starbucks trazia a conotação de um produto singular e místico, porém puramente americano.

A parte mais difícil era convencer os funcionários originais da Il Giornale, que adoravam o nome italiano porque ele transmitia o romance da autêntica experiência com o expresso. A pequena equipe da Il Giornale havia crescido como uma família com grande intimidade, e temia que aquilo pelo que haviam trabalhado tanto para conseguir acabasse sendo engolido pelo que reconheciam como um gigante, com uma tradição de quinze anos.

Depois de muito indagar, nós optamos por retirar o nome Il Giornale dos cafés e substituí-lo por Starbucks. Ao longo do processo, sabia que teria de deixar meu ego do lado de fora da porta. Queria que todos os envolvidos fizessem a melhor escolha por valor a longo prazo para a empresa e escolhessem o nome que mais nos diferenciaria da concorrência. Ter um nome que as pessoas reconhecessem e lembrassem, um nome com o qual as pessoas pudessem estabelecer uma correlação, conferiria enorme vantagem. Aquele nome, com certeza, era Starbucks, não Il Giornale.

Para simbolizar a fusão das duas empresas e culturas, Terry apresentou um projeto que fundia os dois logos. Mantivemos a sereia da Starbucks com a coroa estrelada, mas a deixamos mais contemporânea. Abandonamos o marrom tradicional e mudamos a cor do logo para o verde mais marcante da Il Giornale.

Uma a uma, também transformamos a aparência das lojas originais da Starbucks, de marrom para verde, do tradicional mundo antigo para a elegância italiana. Durante o processo, também as remodelamos e preparamos para que todas fossem equipadas para vender tanto grãos quanto café expresso em xícaras. Tal combinação criava um novo tipo de loja, mais do que um simples varejo, mas não um restaurante. Desde então essa foi a assinatura padrão da Starbucks.

Um casamento duradouro.

Um espetáculo vital de confiança

Em dezembro de 1987, enquanto preparávamos a abertura de novas lojas em Chicago e Vancouver e a qualidade do café permanecia elevada, as dúvidas por parte dos funcionários começavam a desaparecer em relação às minhas intenções. Começávamos a construir a confiança.

Eu queria que as pessoas sentissem orgulho de trabalhar na Starbucks, acreditassem bem lá no fundo que a direção confiava nelas e as tratava com respeito. Eu estava convencido de que, sob a minha liderança, os funcionários perceberiam que eu ouviria suas preocupações. Se confiassem em mim e em minhas razões, não precisariam de um sindicato.

Felizmente, um funcionário em uma loja também questionou a necessidade do sindicato. Enquanto ainda era estudante, Daryl Moore ingressara na Starbucks em 1981 como assistente em meio período em nossa loja em Bellevue. Ele posteriormente trabalhou por seis meses no armazém e votou contra a sindicalização em 1985. Embora vindo de uma família humilde, Daryl não via necessidade de sindicatos contanto que os gerentes da Starbucks fossem receptivos e se importassem com as preocupações dos funcionários. Ele saiu da Starbucks para tentar abrir uma empresa, mas retornou no final de 1987 para trabalhar como barista em nossa loja no Pike Place. Quando viu as mudanças que eu estava fazendo, deu início a debates filosóficos com seus colegas e com o representante sindical, seu conhecido. Pesquisou sozinho e começou a empreender um esforço para destituir o sindicato. Escreveu uma carta e levou-a a muitas lojas pessoalmente, recolhendo assinaturas de pessoas que não queriam mais ser representadas pelo sindicato. Quando alcançou a maioria, apresentou a carta para a Agência Nacional de Relações Trabalhistas em janeiro. Em consequência dos esforços de Daryl, o sindicato não representava mais nossos funcionários das lojas, embora tenha continuado representando os funcionários do armazém e da torrefação até 1992.

Quando tantos de nossos funcionários apoiaram a destituição, foi para mim um sinal de que estavam começando a acreditar que eu poderia cumprir minha promessa. A desconfiança deles começava a dissipar e o moral a elevar-se. Assim que tive total apoio, soube que poderia contar com eles para trabalhar como equipe e embuti-los do entusiasmo de que precisariam para tornar o café Starbucks famoso por todo o país.

SE CATIVAR A SUA IMAGINAÇÃO, CATIVARÁ OS OUTROS

Seja lá o que você pode fazer, ou sonhar... comece.
A ousadia sempre traz consigo genialidade, poder e mágica.
GOETHE

Durante cinco anos, de 1987 a 1992, a Starbucks permaneceu como uma sociedade de capital fechado. Eu consegui aprender o trabalho e crescer nele fora do enfoque que se lança sobre sociedades de capital aberto. Com o apoio e a aprovação de meus investidores, e finalmente com a confiança dos funcionários, empreendemos em várias frentes de uma só vez: expansão nacional, benefícios para funcionários, investimento no futuro e desenvolvimento gerencial.

As partes a seguir descrevem o que realizamos em cada uma dessas frentes e recontam as importantes lições que aprendemos durante os anos de formação da Starbucks, quando a nossa cultura estava sendo modelada. Era o momento para muitos debates, de honrar nossos valores centrais, de permanecer firme em alguns aspectos e aprender a comprometer-se com outros.

Café especial em uma cidade que faz sucesso com coisas básicas

Talvez a ação mais determinada, e possivelmente a mais arriscada, que tomamos durante esse período tenha sido nossa entrada no mercado de Chicago. Observando hoje, é difícil acreditar que enfrentamos tamanho desafio tão cedo no desenvolvimento da Starbucks.

A ideia na verdade surgiu na Il Giornale, antes mesmo do casamento com a Starbucks. Embora naquele momento nós tivéssemos apenas dois cafés em Seattle e um em Vancouver, eu estava ansioso para ver se a ideia poderia funcionar em cidades pela América do Norte. Um teste crucial seria ver se as pessoas de outras cidades seriam receptivas ao sabor do café Starbucks, que era mais forte, mais rico e robusto do que o que estavam acostumados. Nossas lojas se tornariam pontos de encontro diários como os que vi na Itália? Se essa combinação fosse para pegar em todo o país, teríamos que testar a ideia longe de casa, e quanto antes melhor.

Provavelmente teria sido mais prudente adiar a expansão quando surgiu a oportunidade de aquisição da Starbucks. Mas mesmo quando estava concentrado em conseguir dinheiro para o acordo, recusava-me a abandonar o plano de Chicago. Assim que houve a incorporação da Starbucks e da Il Giornale, seria mais crítico estabelecer que o crescimento seria viável fora de Seattle. Meu objetivo era uma empresa nacional, e eu precisava saber quais eram os obstáculos.

Um número de *experts* em negócios contestou com veemência a abertura das lojas de Chicago. A pequena Il Giornale não contava com a infraestrutura necessária para apoiar uma ação tão importante. Como Chicago ficava a 3.200 quilômetros de distância, era logisticamente difícil fornecer um produto perecível como café recém-torrado. E como poderíamos garantir o encanto do café de alta qualidade na região dos produtores de café em lata Folger's e Maxwell House? Os habitantes de Chicago, diziam, nunca tomariam café bem torrado. E para encerrar, eles preferiam o café que compravam na White Hen Pantry, a rede de lojas de conveniência da região.

Se eu tivesse dado ouvidos à sabedoria dominante, teria esperado o término da aquisição, construído uma sólida base em Seattle e ampliado gradualmente para cidades próximas, especificamente Portland e Vancouver, locais onde havia um aparente desejo por cafés especiais.

Mas eu queria ir para Chicago. É uma cidade de clima frio, excelente para café quente. O centro da cidade é muito maior do que o de Seattle. É uma cidade acolhedora, que geralmente recebe bem novos pontos de encontro. Antes de 1971 os moradores de Seattle também não sabiam nada sobre café bem torrado. Por que os de Chicago também não poderiam aprender a gostar muito, e até rapidamente?

Foi então que um animado corretor de imóveis de Chicago tinha três ou quatro pontos para nos mostrar, e Jack Rodgers e eu fomos conhecer. Investidor original na Il Giornale, Jack era um veterano no setor de franquias e restaurantes e também nascido em Chicago. Com sua afeição paterna e sentimental, tornou-se amigo e conselheiro, um consultor que podíamos pagar no que não parecia mais do que ações sem valor. Foi membro do conselho da administração da Il Giornale e passou a executivo da empresa quando compramos a Starbucks. Ele permaneceu como um membro de valor em nossa equipe executiva durante dez anos.

Pelo fato de a Il Giornale ter pouco dinheiro, Jack e eu dividimos o quarto do hotel. Ainda não havíamos concluído a aquisição da Starbucks. No dia seguinte, enquanto seguíamos pelas ruas cheias de Chicago procurando pontos, eu disse, "Jack, daqui a cinco anos, cada uma dessas pessoas estará caminhando e segurando um copo da Starbucks".

Ele olhou para mim e disse, rindo: "Você é maluco". Mas eu conseguia ver.

Finalmente assinamos o contrato de locação de um ponto inicial no centro da cidade, perto da esquina da West Jackson com Van Buren, na quadra do edifício Sears Towers. Pedi a Christine Day para que cuidasse da logística. Ela abriu as páginas amarelas e começou a procurar empresas de frete.

Não sabíamos que não dava para fazer, então simplesmente fizemos. Abrimos aquela primeira loja, como a Starbucks, em outubro de 1987, no mesmo dia em que houve uma queda brusca no mercado de ações. Mas foi um desastre por outros motivos. Eu não percebi que para ter sucesso em Chicago precisávamos abrir em uma galeria. Pelo fato de o inverno ser tão frio e tempestuoso, ninguém quer sair para apanhar um copo de café. Nossa loja era na rua.

Alguns anos mais tarde, fechamos; foi uma das poucas vezes em que cometemos um erro na escolha do local. Observando hoje, acredito que fechá-la foi na verdade o grande erro. Se tivéssemos tido paciência, hoje aquele local teria se revelado como vencedor.

Chegamos a Chicago tão apaixonados pelo nosso produto que não podíamos imaginar que todo mundo não se apaixonaria como nós. Nos seis meses seguintes, abrimos outras três lojas na região. Mas quando o longo inverno acabou, percebemos que os moradores de Chicago não estavam exatamente batendo a nossa porta para comprar café. E havia outros problemas. Os custos dos produtos eram mais elevados lá. Muitos dos funcionários não estavam comprando nem nosso café, nem nosso sonho. E muitos clientes não entendiam.

Nos dois anos que se seguiram, perdemos dezenas de milhares de dólares em Chicago. Os diretores da Starbucks começaram a fazer perguntas, e no início eu não tinha mesmo boas notícias. Sabia que as lojas acabariam funcionando, mas como eu conseguiria convencê-los?

Quando tentamos atrair investidores de capital de risco no final de 1989, alguns investidores potenciais nos viram tropeçar em Chicago e desafiavam toda a premissa do meu plano de crescimento. Eles se perguntavam se a Starbucks estava à frente de uma tendência a longo prazo ou se era uma moda; até que alcançássemos sucesso em Chicago, não podíamos provar que a nossa ideia era transportável por toda a América do Norte. Nós acabamos conseguindo o dinheiro de que precisávamos, mas a um preço por ação bem inferior do que esperávamos.

Somente depois de 1990, quando contratamos Howard Behar para gerenciar as operações no varejo, foi que começou a acontecer alguma coisa em Chicago. A solução incluía contratar gerentes experientes e elevar os preços que cobrávamos para refletir custos com mão de obra e aluguéis mais elevados. O que realmente solucionou o problema, contudo, foi apenas tempo. Em Chicago, os clientes leais estavam dizendo a mesma coisa que em Seattle; o único problema é que não eram em número suficiente.

Em 1990, no entanto, uma massa crítica de clientes havia compreendido nosso perfil de sabor. Muitos trocavam o nosso café preto, que era mais forte do que estavam acostumados, por *cappuccinos* e *caffè lattes*, que tendem a ser mais atraentes do que o café preto. À medida que passaram a nos conhecer, muitos moradores de Chicago acabaram por apreciar o café bem torrado.

Hoje, a Starbucks tornou-se de tal forma parte do cenário e da cultura de Chicago que muitos moradores pensam que é uma empresa de lá.

Reprovando aqueles que duvidam

Conforme o tempo passava e atingíamos cada meta, aumentava também a nossa autoconfiança. Aceleramos o ritmo de abertura das lojas, visando a nos superar a cada ano. Começando com onze estabelecimentos, abrimos quinze novas lojas durante o ano fiscal de 1988. No ano seguinte, descobrimos que poderíamos abrir mais vinte. Quando percebemos que nossas metas não eram tão difíceis de atingir quanto pareciam, nós definimos metas mais desafiadoras. Começamos a abrir mais lojas anualmente do que no plano original: trinta no ano de 1990, 32 em 1991, 53 em 1992 – todas de propriedade da empresa. Cada vez que realizávamos um grande sonho, já estávamos planejando outro maior.

Entretanto, essa autoconfiança sempre foi contrabalançada com uma dose de temor. Com a maior visibilidade, tinha cada vez mais medo de acordar os gigantes adormecidos, as grandes empresas de alimentos embalados. Caso eles tivessem começado a vender café especial no início do nosso empreendimento, poderiam ter nos derrotado.

Mas à medida que passava cada mês, trimestre, e ano, em cada novo mercado que entrávamos, eu ganhava confiança de que seria mais e mais difícil para eles nos desbancarem. Com uma empresa baseada em preço baixo e nenhuma experiência no varejo, não estavam preparados para estabelecer o mesmo tipo de relação íntima com o cliente que nós estabelecemos.

Eu também me preocupava com a concorrência de outras empresas especializadas em café. Enquanto muitas eram pobres operadoras ou franqueadas, outras torravam um bom café, tinham suas próprias lojas e desfrutavam de grande reputação nas regiões em que se encontravam. Se alguma delas tivesse desenvolvido uma sede de tornar-se nacional e obtido capital para isso, teria se tornado um sério desafio para nós. Mas quando algumas delas decidiram crescer, já era tarde demais.

Nossa estratégia competitiva era ganhar clientes oferecendo o melhor café e o melhor atendimento em uma atmosfera convidativa. Tentamos ser os primeiros em cada mercado que podíamos, jogando limpo para ter sucesso, com integridade e princípios elevados.

Até 1991, limitamos a nossa expansão para Chicago e o nordeste do Pacífico, Portland, Seattle e Vancouver. A nossa estratégia era ganhar espaço em cada mercado e determinar uma forte presença antes de investirmos em outra cidade.

Mas mesmo com essa concentração regional, estávamos começando a conquistar um público nacional que efetuava pedidos que eram entregues pelo correio. A Starbucks começou a atender os clientes via correio e, em meados dos anos 70, principalmente turistas que haviam visitado uma das lojas ou pessoas que haviam se mudado recentemente de Seattle.

No início, nós apenas enviávamos um catálogo simples listando os nossos produtos. Em 1988, desenvolvemos nosso primeiro catálogo e começamos a expandir nossa base de pedidos por catálogo a grupos demográficos preestabelecidos. Em 1990, investimos em um pequeno sistema computacional e telefônico para disponibilizar chamadas gratuitas. Isso permitiu que nós ampliássemos nossos debates a alguns de nossos clientes mais esclarecidos. Antes de termos uma distribuição nacional varejista, os pedidos pelo correio eram um excelente veículo para cultivar a lealdade dos clientes e promover a atenção da Starbucks por todos os Estados Unidos. Uma vez que tinham de fazer um esforço especial para obter nosso café, os compradores por catálogos frequentemente eram os clientes mais leais, e fazia sentido abrir lojas em cidades e arredores em que eles se encontravam agrupados.

Em 1991, estávamos prontos para a próxima grande entrada no mercado, que, nesse ponto concordávamos, tinha de ser a Califórnia. Com sua multidão de centros vizinhos e abertura para qualidade elevada e alimentos inovadores, era uma oportunidade atraente. Embora seja um estado enorme com regiões distintas, nós o víamos como um único mercado. Devido ao índice populacional, podíamos atingir economias de escala se abríssemos muitas lojas de uma vez. Além disso, ficava perto de Seattle, facilitando o acesso e suprimento para nós.

Ainda assim, discutimos sobre a melhor forma de entrarmos na Califórnia. Alguns queriam começar por San Diego; eu votei em Los Angeles. Mas L.A. é muito ampla e complexa, fui alertado. As pessoas não andam, elas dirigem. Isso será fatal para o nosso negócio. Outros questionavam se a Starbucks poderia ter sucesso em um clima quente. As pessoas realmente optariam por tomar café quente?

Apesar dos argumentos razoáveis contra a ação, eu finalmente decidi apostar e disse: "Nós vamos para Los Angeles".

Na construção de uma marca varejista, você tem de criar consciência pela qualidade e atrair a atenção das pessoas de maneira favorável. Você precisa entrar em evidência. Precisa de líderes de opinião que naturalmente apoiem seu produto. Com sua condição como determinadora de tendências e seus laços culturais com os resto do país, Los Angeles era o lugar perfeito para a Starbucks. Se pudéssemos nos tornar a marca de café preferida em

Hollywood, isso não só facilitaria a nossa expansão para o restante da Califórnia,. mas também serviria como um ponto de partida para outros mercados pelo país.

Graças a um planejamento cuidadoso e um pouco de sorte, foi exatamente isso o que aconteceu. L.A. nos abraçou imediatamente. Antes de abrirmos nossa primeira loja, o *Los Angeles Times* nos citou como tendo o melhor café dos Estados Unidos. Diferente de nossa experiência em Chicago, nós nunca tivemos de lutar contra uma curva de aprendizagem. Quase que da noite para o dia, a Starbucks tornou-se elegante. A propaganda boca a boca, descobrimos, é muito mais poderosa do que qualquer outra.

San Francisco era um mercado mais difícil de penetrar. Sob as condições de nossa aquisição da Starbucks em agosto de 1987, concordamos em não abrir lojas ao norte da Califórnia por quatro anos, evitando concorrer com a Peet's. Escrevi uma carta comovente a Jerry Baldwin, que ainda era dono da Peet's, perguntando se não podíamos explorar uma maneira de unir forças e cooperar em vez de competirmos, mas ele recusou.

No início de 1992, estávamos prontos para entrar em San Francisco, mas havia um outro problema: a cidade impunha uma punição sobre a conversão de lojas em restaurantes ou afins em certas regiões urbanas.

Poderíamos vender bebidas feitas com café e tortas para os nossos clientes consumirem nos balcões, mas não poderíamos oferecer assento em locais que haviam sido usados anteriormente por varejistas em geral. Corremos o risco optando por abrir lojas em locais visíveis em ruas de grande movimento comercial. Arthur Rubinfeld, na época corretor de imóveis, junto com outros proprietários de cafés, convenceu o Conselho da Cidade a acrescentar uma nova classificação ao código de zoneamento para autorizar o funcionamento de "casas de bebidas" com mesas e cadeiras. Assim que o código mudou, foram abertos muitos cafés, reenergizando a vida da vizinhança em diversas comunidades na cidade de San Francisco.

Conforme o nosso crescimento se tornava mais visível, os que mais duvidavam de nós eram os outros que também estavam no setor de cafés especiais. Muitos deles asseguraram-nos de que nossos planos eram impraticáveis. Até mesmo Alfred Peet, um velho admirador da Starbucks, previu que a excelência de nosso café sofreria caso tentássemos vendê-lo por todo o país.

Um motivo pelo qual duvidavam de nós era o senso comum de que o negócio de vendas de grãos teria sempre de permanecer local, com lojas perto da torrefação. Se você expedisse grãos de café recém-torrados para lojas a meio continente de distância, acreditava a maioria, o sabor e o frescor se perderiam. Em 1989, encontramos uma resposta para o que parecia um enigma impossível de solucionar. Começamos a usar pacotes FlavorLock, capazes de conservar o sabor, uma espécie de embalagem a vácuo com uma válvula única que permitia que os gases de dióxido de carbono saíssem sem permitir a entrada de ar e umidade. Esse dispositivo, usado pela Starbucks no início dos anos 80 apenas para atacadistas, permitiu que preservássemos o frescor colocando o café em pacotes prateados de dois quilos logo depois de serem torrados e lacrando-os de modo a conservarem o sabor. Assim que o pacote era aberto, o sabor fresco começava a diminuir, então o café devia ser vendido no prazo de sete dias ou era doado para instituições de caridade.

Na verdade, a reintrodução das embalagens FlavorLock foi uma decisão fundamental que tornou viável a nossa estratégia de expansão. Permitiu que nós vendêssemos e servíssemos café com os mais elevados padrões de frescor mesmo em lojas que ficavam a milhares de quilômetros de distância de nossa fábrica. Isso significava que nós não precisávamos construir torrefações em cada cidade em que entrássemos. Mesmo as nossas lojas em Seattle, que ficavam a apenas alguns minutos da torrefação, recebiam café fresco graças a essas embalagens.

Cada vez que abrimos uma loja em uma nova cidade, alguns preveem nosso fracasso. Até agora, eles se enganaram.

Para mim, a emoção dos negócios está na escalada. Tudo o que tentamos atingir é como escalar uma rampa íngreme, que pouquíssimas pessoas tentaram escalar. Quanto mais difícil a subida, mais gratificante o esforço empreendido e maior a satisfação em chegar ao topo. Mas, assim como todos os alpinistas dedicados, estamos sempre em busca de um pico mais alto.

O terceiro lugar

Gosto de me considerar um visionário, mas devo admitir que todo o fenômeno de cafés especiais ficou muito maior e bem mais rápido do que eu imaginara.

Ninguém acreditava que o café expresso sairia de seu estreito nicho para tornar-se tão popular e uma bebida tão amplamente aceita.

Ninguém previu que os cafés e carrinhos de expresso apareceriam nas esquinas e em escritórios de todos os Estados Unidos, com novas lojas abrindo a cada mês.

Ninguém imaginava que até mesmo os *fast-foods* e as lojas de conveniências instaladas em postos de gasolina pendurariam grandes placas com a palavra "expresso" em suas janelas para atrair clientes.

Quando uma ideia inovadora de uma loja faz história criando um paradigma totalmente novo, é recompensador para qualquer um que vislumbrou seus méritos com antecedência. Quando se cria um novo fenômeno social, quando se abre espaço para um novo vocabulário que trace seu caminho em programas de variedades na TV e programas humorísticos, e finalmente se torna parte do léxico americano, quando torna-se um elemento de definição da cultura e de uma década, é porque foi muito além de apenas uma ideia oportuna de um empresário isoladamente ou de uma pequena equipe.

O sucesso da Starbucks em tantos diferentes tipos de cidades forçou a ponderar: ao que é que as pessoas estão respondendo? Por que a Starbucks, e cafés semelhantes, causam simpatia em tantos locais tão diversos? Que necessidade estamos efetivamente atendendo? Por que tantos clientes estão dispostos a esperar em filas longas nas lojas da Starbucks? Por que tantos outros voltam mais tarde, até mesmo com uma xícara de café que levaram para viagem nas mãos?

No início, imaginamos que fosse apenas por causa do café.

Mas com o tempo, percebemos que as nossas lojas tinham um romance muito mais profundo e estavam oferecendo benefícios tão sedutores quanto o próprio café:

O sabor do romance. Nas lojas da Starbucks, as pessoas fazem um intervalo de cinco a dez minutos que as afasta da rotina da vida diária. Onde mais você pode ir para ter o cheiro de Sumatra, Quênia ou Costa Rica? Onde mais pode provar um sabor de Verona ou Milão? O simples fato de ter a chance de pedir uma bebida tão exótica quanto um *espresso macchiato* acende a faísca do romantismo em um dia que de outra forma seria comum.

Um luxo acessível. Nas nossas lojas você pode ver um policial ou um funcionário público na fila ao lado de um rico cirurgião. Os homens simples podem não conseguir pagar para ter a Mercedes em que o cirurgião chegou, mas podem pedir o mesmo *cappuccino* de dois dólares. E ambos estão se dando uma recompensa e desfrutando de algo de classe mundial.

Um oásis. Em uma sociedade cada vez mais fragmentada, nossas lojas oferecem um momento de tranquilidade para reunir seus pensamentos e centrar-se. As pessoas na Starbucks sorriem para você, atendem com rapidez, não o incomodam. Uma visita à Starbucks pode ser uma breve escapada durante um dia em que tantas outras coisas o estão deixando exausto. Nos tornamos uma brisa fresca.

Interação social casual. Uma das agências de propaganda que disputou nossa conta, entrevistou os clientes da área de Los Angeles em duas discussões de grupo. O elo comum entre os comentários deles era o seguinte: "A Starbucks é tão social. Vamos às lojas da Starbucks por causa da sensação de interação social".

Entretanto, de modo estranho, a agência descobriu que menos de 10% das pessoas que observavam nas nossas lojas, em qualquer dado momento, conversavam realmente com alguém. A maioria dos clientes aguardava em silêncio na fila e falava apenas com o caixa ou para fazer um pedido. Mas de alguma forma, pelo simples fato de estar em uma loja da Starbucks, sentiam-se como se estivessem fora do mundo, em um local seguro mesmo longe dos rostos familiares que eles encontram diariamente.

Nos Estados Unidos, corremos o risco de perder o tipo de interação social casual que faz parte da rotina diária de muitos europeus. Nos anos 90, os cafés tornaram-se parte central do cenário social norte-americano em parte devido ao suprimento da necessidade de pontos de encontros não ameaçadores, um "terceiro lugar" fora do trabalho e de casa. Ray Oldenburg, professor de sociologia da Flórida, escreveu com eloquência sobre essa necessidade em seu livro, *The Great Good Place* em 1989.

A tese de Oldenburg é de que as pessoas precisam de locais públicos informais onde possam se reunir, colocar de lado as preocupações com o trabalho ou com o lar, relaxar, conversar. Os pontos de encontro arborizados em que os alemães tomam cerveja, os *pubs* da Inglaterra, e os cafés da França e de Viena criavam esse refúgio nas vidas das pessoas, proporcionando um ambiente neutro onde todos fossem iguais e a conversa fosse a principal atividade. Os Estados Unidos outrora tinham tais lugares, em suas tabernas, barbearias e salões de beleza. Mas com a suburbanização, eles estão desaparecendo, substituídos pelas casas suburbanas e reservadas. Conforme observa Oldenburg:

> *Sem lugares assim, a área urbana deixa de nutrir os tipos de relações e a diversidade do contato humano que formam a essência da cidade. Privadas desses locais, as pessoas permanecem solitárias em meio a multidões.*

Por mais que pareçam ter assumido esse papel, contudo, as lojas da Starbucks ainda não são o Terceiro Lugar ideal. Não temos cadeiras o suficiente e os clientes ainda não passam a conhecer as pessoas que lá frequentam. A maioria apanha o café e sai. Ainda assim, os americanos têm tanta carência de um senso de comunidade que alguns de nossos clientes começaram a se reunir em nossas lojas, marcando encontros com amigos, fazendo reuniões, passando a conversar com outros frequentadores. Assim que compreendemos a poderosa necessidade de um Terceiro Lugar, conseguimos responder construindo lojas maiores, com mais mesas. Para algumas lojas, contratamos bandas de *jazz* para tocar nos fins de semana à noite.

Enquanto minha ideia original era oferecer serviço rápido, no balcão e para viagem em regiões comerciais nos centros das cidades, as lojas Starbucks que crescem mais rápido atualmente são as localizadas em áreas residenciais urbanas ou suburbanas. As pessoas não passam por lá apenas para apanhar duzentos gramas de café descafeinado quando estão a caminho do supermercado, conforme previmos inicialmente. Eles vêm atraídos pela atmosfera e pela camaradagem.

A geração de pessoas de vinte anos percebeu isso antes dos sociólogos. Na adolescência, eles não tinham lugar seguro para frequentar, exceto os *shopping centers*. Depois, já mais velhos, alguns consideravam os bares barulhentos e ameaçadores demais, dependendo da companhia. Então iam aos cafés. A música permite uma conversa. Os ambientes são bem iluminados. Ninguém está sendo procurado pela polícia ou bêbado. Às vezes um grupo se reúne em uma das lojas Starbucks antes de ir ao cinema ou fazer outro programa, às vezes apenas se encontram para conversar.

A atmosfera obviamente contribui para o romance. Recebemos dúzias de cartas de casais que se encontraram na Starbucks, de manhã e também à noite. Um casal até quis se casar em uma loja da Starbucks.

Outras tendências dos anos 90 também promoveram o crescimento de pontos de encontro. Mais e mais pessoas estavam trabalhando em casa, conectadas por telefone, fax e *modem* a escritórios distantes. Elas iam aos cafés em busca da interação humana que necessitam regularmente. À medida que a internet se tornava cada vez mais utilizada, as pessoas passavam mais tempo sentadas diante de seus computadores. Não existia relação interativa com nada além daquela caixa. Seria mera coincidência o fato de cafés estarem se tornando populares na mesma época em que a internet estava crescendo? Muitas cidades, como Seattle, tinham cybercafés, pontos de encontro para pessoas que adoravam café, computadores e socialização.

Voltando a 1987, nenhum de nós podia prever essas tendências sociais, e como as nossas lojas as acomodariam. O que fizemos, no entanto, foi atrair a sofisticação, sabedoria e a essência de nossos clientes potenciais, oferecendo-lhes o tipo de música e atmosfera que nos agradava.

As pessoas não sabiam que precisavam de um ponto de encontro seguro, confortável e próximo. Não sabiam que gostariam de bebidas com expresso. O fervor da resposta que tivemos nos surpreendeu.

É por isso que a nossa expansão – corajosa como foi – teve um sucesso superior ao que imaginamos.

Grandes oportunidades residem na criação de algo novo. Mas essa inovação precisa ser relevante e inspiradora, ou se transformará em cores luminosas que desaparecem rapidamente como fogos de artifício.

AS PESSOAS NÃO SÃO UM ITEM DA LINHA DE PRODUÇÃO

Riqueza é o meio e as pessoas são o fim. Todas as nossas riquezas materiais terão pouca utilidade se não as usarmos para ampliar as oportunidades de nosso povo.
JOHN F. KENNEDY, "State of the Union", janeiro de 1962

Uma lição de perda

Durante o ano de 1987, o câncer pulmonar do meu pai piorou. Mantinha contato frequente por telefone e ia a Nova York sempre que possível. Minha mãe então passava todos os dias com ele no hospital, parou de trabalhar como recepcionista e contava com o apoio de meu irmão, minha irmã e o meu.

Então, um dia, em janeiro de 1988, recebi um telefonema urgente da minha mãe. Esperei por aquele momento durante cinco anos, mas nunca se pode estar preparado para a tensão emocional que nos acomete em um momento assim. Tomei o primeiro avião para Nova York e, felizmente, cheguei a tempo para ver meu pai um dia antes de ele morrer. Sentei-me ao lado de sua cama no hospital, com as minhas mãos sobre as dele, e tentei pensar em como éramos vinte anos atrás, quando ele me ensinou a dar uma boa tacada de beisebol ou arremessar a bola.

Tantas emoções tomavam a minha mente naquele momento que eu não conseguia pensar de maneira sensata. Os desgostos que eu sempre tivera em relação aos esforços do meu pai na vida agora se misturavam à tristeza e perda; as fantasias que tive sobre como ele podia ter vivido sua vida se chocavam com os meus próprios sonhos que estavam se transformando em realidade; o seu olhar de sofrimento me ajudou a compreender o significado de todos os anos que ele trabalhou por nós e todas as vidas que naquela ocasião dependiam de mim. Naquele último dia, nada em minha vida importava em comparação com a dor que ele estava sentindo.

Uma das piores coisas, para mim, era o fato de meu pai morrer antes de testemunhar o que eu consegui. Em sua última visita a Seattle, levei-o à primeira loja Il Giornale, quando ainda estava sendo construída. Mas agora eu não poderia mais mostrar-lhe a empresa próspera que era a Starbucks. Se ele pudesse ter visto a empresa crescer, não teria acreditado.

Logo depois de sua morte, passei algum tempo com um bom amigo que me conhecia desde a infância. Na ocasião, ele trabalhava na Alemanha, para onde eu havia ido em função de um evento comercial. Conversamos durante horas em uma noite tomando cerveja e discutimos meus sentimentos confusos sobre o meu pai.

"Se o seu pai tivesse sido bem-sucedido", disse ele, "talvez você não tivesse tanta garra."

Provavelmente meu amigo estava com a razão. Parte do que sempre me deu força foi o medo do fracasso, pois eu conheço muito bem o rosto da derrota.

Finalmente resolvi minha amargura e aprendi a respeitar a lembrança de quem foi meu pai, em vez de lamentar o que ele não foi. Ele fez o melhor que podia. Morreu antes que eu pudesse lhe dizer que entendia. Foi uma das grandes perdas da minha vida. Foi um erro meu culpá-lo por não superar as circunstâncias que estavam além do seu controle. Mas não deixava de ser errado nos Estados Unidos, a terra dos sonhos, um homem trabalhador como ele não conseguir encontrar um nicho em que fosse tratado com dignidade.

Foi uma estranha e providencial coincidência o fato de, durante os meses finais do meu pai, minha principal ocupação no trabalho ter sido promover a confiança junto aos funcionários da Starbucks. Eu via em alguns rostos as mesmas dúvidas sobre as intenções da direção que meu pai expressou tantas vezes diante de mim. As pessoas se sentiam desvalorizadas e incertas em relação ao futuro, e às vezes dirigiam a raiva delas contra mim, como fazia meu pai.

Mas eu não era mais uma criança desamparada. Podia fazer algo em relação à insegurança e à falta de respeito que pareciam tornar-se excessivamente corriqueiras em grande parte das empresas americanas.

Em um ano, eu consegui.

O resultado do caro plano de saúde

É um fato irônico que, enquanto os setores de restaurantes e comércio varejista vivem ou morrem em função do atendimento ao cliente, seus funcionários recebam os menores salários e os mais pobres benefícios do que em qualquer indústria. Essas pessoas não são apenas o coração e a alma, mas também o rosto público da empresa. Todo dólar recebido passa pelas mãos deles.

Em uma loja ou restaurante, a experiência do cliente é vital: um encontro negativo e você perdeu um cliente para sempre. Se o destino de sua empresa está nas mãos de um funcionário de 28 anos que trabalha meio período e frequenta uma faculdade ou se dedica a outra coisa paralelamente, você pode se dar ao luxo de tratá-lo como efêmero? Desde o início, quando gerenciava a Starbucks, eu queria que ela fosse o empregador predileto, a empresa para a qual todos quisessem trabalhar. Pagando mais do que o salário de mercado em restaurantes e comércios varejistas, e oferecendo benefícios que não se encontravam disponíveis em outro lugar, eu esperava que a Starbucks atraísse pessoas bem-educadas e zelosas com a tarefa de comunicar nossa paixão pelo café.

A meu ver, um pacote generoso de benefícios foi o segredo da vantagem competitiva. Muitas empresas prestadoras de serviços discordam da concessão de benefícios a funcionários que acabaram de ingressar, como forma de custo a ser minimizado, não considerando, portanto, uma oportunidade para atrair e recompensar pessoas competentes.

Eu queria ganhar a corrida. Mas também queria a certeza de que quando atingíssemos a linha de chegada, ninguém ficaria para trás. Se um pequeno grupo de gerentes e acionistas vencessem à custa dos funcionários, isso na verdade não seria vitória alguma. Teríamos de manter uma posição em que todos nós vencêssemos juntos.

Depois da morte do meu pai, eu quis sinalizar para os funcionários da Starbucks que aquilo consolidaria a confiança que estávamos construindo. Idealmente, queria conseguir torná-los todos proprietários da empresa, mas eu sabia que, a curto prazo, estaríamos perdendo dinheiro enquanto investíamos no futuro. Durante alguns anos, pelo menos, não haveria lucros para repartir.

Então precisava de outra forma de recompensá-los. Uma das solicitações que os funcionários haviam feito aos proprietários originais era o plano de saúde para aqueles que trabalhavam meio período e chegavam a trabalhar até vinte horas por semana.

Nos anos 80, a generosidade do empregador estava irremediavelmente fora de moda. Os custos elevados com planos de saúde e encargos corporativos haviam forçado muitos executivos americanos a reduzirem os benefícios. Seguindo o mantra "maximizar valor acionário", os CEOs recebiam aplausos de Wall Street ao reduzirem os custos e dispensarem milhares de pessoas. As empresas que realmente valorizavam seus funcionários mais do que os acionistas eram chamadas de paternalistas e não-competitivas. Eram encorajadas a tornarem-se mais fortes e inflexíveis, a reduzir as gordas folhas de pagamento e passar a ser enxutas e mesquinhas. Os funcionários de escritório também estavam aprendendo a duras penas que lealdade não valia a pena.

Ao mesmo tempo, as contas dos planos de saúde alcançavam alturas inadministráveis. O custo do plano de saúde subiu muito mais rápido do que o índice de preços de consumo, especialmente durante o final dos anos 80. Poucas empresas davam cobertura a funcionários em meio período, e as que o faziam restringiam os benefícios àqueles cuja jornada semanal atingia pelo menos trinta horas. A maioria dos executivos estava ativamente procurando formas de restringir suas despesas com seguro saúde.

A Starbucks foi na direção contrária: em vez de cortar os benefícios com plano de saúde, encontramos uma forma de aumentar os nossos benefícios. Eu via meu plano não como um benefício opcional mas como uma estratégia central: trate as pessoas como uma família, e elas serão leais e darão seu melhor. Apoie as pessoas e elas o apoiarão. É a fórmula mais antiga nos negócios, a segunda natureza de muitas empresas administradas pela família. Entretanto, ao final dos anos 80, parecia estar esquecida.

Quando apresentei pela primeira vez esse projeto, os diretores da Starbucks estavam cépticos. Eu propunha elevar as despesas na época quando a Starbucks estava lutando para se manter. Como conseguiríamos ampliar a cobertura do plano de saúde quando não conseguíamos nem lucro?

Na ocasião, os membros do conselho eram todos grandes investidores individuais, ou seus representantes, e poucos deles tinham experiência em gerenciar e motivar um grande número de pessoas. "Como você pode ser tão esbanjador em relação aos funcionários – com o nosso dinheiro?", perguntavam. "Como você é capaz de justificar o custo?"

Mas eu respondia apaixonadamente que era a coisa certa a se fazer. Aparentemente, reconhecia que parecia mais caro. Mas se reduzisse a rotatividade de funcionários, salientei, reduziríamos os nossos custos com seleção e treinamento. A Starbucks fornece pelo menos 24 horas de treinamento para cada funcionário do varejo, então cada pessoa que nós contratamos representa um investimento significativo. Naquela época, custava 1.500 dólares fornecer os benefícios completos o ano todo, em comparação com 3 mil dólares para treinar um novo funcionário. Muitos varejistas encorajam a rotatividade de funcionários, consciente ou inconscientemente, acreditando que isso mantém os salários e benefícios baixos. Mas uma alta rotatividade de pessoal também afeta a lealdade dos clientes. Alguns de nossos clientes são tão assíduos que ao entrarem na loja, um barista já se lembra qual é sua bebida predileta. Se aquele barista sair, ocorrerá um rompimento nessa forte ligação.

Os funcionários que trabalham em meio período, argumentei, são fundamentais para a Starbucks. Na verdade, eles representam 2/3 de nossa força-tarefa. Nossas lojas precisam abrir cedo – às vezes às 5h30 ou 6h da manhã – e frequentemente não fecham antes das 9h da noite ou até depois. Contamos com pessoas que querem trabalhar turnos curtos regularmente. Em muitos casos, esses funcionários são estudantes ou indivíduos se dividindo em outras obrigações. Eles querem os benefícios de saúde tanto quanto os funcionários que trabalham em tempo integral, e eu defendi que deveríamos honrar e valorizar sua contribuição para a empresa.

O conselho administrativo aprovou, e nós passamos a oferecer benefícios completos a todos os funcionários que cumpriam jornada reduzida no final de 1988. Até onde sei, nos tornamos a única empresa a fazer isso. Acabou sendo uma das melhores decisões que já tomamos.

É verdade que nosso programa de seguro-saúde é caro. Com o passar dos anos, acrescentamos uma cobertura muito mais generosa do que a maioria das empresas do nosso porte, com cobertura de assistência preventiva, aconselhamento em fase de crises, saúde mental, dependência química, assistência oftalmológica e odontológica. A Starbucks subsidia 75% da cobertura e cada funcionário paga apenas 25%. Também oferecemos cobertura para dependentes – mesmo que não sejam casados. Como nossos funcionários em geral são jovens e saudáveis, as incidências mantêm-se em um patamar razoável, permitindo darmos cobertura mais ampla e ao mesmo tempo mantendo os pagamentos mensais relativamente baixos.

Mas a Starbucks tem grande retorno por esse investimento. O efeito mais óbvio é a menor incidência de atritos. Por todo o país, a maioria das redes de varejo e *fast-food* têm um índice de rotatividade de funcionários que varia de 150% chegando a até 400% ao ano. Na Starbucks, a rotatividade no cargo de barista é de 60% a 65%. No cargo de gerente de loja é de apenas 25%, enquanto que para outros varejistas, gira em torno de 50%. Melhores benefícios atraem pessoas boas e as mantêm por mais tempo.

E o mais importante, descobri que o plano de saúde fez uma enorme diferença na atitude de nosso pessoal. Quando uma empresa demonstra generosidade em relação aos funcionários, estes demonstram uma atitude mais positiva em tudo o que fazem.

O verdadeiro valor de nosso programa de saúde se fortaleceu em mim em 1991, quando perdemos precocemente um dos nossos mais dedicados parceiros, Jim Kerrigan, vítima de AIDS. Jim começou como barista atrás do balcão de nossa segunda loja Il Giornale, em 1986, e rapidamente subiu ao posto de gerente da loja. Jim era um defensor fervoroso da Il Giornale e posteriormente da Starbucks. Ele adorava a empresa.

Um dia, Jim entrou em meu escritório e disse-me que estava com AIDS. Foi preciso muita coragem. Sua doença havia passado para uma nova fase, explicou, e ele não poderia mais trabalhar. Nós sentamos juntos e choramos, pois eu não conseguia encontrar palavras significativas para consolá-lo. Não podia me recompor. Abracei-o.

Naquela ocasião, a Starbucks não tinha cobertura para funcionários portadores do vírus da AIDS. Tivemos que tomar uma decisão política. Por causa de Jim, nós decidimos oferecer cobertura de saúde a todos os funcionários que sofrem de doenças terminais, dando total cobertura a custos médicos a partir do momento em que não podem mais trabalhar até conseguirem cobertura através de programas governamentais, o que geralmente leva 29 meses.

Depois dessa visita, eu falava frequentemente com Jim e o visitava no hospital. Em um ano, ele se foi. Posteriormente recebi uma carta de sua família dizendo o quanto nosso plano de saúde havia sido importante. Sem ele, Jim não teria tido dinheiro para se tratar, e ele havia ficado agradecido por aquela preocupação durante seus últimos instantes.

Mesmo hoje, são pouquíssimas as empresas do porte da nossa que oferecem benefícios completos de saúde a todos os funcionários, incluindo os que trabalham em meio período. Fiquei sabendo disso memoravelmente em abril de 1994 quando o Presidente Clinton convidou-me para ir a Washington, D.C., para uma reunião particular no Salão Oval para falar sobre o programa de assistência à saúde da Starbucks.

Outras pessoas estiveram na Casa Branca muitas vezes, mas para mim, nascido nos Projects do Brooklyn e trabalhando em Seattle, o simples fato de me imaginar conversando no Salão Oval era surpreendente.

Quando cheguei na 1600 Pennsylvania naquele dia, tentei agir com naturalidade, mas sentia meu coração bater forte no peito. Uma pessoa encontrou-me na porta dos fundos e conduziu-me por um corredor no porão, onde estavam fotografias antigas de grandes presidentes, Washington, Jefferson, Wilson. Esses são os mesmos corredores, pensei, que Lincoln, Roosevelt e Kennedy percorreram. E o que me fez chegar até aqui não foi um feito extraordinário, não andei na lua nem descobri a cura para o câncer. Tudo o que fiz foi oferecer um plano de saúde para as pessoas da minha empresa, todas elas, algo que qualquer empregador poderia fazer.

Fui levado ao andar superior e fiquei em uma cadeira fora do Salão Oval. "O presidente estará com você em três minutos", disse uma mulher. Ajeitei minha gravata e repassei cada detalhe à minha volta. Telefones tocavam, documentos grossos estavam empilhados sobre a mesa, e rostos sombrios da história nos quadros pendurados nas paredes me olhavam.

"O presidente estará com você em um minuto", disse a mulher. Puxei os punhos das mangas e ajustei minha gravata de novo. Observei o ponteiro dos segundos dar a volta no relógio e a porta não abriu. Estava irrequieto em minha cadeira. Finalmente, a porta se abriu de supetão, e a mão do presidente estava diante de mim. Ele me conduziu. Eu havia visto o Salão Oval tantas vezes no cinema que agora parecia surrealista. Sobre sua mesa, notei imediatamente, havia uma xícara verde e branca da Starbucks cheia de café quente.

Não sei por que disse aquilo, mas minhas primeiras palavras foram: "Você nunca se sente intimidado andando por aqui?".

Ele riu e respondeu: "O tempo todo". Deixou-me à vontade e conversamos durante uns quinze minutos.

Quando a reunião acabou, ele me acompanhou pelo *hall* até a Sala Roosevelt para uma pequena coletiva com a imprensa. Depois de conversarmos com os repórteres, participamos de um almoço com outros CEOs. Foi uma experiência marcante.

Em certo momento, nos poucos minutos entre os acontecimentos, pedi para usar o telefone. Quantos caras como eu fazem esse tipo de coisa? Liguei para minha mãe no Brooklyn, dizendo: "Mãe, só queria que você soubesse que estou telefonando para você da Casa Branca".

"Howard", disse ela, "que maravilha!"

Queria que meu pai estivesse lá. De certo modo, ele estava.

Declarações de princípios significativas têm força

Desde o início, eu queria que os funcionários se identificassem com a missão da empresa e tivessem o senso de realização que acompanha uma equipe de sucesso. Isso significava definir um forte senso de propósito e ouvir as opiniões de pessoas de todos os níveis da empresa.

No início dos anos 90, enquanto equipe executiva sênior, examinamos cuidadosamente nossos valores e crenças e elaboramos em certa ocasião uma Missão que ia além do escritório. Nosso objetivo era articular uma mensagem poderosa de propósito e traduzi-la em um conjunto de diretrizes para nos ajudar a medir a conveniência de cada decisão que tomássemos, em todos os níveis da empresa. Emitimos um rascunho a cada pessoa da Starbucks para que analisassem e fizessem mudanças com base nos comentários. A Missão que surgiu daquele processo coloca as pessoas em primeiro lugar e o lucro em último. Não é uma medalha para decorar as paredes de nosso escritório, mas um corpo de crenças, não uma lista de aspirações, mas uma base de princípios diretores que temos em comum. (Consulte o final do capítulo, "Missão da Starbucks".)

Elaborar a Missão foi apenas o primeiro passo de um processo de planejamento estratégico que durou três meses e envolveu mais de cinquenta funcionários. Queríamos nos certificar de que nós, da direção, estávamos ouvindo as opiniões de nossos colaboradores – e assegurar-nos de que tínhamos um plano a longo prazo que nosso pessoal ajudara a criar. Pela insistência do conselho de administração, convidamos uma empresa de consultoria de Portland chamada Mt. Hood Group e montamos diversas equipes, cada uma composta por pessoas das lojas, escritórios e fábrica. Eles se reuniram frequentemente no verão de 1990, longe do trabalho, para discutir problemas e dar sugestões à direção sobre tomada de decisão, expansão de mercado, e "crescimento pessoal". Implementamos quase todas as recomendações deles.

A equipe do "crescimento pessoal" foi a que teve algumas das ideias de maior projeção. Eles recomendaram que a Starbucks implementasse um plano de opção por ações a longo prazo, um sonho que eu tinha ancorado quase desde o início. E insistiram que redigir e fixar uma Missão não era suficiente. A Starbucks precisava de uma forma de certificar-se de que estávamos cumprindo o plano. Então sugeriram uma equipe de "Análise da Missão". Todos os funcionários de cada loja e da administração receberiam um cartão de comentários do tamanho de um cartão postal e seriam encorajados a reportar à equipe de "Análise da Missão" caso vissem uma decisão que não estava de acordo com nossa Missão.

A maioria dos executivos se sentiria ameaçada diante de tal estrutura. E comigo não foi diferente. No dia da apresentação para a diretoria, em setembro de 1990, os membros da equipe de "Análise da Missão" estavam tensos. Eles haviam ensaiado várias vezes, e se perguntavam ainda se haveria uma situação de confronto. Conforme eu ouvia, pensava: *Eu realmente quero que uma equipe de funcionários monitore a direção assim, mantendo-nos fiéis aos nossos padrões elevados?* Se eu recusasse, o que isso significaria quanto à sinceridade da direção em relação à Missão? Ouvimos com respeito e fizemos algumas perguntas. Depois de alguns dias de consideração, aprovamos a ideia.

Em alguns meses, o sistema de Análise de Missão estava montado. Ainda existe hoje. Qualquer funcionário, em qualquer lugar, pode dar sugestões ou reportar uma ação que pareça contraditória em relação ao nosso propósito e nós prometemos que um profissional habilitado irá responder no prazo de duas semanas, por telefone ou carta.

Cartões impressos para comentários são fornecidos a cada funcionário novo no ato da contratação e também mantidos em áreas comuns juntamente com outros formulários da empresa. Centenas são emitidos a cada ano. As pessoas também têm a opção de não incluir seus nomes. Não recebem resposta, mas seus comentários aparecem com outros em um relatório que eu ainda analiso cuidadosamente todos os meses.

À medida que a empresa foi crescendo, a Análise de Missão foi se tornando um elo para as preocupações de nossa grande e dispersa força-tarefa.

A cada trimestre, uma equipe de pessoas de diferentes partes da empresa se reúne para discutir as principais preocupações dos funcionários, buscar soluções e apresentar relatórios trimestralmente em nossos Open Forums. Esse processo não só ajuda a manter a Missão viva, como também abre uma importante via de comunicação com o nosso pessoal. Muitas sugestões fantásticas foram implementadas.

Por que ter funcionários se todos podem ser sócios?

Em outubro de 1990, eu podia relatar ao conselho que nós havíamos alcançado nosso primeiro ano lucrativo. Confortavelmente dentro do orçamento, eu podia assumir um empreendimento que tinha um efeito profundo e de longo prazo no sucesso da Starbucks.

Se eu fosse apostar em algo que fazia com que a Starbucks se sobressaísse em relação a outras empresas, seria a introdução do Bean Stock. Foi como batizamos nosso plano de opção em ações. Com a introdução deste, transformamos todos os funcionários da Starbucks em parceiros.

Eu queria encontrar uma maneira de compartilhar tanto o senso de propriedade da empresa quanto as recompensas do sucesso financeiro com as pessoas da Starbucks. Mas não tinha certeza de qual era a melhor forma de fazer isso. Em janeiro de 1991, uma mulher de nosso departamento de recursos humanos, Bradley Honeycutt, pesquisou várias alternativas para introduzir tal plano. Em conversas junto a vários consultores e pesquisas junto a outras empresas, ela encontrou muitos modelos diferentes, mas nenhum que fizesse o que nós queríamos fazer. A maioria dos planos estava disponível somente para companhias com ações em bolsa, como concessões totais de ações e programas de compra de ações, ou para executivos de nível mais elevado, como opção de compra de ações. Empresas de capital fechado, como a nossa, não concediam ações ou opção de compra porque não havia mercado para isso; a única alternativa era criar um Plano de Aquisição de Ações por Parte dos Funcionários. Mas esse plano era principalmente uma forma de conseguir levantar capital.

Nós tínhamos um objetivo diferente. Minha meta era associar valor acionário a recompensas a longo prazo para os nossos colaboradores. Eu queria que eles tivessem a chance de compartilhar os benefícios do crescimento, e vissem com clareza a relação entre suas contribuições e o crescente valor da empresa.

Finalmente, nós decidimos fazer algo novo. Embora fôssemos uma sociedade de capital fechado, concederíamos opção de compra de ações a todos os funcionários, por toda a empresa, dos gerentes aos baristas, proporcionalmente ao salário-base. Se, através de seus próprios esforços, eles pudessem ajudar a tornar a Starbucks mais próspera a cada ano e se a Starbucks algum dia passasse a ser uma sociedades de capital aberto, as opções deles poderiam, em última instância, valer um bom dinheiro. Nós demos, com efeito, uma chance para que eles criassem seu próprio valor.

Muitos de nós tínhamos sugerido nomes para o plano, tentando ser criativos. Em um domingo, enquanto corria com seu marido, Bradley propôs o nome Bean Stock (Ações em Grãos). Era mais do que apenas uma referência espirituosa aos grãos de café que nós vendemos.

Em maio de 1991, apresentamos formalmente a ideia para o conselho. Durante toda a primavera, estive ocupado em reuniões com os membros do conselho, em grupos e individualmente, explicando por que estava convicto de que essa proposta daria certo. A principal preocupação deles era que isso diluiria o patrimônio acionário dos investidores que haviam arriscado valores elevados. Eu havia previsto exatamente essa objeção, contra-argumentava alegando que conceder opção de compra de ações daria à empresa uma estrutura sólida que a ajudaria a alcançar seus objetivos, tanto em termos de vendas quanto de lucros.

Investidores poderiam deter uma porcentagem ligeiramente menor da empresa, mas o valor dos seus investimentos cresceria mais rapidamente e com maior segurança. Se nós uníssemos todos na Starbucks em prol do desempenho da empresa como um todo, disse-lhes, todo funcionário teria a mesma atitude no trabalho que o CEO, que é, por sua vez, um acionista. No final, o plano acionário agregaria valor em vários aspectos – desde o desempenho da empresa como um todo, ao resultado financeiro, e o moral e espírito do ambiente de trabalho.

Quando o plano Bean Stock foi para votação em maio, foi aprovado por unanimidade pelas pessoas. Eles estavam tão entusiasmados quanto eu pelas perspectivas.

Até onde sei, nenhuma outra empresa adotou um plano de opção acionário de forma tão ampla e ambiciosa quanto o nosso Bean Stock. Nós concedemos opção de compra de ações a mais de setecentos funcionários quando ainda éramos uma sociedade de capital fechado. Para tanto, tivemos que obter uma isenção especial da SEC (Comissão de Valores Mobiliários). (A SEC considera a empresa como sendo sociedade de capital aberto e tem mais de quinhentos acionistas cadastrados.) Mesmo hoje, você teria dificuldade de encontrar outra empresa, especialmente varejista, que conceda opção de compra de ações a todos os seus funcionários. As empresas de *software*, empresas de alta tecnologia e outras, oferecem opção de compra de ações, mas normalmente só para desenvolvedores e outros funcionários técnicos altamente qualificados. No varejo, isso é desconhecido.

Em agosto de 1991, nós apresentamos o plano aos funcionários, e no início de setembro, fizemos uma grande reunião para desdobrá-lo. Eu falei sobre como esse programa estaria realizando um sonho antigo, e Orin Smith, que na ocasião era diretor financeiro, fez uma apresentação com *slides* para explicar como as opções de compra de ações formavam um assunto complexo que até mesmo os funcionários de empresas de capital aberto poderiam ter dificuldade de entender. Todo funcionário recebeu um pacote amarrado com uma fita azul, e dentro encontrava-se um panfleto explicativo sobre o Bean Stock. Comemoramos com petiscos e espumante e brindamos a nova condição de "Sócios em Crescimento", frase que usávamos para descrever o Bean Stock.

A partir daquele dia, nós deixamos de usar a palavra "funcionário". Agora chamamos todo o nosso pessoal de "sócios", porque todos são elegíveis para compra de ações a partir do momento em que completam seis meses com a

Starbucks. Até mesmo os que trabalham meio período, ou seja, vinte horas por semana, estão inclusos na regra.

A primeira concessão foi feita em 1º de outubro de 1991, logo após o fim do ano fiscal. Cada sócio recebeu opção para compra de ações equivalentes a 12% de sua remuneração-base anual. Um sócio que ganha 20 mil dólares, por exemplo, receberia 2.400 dólares em opção de compra de ações. Ele ou ela poderia realizar uma quantia em dinheiro, comprando simultaneamente pelo baixo preço do primeiro ano e vendendo pelo preço atual, ficando com o lucro. Desde então, todos os meses de outubro nos rendiam bons lucros, nos permitindo elevar a concessão para 14% da remuneração-base. Assim, a cada ano que o sócio permanece com a Starbucks, ele ou ela recebe outros 14% do seu salário, concedidos pelo preço acionário que prevalece no início do novo ano fiscal. Como o preço das ações sobe todos os anos, as opções tornam-se mais valiosas.

Nós concedemos essas primeiras opções do Bean Stock a seis dólares por quota. Quando os direitos haviam sido completamente adquiridos, em 30 de setembro de 1996, o preço de nossas quotas era de 33 dólares; mas, come tivemos dois *splits* nas ações, cada uma dessas opções originais se tornou quatro, valendo 132 dólares. Para ilustrar o valor, um funcionário que teve salários de 20 mil dólares anuais em 1991 teria podido trocar, depois de cinco anos, opções de 1991 por mais de 50 mil dólares.

Até mesmo sem garantias de que as ações valeriam alguma coisa, o Bean Stock começou a afetar as atitudes e o desempenho das pessoas imediatamente. Eu comecei a ouvir comentários como "estou no Bean Stock" quando alguém imaginava uma forma de economizar o dinheiro da empresa, por exemplo, viajando aos sábados à noite para reduzir o preço da passagem aérea. As pessoas começaram a trazer ideias inovadoras sobre como reduzir os custos, aumentar as vendas, criar valor. Eles podiam falar francamente com nossos clientes, como sócios no negócio.

Educando nosso pessoal sobre a importância de criar valor e lucros para nossa empresa, acabamos por associá-los a valor acionário. Todos os trimestres, até hoje, nós explicamos os resultados a eles em Open Forums, e deixamos um tempo livre para perguntas e respostas. Às vezes, eles se ressentem diante do fato de que, como uma sociedade de capital aberto, nós tenhamos de nos focalizar tanto nos números. Mas ao final do dia, eles apreciam a necessidade de ponderar suas preocupações individuais com o desempenho global da empresa.

Como você mede os benefícios de ouvir seu pessoal e compartilhar a propriedade com eles? Você não consegue. Mas os benefícios podem ser bem maiores do que imagina. Um membro da equipe de "desenvolvimento pessoal" de pessoas era Martin Shaughnessy, um homem alto, falante, que usava rabo de cavalo e trabalhava no recebimento, descarregando pacotes pesados de café na fábrica. Ele ficou surpreso e emocionado ao ser convidado para reuniões externas com funcionários do escritório, por ser consultado, e ter a oportunidade de apresentar ideias para a direção. Meses depois, ele veio ao meu escritório e me falou que nós precisávamos de um gerente de distribuição – com efeito, pediu que contratássemos um chefe para ele. Eu pedi que ele redigisse uma proposta e fizesse uma apresentação à diretoria. Ele fez e, em seis meses, agimos com base em sua sugestão.

Um dia, no início de 1992, Martin dirigiu-se ao departamento de recursos humanos com uma carta assinada por uma notável maioria dos funcionários do armazém e da torrefação, indicando que eles já não desejavam ser representados pelo sindicato. "Você nos incluiu na administração desta empresa", disse ele. "Sempre que nós reclamávamos, você resolvia o problema. Você confiou em nós, e agora nós confiamos em você."

Para mim, trabalhar na Starbucks não me ofereceu nenhuma recompensa maior do que o orgulho que eu sinto sempre que recebo uma carta de um sócio sobre o plano Bean Stock, agradecendo-me. Fiquei especialmente comovido por uma carta de Jani Daubenspeck, que entrou na Starbucks em 1989 como assistente de Dave Olsen e passou a controladora de produção em nossa torrefação em Seattle. Em 1994, ela comprou sua primeira casa, em estilo rústico com um grande jardim, nos arredores do Sesvard Park, em Seattle. Antes, ela morava com a irmã, e finalmente conseguira comprar sua casa própria, graças à venda de algumas opções da Starbucks para dar o sinal no valor de 10 mil dólares.

Eu recebo cartas e mensagens assim o tempo todo. Martin Shaughnessy comprou uma novíssima motocicleta Harley-Davidson quando vendeu suas quotas do Bean Stock. Outro sócio comprou uma casa para passar as férias.

Outro ainda, adquiriu um carro antigo. Outra trocou suas opções e levou a família para visitar os parentes de seu marido, que ela nunca havia encontrado. Vários trocaram para pagar um curso universitário.

Histórias assim, para mim, cristalizam a verdadeira importância do trabalho que nós fazemos e a verdade de que a Starbucks representa algo especial além da compra e torração de café e satisfação dos clientes.

Se você tratar seus funcionários como dentes intercambiáveis de uma engrenagem, eles o verão da mesma forma.

Mas eles não são dentes de uma engrenagem. Cada um deles é um indivíduo que precisa tanto de um senso de valor quanto dos meios financeiros para prover as necessidades familiares e pessoais.

Eu tentei tornar a Starbucks o tipo de empresa para a qual eu desejava que meu pai tivesse trabalhado. Sem nem mesmo ter um diploma secundário, ele provavelmente jamais teria sido um executivo. Mas se ele tivesse trabalhado em uma de nossas lojas ou torrefação, não iria abandonar o emprego por frustração pela empresa não o valorizar. Ele teria boa assistência médica, opção de compra de ações, e uma atmosfera na qual as suas sugestões ou reclamações receberiam uma resposta imediata e respeitosa.

Quanto maior fica a Starbucks, maior a chance de algum funcionário, em algum lugar, não receber o respeito que merece. Se não pudermos solucionar esse problema, estaremos enfrentando um fracasso pior do que qualquer falha que Wall Street possa detectar.

Em última instância, a Starbucks não pode florescer e conquistar os corações dos clientes sem a devoção apaixonada de nossos funcionários. Nos negócios, essa paixão deriva da propriedade, da confiança e da lealdade. Se você enfraquecer quaisquer desses elementos, os funcionários verão o emprego deles apenas como outro emprego qualquer.

Às vezes, nós perdemos isso de vista na Starbucks, especialmente à medida que crescemos, aumentando a distância entre mim e os mais novos contratados na loja mais nova. Mas eu sei, em meu coração, que se nós tratarmos as pessoas como um item de linha de produção visto como despesa, não estaremos cumprindo as nossas metas, nem seguindo nossos valores.

A paixão e dedicação deles é nossa principal vantagem competitiva. Se perderem-nas, perderemos o jogo.

DECLARAÇÃO DA MISSÃO DA STARBUCKS

Estabelecer a Starbucks como principal fornecedor de café da melhor qualidade do mundo e ao mesmo tempo manter nossa firmeza de princípios. Os seis princípios diretores nos ajudarão a medir a conveniência de nossas decisões:

- Oferecer um excelente ambiente de trabalho e tratar um ao outro com respeito e dignidade.
- Abraçar a diversidade como um elemento essencial na maneira de fazermos negócios.
- Aplicar os padrões mais elevados de excelência na compra, torração e entrega de nosso café sempre fresco.
- Desenvolver clientes extremamente satisfeitos o tempo todo.
- Contribuir positivamente com nossas comunidades e nosso ambiente.
- Reconhecer que lucratividade é essencial para o nosso sucesso futuro.

UM EDIFÍCIO DE CEM ANDARES PRIMEIRO PRECISA DE UM FORTE ALICERCE

Os construtores de empresas visionárias (...) concentram-se principalmente em criar uma organização – construindo como um relógio em funcionamento –, em vez de abordar um mercado com uma ideia visionária de produto.
JAMES C. COLLINS e JERRY I. PORRAS, "Feitas para durar"

Às vezes, perder dinheiro é saudável. Mas agora existe um pensamento moderno. Perder dinheiro é algo assustador – e isso eu sei por experiência própria. É um sinal de perigo para a maioria das empresas, especialmente as empresas maduras e estabelecidas. Mas para uma jovem empresa, cheia de promessa, perder dinheiro poderia ser um sinal de saúde por estar investindo à frente do crescimento.

Se você aspira ao rápido crescimento, é preciso criar uma infraestrutura para o grande empreendimento que você está pretendendo criar.

Não se pode construir um arranha-céu de cem andares sobre um alicerce projetado para um sobrado.

A importância de investidores resistentes

A Starbucks era uma empresa lucrativa até eu ingressar. Não levou muito tempo para eu perceber que nós não poderíamos manter aquele nível salarial e construir o alicerce de que precisávamos para um crescimento rápido. Eu previ que nós perderíamos dinheiro durante três anos.

De fato, foi justamente o que aconteceu. Em 1987, nós perdemos 330 mil dólares. As perdas do ano seguinte mais que dobraram, chegando aos 764 mil dólares. No terceiro ano nós perdemos 1,2 milhão de dólares. Somente em 1990 finalmente obtivemos lucro.

Foi um período que afetou os nervos de todos nós, repleto de dias desgastantes. Embora soubéssemos que estávamos investindo no futuro e tivéssemos aceitado o fato de que nós não seríamos lucrativos, eu frequentemente tinha muitas dúvidas.

Uma noite em 1988, Ron Lawrence, que na época era *controller* da Starbucks, bateu à porta de minha casa às 11h da noite. Sheri e nosso filho já estavam dormindo, e quando eu fui com Ron até a cozinha, percebi que ele estava pálido. Ele havia acabado de fazer o fechamento mensal, e nós havíamos perdido quatro vezes mais do que o orçado. Uma reunião com o conselho de administração estava marcada para a semana seguinte, e quando nos sentamos à mesa com os números à nossa frente, eu fiquei assustado.

"Eu não posso me reunir com o conselho levando estes números", disse eu. "Isso é inacreditável. Como foi que aconteceu?"

E Ron explicou que se tratava de uma circunstância incomum na qual tudo afetava o relatório de lucros e perdas. Era improvável que voltasse a acontecer. Ainda assim, eu não dormi bem naquela noite, tentando elaborar uma explicação para a enorme falha aos conselheiros.

A reunião com o conselho foi tão tensa quanto eu havia esperado. "As coisas não estão funcionando", disse um dos diretores depois de ouvir meu relatório. "Nós teremos que mudar de estratégia." Tínhamos apenas cerca de 20 lojas na ocasião, e alguns diretores achavam que meus planos eram ambiciosos demais. Comecei a imaginar conversas entre os membros do conselho, antes e depois dessas reuniões nas quais os diretores reclamavam: "Temos que tirar esse sujeito daqui. Howard não sabe o que está fazendo. Quanto dinheiro nosso vamos deixar ele desperdiçar antes de fecharmos a torneira?".

A pressão estava presente, e eu tinha que justificar essas perdas. Tinha de provar que elas eram necessárias para minha estratégia de investimento e não apenas dinheiro desperdiçado. Embora eu estivesse tremendo por dentro, tinha de reunir todas as minhas certezas para convencê-los. "Vejam", disse ao conselho, mantendo minha voz o mais firme possível, "nós vamos continuar perdendo dinheiro até que possamos fazer três coisas. Temos que atrair uma equipe gerencial bem adiante das nossas necessidades de expansão. Temos que construir uma instalação de classe mundial. E precisamos de um sistema de informação por computador suficientemente sofisticado para rastrear as vendas em centenas e centenas de lojas." Embora tenha assumido várias formas nos anos que se seguiram, aquela mensagem tornou-se um mantra, e era repetida a cada trimestre: "Nós temos que investir à frente do crescimento".

Felizmente, o conselho e o grupo de investidores demonstraram paciência notável apoiando a mim e meus planos. Se a Starbucks não tivesse lucrado em 1990, eles teriam tido bons motivos para me expulsar.

Recordando, agora eu percebo como nossa estratégia se provou notável. Naqueles primeiros anos, 1987-1989, nós consolidamos uma base sólida para uma rápida expansão nacional, contratando os gerentes e investindo precocemente em instalações de que logo precisaríamos – antes do que imaginávamos. Era caro, mas sem ele, nós nunca teríamos conseguido acelerar nosso crescimento, ano após ano, sem parar para tomar fôlego.

Quando você está abrindo uma empresa, qualquer que seja o porte, é extremamente importante reconhecer que as coisas vão ser muito mais demoradas e caras do que você espera. Se o seu plano é ambicioso, tem que contar com investir, pelo menos temporariamente, mais do que você ganha, mesmo que as vendas estejam aumentando rapidamente. Se você recrutar executivos experientes, construa instalações de manufatura que estejam bem além de suas necessidades atuais, e formule uma estratégia clara para administrar nos anos difíceis; assim, você estará pronto conforme a empresa for alcançando condições ainda superiores.

O que nós fizemos foi tentar entender que porte queríamos ter em dois anos e contratar executivos experientes que já haviam construído e gerenciado empresas daquele tamanho. O histórico deles permitiu prever as armadilhas do crescimento, planejar e reagir adequadamente. Contratar antes do crescimento pode parecer algo caro na ocasião, mas é muito mais sábio trazer os peritos antes de você precisar deles do que tropeçar com pessoas imaturas e inexperientes propensas a cometer enganos que poderiam ser evitados.

É claro que, para construir uma infraestrutura, é preciso dinheiro. Idealmente, deveria haver capital antes mesmo de você precisar, não só para financiar a expansão, mas também para responder rapidamente a problemas e oportunidades à medida que forem surgindo. Convencer os acionistas a aumentar o investimento provavelmente é a parte mais difícil do trabalho de empreendedores. É uma experiência humilhante ficar diante desses indivíduos financeiramente experientes que já estão cheios de dúvidas e dizer: "Nós estamos perdendo dinheiro. Vocês podem investir mais?"

No nosso caso, apenas um ano depois de termos conseguido 3,8 milhões de dólares para adquirir a Starbucks, nós tivemos que levantar 3,9 milhões adicionalmente para financiar nossos planos de crescimento. Em 1990, precisamos de mais dinheiro, e nós conseguimos 13,5 milhões de dólares em fundos de capital de risco. No ano seguinte nós completamos um segundo *round* de capital de risco, atingindo os 15 milhões de dólares. Isso somado a quatro *rounds* de investimentos privados antes de a Starbucks passar a ser uma sociedade de capital aberto, em 1992. Se a Starbucks não tivesse conseguido, se os investidores tivessem perdido a confiança em nós, obter esses níveis de financiamento teria sido algo impossível.

Felizmente, a receita da Starbucks estava superando os 80% ao ano, e estávamos quase dobrando o número de lojas anualmente. Ingressamos em mercados fora de nossa cidade, inclusive Chicago, para provar que a ideia poderia funcionar em outras cidades. Conseguimos mostrar uma economia de unidade "atraente" em cada loja, e os investidores puderam ver que o negócio de cafés como um todo, tanto em supermercados quanto em lojas, estava tendo êxito por todo o país.

Para abastecer nosso crescente número de lojas, precisávamos de uma instalação de torrefação muito maior do que a que havíamos adquirido com a compra da Starbucks. Com a ajuda de Jack Benaroya, nós construímos um novo escritório e uma fábrica em Seattle em 1989, suficientemente grandes, pensamos, para durar cerca de dez anos. Instalamos um equipamento de torração e embalagem de alta velocidade e passamos da Airport Way para um edifício que parecia enorme na época. Agora acomoda somente nosso setor de pedidos por catálogo.

Garantir locais bons para lojas novas também tornou-se cada vez mais caro conforme expandíamos. Durante os primeiros cinco anos depois de 1987, eu aprovei cada ponto pessoalmente – mais de cem lojas. Nós procurávamos por locais altamente visíveis, em edifícios comerciais do centro da cidade ou em bairros urbanos ou suburbanos densamente povoados, perto de supermercados. Nós trabalhamos com corretores externos em cada região, e em 1989, contratamos um dos melhores corretores, Yves Mizrahi, para ser nosso vice-presidente para bens imóveis. Trabalhando comigo, ele analisava previamente cada local e fechava os acordos. Nosso processo de escolha de local era extremamente demorado, mas nós não podíamos cometer um único engano. Um erro de julgamento imobiliário significaria uma redução de 350 mil dólares em reforma e contrato de *leasing*, mais o custo de rompimento do contrato. Isso representava no mínimo meio milhão de dólares em jogo, sem contar a possibilidade de o dinheiro ser usado em outro lugar.

Finalmente, cheguei à conclusão de que o desenvolvimento de lojas era uma tarefa muito grande para ocorrer longe do escritório do CEO, então fiz algo controverso: contratei um velho amigo de Nova York para ser vice-presidente sênior para bens imóveis. Arthur Rubinfeld, que eu havia conhecido durante a fase em que estivera em Greenwich Village, era arquiteto e desenvolvedor de projetos, e tinha se mudado para San Francisco aproximadamente na mesma época em que eu havia me mudado para Seattle. Arthur abriu uma empresa que se especializou em corretagem de bens imóveis na região norte da Califórnia, e nós recorremos a ele para nos representar em nossa estratégia de entrada no mercado de San Francisco. Percebi que precisava não só de sua especialidade e julgamento profissionais, mas também de alguém em quem eu pudesse confiar. Escolher os pontos certos é uma parte tão crítica para o sucesso de um varejista, que deveria ser feito por alguém com um compromisso apaixonado com o futuro da empresa.

Mas Arthur não quis apenas escolher os pontos. Ele me convenceu de que precisávamos que os imóveis, o *design* e a construção falassem em uma só voz, sob a direção de uma pessoa, para que se evitassem os conflitos que às vezes surgem entre esses fatores. Ele coordenou os departamentos e elaborou um esquema para desenvolvimento de loja que finalmente permitia à Starbucks planejar e abrir uma loja por dia. Dentre as primeiras mil lojas que abrimos, nós optamos por fechar apenas duas por causa de erros de julgamento com relação ao ponto. Outros poucos varejistas poderiam ostentar tal recorde.

Embora nós alugássemos em vez de possuirmos os imóveis, arcamos com todo o custo de *design* e construção. Por quê? Porque toda a loja era da empresa. Nos recusamos à franquia. Embora tenha sido tentador compartilhar os custos com os franqueados, eu não quis arriscar perder controle do importante vínculo com o cliente.

Adicionalmente, nós continuávamos também investindo em novos sistemas e processos para uma operação mais ampla do que nós tínhamos na ocasião. No final de 1991, quando tínhamos pouco mais de cem lojas, contratamos Carol Eastin, uma *expert* em computadores da McDonald's, demos-lhe uma lousa em branco, e pedimos que projetasse um sistema de ponto de venda que unisse todos os estabelecimentos e pudesse acomodar as trezentas lojas que pretendíamos ter no prazo de três anos.

Quando as empresas falham, ou não crescem, o motivo é quase sempre a falta de investimentos nas pessoas, nos sistemas, e nos processos de que precisam. A maioria das pessoas menospreza quanto dinheiro será preciso para fazer isso. Elas também tendem a menosprezar como se sentirão ao informar perdas significativas. Infelizmente, isso é um fato nas fases iniciais do desenvolvimento no varejo, a menos que você consiga dinheiro através de sistema de franquia. Grandes investimentos de início não só significam perdas anuais potenciais, mas também uma diluição da participação acionária do fundador.

Se você quer saber o que a Starbucks fez certo, tem que olhar nossa concorrência e descobrir o que eles fizeram de errado. Obviamente, a Starbucks não é perfeita. Mas entre os nossos concorrentes no setor especializado de cafés, você verá exemplos de todos os enganos que nós não cometemos: empresas que não levantaram dinheiro o bastante para financiar seu crescimento; empresas que adotaram o sistema de franquias muito cedo e sem critérios; empresas que perderam controle da qualidade; empresas que não investiram em sistemas e processos; empresas que contrataram pessoas inexperientes, ou as pessoas erradas; empresas que estavam tão ansiosas para crescer que escolheram os pontos errados; empresas que não tiveram a disciplina de sair de um nível se não conseguissem fazer a economia de escala funcionar. Todas elas perderam dinheiro; algumas ainda estão perdendo. Mas elas não usaram seus anos de prejuízos para construir um sólido alicerce para o crescimento.

Não se pode criar uma empresa de classe mundial sem que se invista nela. Em uma empresa em crescimento, não se pode brincar de pega-pega. Mas você também não pode simplesmente justificar as perdas na fase inicial do negócio sem examinar cada despesa. O crescimento envolve muitos enganos, e é preciso ser honesto sobre o que está certo e o que está errado em suas operações.

Felizmente, nós percebemos isso nos primeiros anos. E nosso investidor era resistente.

Se nenhum mentor encontrá-lo, encontre um você mesmo

Às vezes, tanto na vida como nos negócios, você sabe exatamente do que precisa para atingir suas metas e precisa sair à procura.

Durante esses anos tensos, quando estávamos perdendo dinheiro, percebi que eu necessitava muito de um mentor. Tinha um conselho de administração confiável, investidores que acreditavam e confiavam em mim (pelo menos a maior parte do tempo!) para tomar as decisões certas. Eles me questionavam diligentemente, mas pelo fato de a maioria deles não ter qualquer experiência em uma empresa de varejo de marca nacional, eles podiam oferecer apenas uma orientação limitada para planejamento futuro.

Eu também nunca previ o quão solitário seria administrar uma empresa. Você nunca pode baixar guarda e admitir o que você não sabe. Poucas pessoas podem compartilhar suas frustrações e ansiedades: quando você está perdendo dinheiro, quando tem que lidar com investidores que têm expectativas elevadas, quando você de repente se vê responsável por centenas de funcionários, quando enfrenta dificuldades de contratação. Tentar equilibrar as complexidades de reunir as pessoas e forjar estratégias complexas pode ser como participar de uma campanha política com o mesmo senso de prestação de contas para muitos distritos eleitorais diferentes.

Embora possam contratar executivos com muitos talentos e habilidades, muitos CEOs descobrem que o que lhes falta é um notável conselho de administração. Eles não querem demonstrar vulnerabilidade aos que se reportam a eles. Se eles se sentem duvidosos ou temerosos, ou se apenas querem pensar alto, precisam ter amigos a quem possam telefonar e dizer: "Droga! Você não vai acreditar no que aconteceu hoje!".

Nos anos da Il Giornale, a única pessoa com quem eu podia falar abertamente era Sheri. Eu chegava em casa tão cansado, abatido, tão desconcertado que seguramente não deve ter sido fácil conviver comigo. Mas ela ouvia, e me dava todo o seu apoio. E previa o que eu ia precisar e certificava-se de assumir as outras questões para que eu pudesse me concentrar no trabalho. Boa parte daquele período é um atestado da paciência e sabedoria de Sheri, mas ainda assim eu sentia intensamente a falta de um confidente profissional.

Não muito tempo depois de eu assumir a Starbucks, fortaleci amizade com um de meus investidores, Steve Ritt, um sujeito calmo e genial que administra uma empresa de limpeza de artigos de couro em Seattle. Durante quase dois anos, até minha filha nascer, nós corríamos juntos, três manhãs por semana, começando às 5h30. Durante essas corridas, Steve acompanhou qualquer que fosse o número de problemas que eu estivesse enfrentando. Foi uma excelente terapia para mim. Steve demonstrou ser um conselheiro valioso porque não tinha qualquer outro interesse que não fosse o de me encorajar. Eu podia tranquilamente compartilhar minhas dúvidas tanto quanto meus triunfos. Ele confiava muito em mim e nos tornamos amigos íntimos. Mas ele também tinha experiência em construir uma empresa de varejo.

Eu sabia que o que eu precisava era de conselhos de uma pessoa que tivesse estado na situação antes, alguém que entendesse o que eu estava tentando fazer. Queria alguém que tivesse construído uma empresa próspera e que vivesse e respirasse o varejo, que pudesse me guiar e me orientar sempre que eu tivesse um impasse desconhecido à minha frente.

Fiz uma auditoria mental da comunidade empresarial de Seattle, pensando nos muitos indivíduos que haviam construído empresas prósperas no varejo. Uma pessoa se destacou – tinha a experiência que me faltava e a vontade de ajudar: Jeff Brotman.

Jeff era um veterano no varejo, onze anos mais velho que eu. Sendo filho de um varejista, ele entendia as operações instintivamente. Ele administrava uma rede de vinte lojas de roupas da família e havia fundado várias outras empresas. Em 1983, fez o maior e mais corajoso empreendimento ao fundar a Costco Wholesale, uma empresa atacadista. Em dez anos, ele e Jim Sinegal transformaram a Costco em um operador nacional de mais de cem lojas com vendas anuais de 6,5 bilhões de dólares. Em 1993, incorporaram-se ao Price Club e Jeff se tornou presidente da empresa combinada, que tem 19 bilhões de dólares em receita e mais de setecentas lojas. A Starbucks é uma anã se comparada a ela.

Conheci Jeff Brotman quando estava tentando conseguir dinheiro para a Il Giornale. Mais tarde, depois de eu comprar a Starbucks, telefonei-lhe várias vezes pedindo conselhos. Ele oferecia seu tempo e aconselhamento com altruísmo, bem antes de ter qualquer relação com a Starbucks. Ele tinha um sexto sentido em relação a boas oportunidades e entendia a gama de aspectos que os empresários enfrentam. Eu confiei nele, e percebi que podia ter essa confiança. Eu apreciava seu talento quando ouvia seus conselhos. Na verdade, ele se tornou meu mentor.

Depois de várias reuniões, pedi que ele se unisse ao conselho de administração da Starbucks. Levou um tempo para convencê-lo. Jeff era cuidadoso em relação a seus investimentos, tanto em termos de tempo quanto de dinheiro, mas uma vez que ele se comprometia, levava a sério.

Jeff finalmente entrou para o conselho em 1989, uma fase difícil da história da Starbucks. Estávamos perdendo dinheiro pelo terceiro ano seguido, e não estava nada claro que conseguiríamos sucesso em Chicago. Embora eu tivesse assegurado ao conselho que nós nos tornaríamos lucrativos no ano fiscal de 1990, precisei de Jeff Brotman para devolver minha credibilidade diante de perdas cada vez maiores. Ele era a voz da autoridade e da experiência, e era muito mais fácil acreditar nele do que nas minhas promessas baseadas apenas na confiança.

Jeff também entendia do que uma empresa varejista há pouco no cenário nacional e em rápido crescimento precisaria para levantar capital. No final de 1989, estava claro que a Starbucks tinha de sair de Seattle em busca de investidores institucionais, o que significava abordar uma comunidade de capital de risco. Como presidente de uma empresa que havia acabado de se tornar uma sociedade de capital aberto, Jeff tinha os contatos e credibilidade para nos transferir.

No início, eu estava cauteloso em dar esse passo, pois ouvi que alguns investidores de capital de risco iriam interferir nos empreendimentos e, em última instância, acabariam arruinando-os com pensamentos a curto prazo. Na melhor das hipóteses, o capital de risco pode energizar uma empresa tanto com dinheiro quanto com especialidade e pode ajudá-la a crescer e amadurecer. Mas sócios errados podem querer satisfazer seus próprios interesses às custas do futuro a longo prazo da empresa.

Assim que nós decidimos prosseguir, entretanto, tivemos mais dificuldade do que esperávamos. No início dos anos 80, os iniciantes no varejo haviam ficado altamente populares com investidores institucionais. Então, o mercado desmoronou, e vários varejistas faliram. Os fundos que haviam investido apresentavam um desempenho tão pobre que alguns eram incapazes de continuar conseguindo dinheiro. Muitos investidores recusavam-se a investir no varejo depois disso, aderindo a empresas de alta tecnologia e assistência à saúde. Muitos nos rejeitaram.

Craig Foley, que na época chefiava a Chancellor Capital Management Inc. do Citibank, foi um investidor que decidiu nos dar uma chance. Diferente de outros gerentes de fundos que de imediato nos classificavam como uma cadeia de lojas de café, Craig era um amante desta bebida que tinha saudade do café de qualidade que ele havia provado na Europa. Ele tinha um compromisso a longo prazo com investimentos no varejo e tinha ouvido um colega falar sobre a Starbucks. Mas depois de visitar uma loja de baixo desempenho em Chicago, decidiu não investir. Entretanto, como ele havia apoiado a Costco, então Jeff Brotman lhe pediu para dar outra olhada na Starbucks; ele atendeu.

A maior preocupação de Craig era a de que a nossa ideia não fosse "portátil", que não atraísse clientes fora do noroeste frio e chuvoso. Enfrentei o desafio e fiz o máximo para convencê-lo de que estava errado. Ele examinou de perto todas as lojas de Chicago e decidiu que o café não só era potencialmente uma grande oportunidade de crescimento, mas também poderia ser um "fenômeno ligado ao estilo de vida". Para compensar os pontos fracos que havia visto em Chicago, ele negociou um valor para a empresa, 3,75 dólares por ação, um pouco mais do que os 3 dólares por ação da etapa anterior, em 1988. Ainda assim, por causa do conceito elevado da Chancellor, sua decisão de investir 4,5 milhões de dólares, uma grande prova de confiança na Starbucks, atraiu vários outros investidores institucionais. Ao todo, conseguimos levantar 13,5 milhões de dólares em março de 1990, o que, sem dúvida, era nosso maior financiamento até aquela época.

Nossas lojas de Chicago provaram sua importância, também, ao atrair outro investidor naquela etapa, Jamie Shennan, um sócio da Trinity Ventures. Ele viu a Starbucks primeiro coincidentemente, enquanto descia uma rua, e depois ouviu de um colega notícias de que nós estávamos em busca de capital de risco. Investidor experiente, ele foi atraído pelo poder da marca Starbucks e pelo que ouvia de nossos clientes. O mesmo aconteceu com Ken Purcell, da T Rowe Price.

Meus receios iniciais sobre investidores de capital de risco demonstraram ser infundados. Na verdade descobri que o que acontecia era o oposto.

Em vez de interferência, ganhei outro grupo de conselheiros confiáveis com horizontes a longo prazo. Tivemos sorte de nossos parceiros em capital de risco entenderem e apreciarem realmente a cultura da Starbucks.

Craig Foley e Jamie Shennan investiram e entraram para o conselho da Starbucks, em março de 1990. Eles me convenceram a realizar uma pesquisa de mercado e a dar início ao planejamento estratégico, e também deram uma orientação inestimável sobre como fazer a transição de uma empresa de capital fechado para uma empresa de capital aberto. Jamie, que passou muitos anos como gerente de marca na Procter & Gamble e posteriormente como consultor de mercado de consumo, forneceu *insights* preciosos para a construção da marca, estabelecendo *joint ventures*, aperfeiçoando o catálogo, e introduzindo novos produtos.

Craig contribuiu com *know-how* financeiro, guiou-nos no planejamento estratégico, e ajudou-nos a avaliar novas oportunidades empresariais. Grande parte das contribuições e o compromisso deles com a Starbucks passaram a ser ilustrados quando Jamie e Craig permaneceram no conselho muito tempo depois de vendidas as ações da Starbucks, como fora planejado. (Os fundos de capital de risco, por natureza, normalmente distribuem lucros aos investidores depois de a empresa tornar-se uma sociedade de capital aberto.)

A participação de Craig e Jamie no conselho significou que vários dos meus investidores anteriores tiveram de reduzir a presença. Do grupo original de investidores na Il Giornale, somente Arnie Prentice permaneceu como membro. Assim como toda empresa tem uma memória, todo conselho de administração deveria ter também, e foi decisivo para mim ter alguém que me entendia e sabia de onde a Starbucks veio, ter alguém do passado que estava ligado ao futuro.

Minha relação com o conselho mudou de forma incomum quando passei a vê-los como conselheiros confiáveis em vez de supervisores. Ao contrário de muitos CEOs, eu falava claro com eles, confiando meus problemas no que se referia à administração da empresa. Eles sempre me desafiaram a defender minhas ideias, e nós tínhamos conversas abertas e francas nas reuniões. Eles me estimulavam continuamente a aperfeiçoar meu enfoque e a estabelecer prioridades claras, temendo que meu espírito empreendedor levasse a empresa em muitas direções diferentes. O conselho também me encorajava a fortalecer minha equipe gerencial antes que o crescimento chegasse, contratando pessoas com maior experiência em empresas. Às vezes, as discussões eram intensas e também difíceis, mas saudáveis e construtivas. Nós nunca precisamos votar. Quando uma pessoa discordava veementemente, nós conversávamos pelo tempo que fosse preciso e propúnhamos uma solução aceitável.

Com o tempo, a cultura e os valores do conselho passaram a ser uma imagem espelhada dos da Starbucks. Os conselheiros externos foram gradualmente desenvolvendo maior confiança em mim do que a que tinham no início, quando eles pensavam que talvez eu fosse apenas outro jovem empreendedor inexperiente que teria de ser substituído, a qualquer momento, por um diretor profissional e CEO. Eles também dedicaram-se de coração à empresa. O conselho da Starbucks permaneceu estável durante seis anos, acrescentando-se apenas dois membros internos. Então, em 1996, ao enfrentarmos a realidade de nos tornarmos uma empresa de 1 bilhão de dólares, novamente procuramos alguém que tinha a especialização que deriva da experiência. Essa pessoa era Barbara Bass, que havia galgado cargos na Macy's e na Bloomingdale's antes de tornar-se CEO da Magnin e depois da Carter Hawley Hales' Emporium Weinstock, que tinha vendas anuais de quase 1 bilhão de dólares. Barbara trouxe consigo não só ricos conhecimentos e *insights* sobre varejo nacional, mas também uma nova perspectiva ao que foi por muito tempo um conselho somente masculino.

Para qualquer empreendedor, eu aconselharia: uma vez entendido o que você quer fazer, encontre alguém que fez antes. Não encontre só executivos talentosos, mas encontre também empreendedores mais experientes do que você e pessoas que possam guiá-lo. Eles sabem onde procurar as minas no campo. Se eles pensaram e agiram corajosamente em suas próprias carreiras, e demonstraram ser bem-sucedidos, poderão ajudá-lo a fazer o mesmo. Se compartilharem seus valores e aspirações, e se compartilharem seus conselhos livremente, poderão ajudá-lo em tempos difíceis e comemorar suas vitórias como se fossem a deles.

Esse é o tipo de mentor que eu nunca tive quando criança ou adolescente. Se o mentor não te encontrar, faça de tudo até encontrar um que o adote. E com o mentor certo, não tenha medo de expor suas vulnerabilidades. Admita que não sabe aquilo que não sabe. Quando você reconhece seus pontos fracos e pede conselho, surpreende-se com o auxílio prestado pelos outros.

NÃO SE SINTA AMEAÇADO POR PESSOAS MAIS INTELIGENTES QUE VOCÊ

O melhor executivo é aquele sensato o bastante para escolher homens e mulheres bons para fazer o que ele quer que seja feito, e suficientemente reservado para não interferir enquanto eles fazem o trabalho.
THEODORE ROOSEVELT

Muitos empreendedores cometem um engano comum. Eles assumem propriedade pela ideia, e têm paixão por segui-la. Mas não podem ter todas as habilidades capazes de fazer a ideia de fato acontecer. Relutantes em delegar, eles se cercam de ajudantes fiéis. Temem se unir a indivíduos verdadeiramente inteligentes, como gerentes de alto nível. Mas uma equipe executiva inteligente é vital para uma empresa prosperar. Pessoas fortes e criativas são muito mais estimulantes do que aqueles que aceitam tudo passivamente. O que você pode aprender com aqueles que sabem menos do que você? Eles podem até massagear seu ego durante algum tempo e cumprir ordens facilmente, mas eles não lhe ajudarão a crescer. Desde o início, eu sabia que teria de contratar executivos com mais experiência do que eu, pessoas que não tivessem medo de discutir comigo, que fossem fortes, confiantes e decididas, e torná-los parte da equipe gerencial e do processo de tomada de decisão.

Quando eu abri a Il Giornale, uma empresa, sem lojas no início, tive a sorte de trabalhar com Dave Olsen, que não só era apaixonado por café, mas também havia gerenciado um café de sucesso durante anos. Em novembro de 1987, eu trouxe Lawrence Maltz, um executivo experiente que havia administrado uma empresa de bebidas.

Para uma pequena empresa, aquela equipe era apropriada. Mas à medida que a Starbucks se expandiu a mais mercados, nós passamos a precisar de alguém que estivesse familiarizado com o processo de abertura e administração de muitas lojas de varejo de uma só vez. Em 1989, contratamos Howard

Behar para aquele trabalho, um homem com 25 anos de experiência no varejo no setor de móveis e na Thousand Trails, uma empresa de produtos para a área externa. Soube de Howard por Jeff Brotman e Jack Rodgers.

Em 1990, enquanto nós nos preparávamos para um financiamento mais sofisticado, começamos a procurar um diretor financeiro com vasta experiência. Contratamos um *headhunter* qualificado para a busca, mas ficamos frustrados, porque ele insistia em falar sobre qualificações profissionais, sem entender o que queríamos em relação a caráter e cultura. Encontramos Orin Smith por indicação de um de nossos sócios, que havia trabalhado para ele anteriormente. Com um MBA em Harvard, Orin havia administrado organizações maiores e mais complexas do que a Starbucks era na ocasião. Ele havia trabalhado como diretor de orçamento para o estado de Washington durante cinco anos e antes disso para a Deloitte and Touche durante treze anos, incluindo três anos como sócio encarregado das práticas de consultoria em Seattle.

Howard e Orin eram ambos mais velhos que eu, aproximadamente dez anos. Ambos aceitaram pagamento inferior para virem para a Starbucks, mas aceitaram porque entendiam a paixão e o potencial, e acreditavam que suas opções por compra de ações um dia seriam valiosas. Para muitos empreendedores, contratar executivos mais experientes pode ser algo ameaçador, e delegar poder a eles, mais ameaçador ainda. No meu caso, devo admitir, não era fácil. Minha identidade tinha se tornado rapidamente tão atrelada à da Starbucks que qualquer sugestão de mudança fazia-me sentir como se eu tivesse falhado em algum aspecto do meu trabalho. Em minha cabeça acontecia uma batalha constante, e eu tinha de continuar me recordando: essas pessoas trazem algo que eu não tenho. Elas levarão a Starbucks muito mais longe do que eu sozinho levaria.

Tanto Howard quanto Orin trouxeram não só habilidades e experiência, mas também atitudes e valores que eram diferentes das minhas. O que descobri, à medida que trabalhávamos juntos ano após ano, foi que a Starbucks era enriquecida e ampliada pela liderança deles. Se eu tivesse deixado meu ego ou meus medos impedirem que eles fizessem seus trabalhos, nós nunca poderíamos ter nos transformado em uma empresa sustentável com fortes valores, orientada às pessoas.

Na época, como agora, eu estava consciente de ter que mostrar às pessoas à minha volta que minha autoestima e minha confiança eram fortes o bastante para absorver a chegada de talentos novos, gerentes mais qualificados que eu para lidar com certos segmentos da empresa. Ao mesmo tempo, eu também tinha de me certificar de que lhes concedia claramente autoridade para fazer o que precisavam fazer, pois os departamentos estariam reportando a eles, não a mim. Tentei transmitir a mensagem a eles – e consequentemente a toda a empresa – da forma mais inequívoca possível: "Contratei você porque é mais inteligente do que eu. Agora vá e prove que isso é verdade".

Não posso fingir que nunca cometi um engano de contratação. Lamentei, posteriormente, algumas escolhas gerenciais; valorizando a lealdade como faço, também deixei alguns gerentes ficarem mais tempo do que deveriam. Algumas pessoas não conseguiam acompanhar o rápido ritmo de crescimento da empresa; embora tenham contribuído muito no início, elas não ficaram para enfrentar os desafios que a íngreme curva de aprendizagem trouxe com o crescimento. No geral, a Starbucks teve uma rotatividade notavelmente baixa nos cargos mais elevados, especialmente se considerarmos as tensões às quais estávamos sujeitos como resultado da rápida expansão.

Em 1990, eu havia montado uma equipe gerencial que trabalhou conjuntamente com tamanha firmeza e sinergia que as pessoas nos chamaram de "H2O" por causa dos nomes Howard, Howard e Orin. Nós defendíamos a visão, a alma, e a responsabilidade fiscal. Em muitos aspectos, Howard e Orin são polos opostos, mas cada um de nós fornecia um ingrediente essencial para o sucesso da Starbucks.

Não se sinta ameaçado pela sinceridade

Em agosto de 1989, Howard Behar atingiu a Starbucks como um tornado. Um homem de baixa estatura, de óculos redondos e uma barba meio grisalha e nitidamente bem aparada, Howard Behar chegou à Starbucks quando precisávamos muito dele. Tínhamos na época aproximadamente 28 lojas e planejávamos quase dobrar aquele número anualmente. Com sua especialidade no varejo, ele conseguiu pôr em funcionamento os sistemas e processos de que nós precisávamos para gerenciar nossa operação ao mesmo tempo que abríamos lojas novas.

Mas ele teve um impacto bem mais fundo na cultura corporativa. Nas reuniões, ele frequentemente elevava o tom de voz. Em um instante seus olhos cintilavam com entusiasmo, no instante seguinte, ele estava batendo na mesa com raiva. Às vezes saíam lágrimas de seus olhos. Ele pensa profundamente, não só sobre os negócios, mas sobre poesia, filosofia e meditação. Modesto e bem-humorado, ele se preocupa apaixonada e incessantemente. Usa suas vulnerabilidades com sutileza e nunca envergonha as pessoas com sua sinceridade. Você nunca tem que se perguntar o que está passando pela cabeça dele.

Por natureza, ele era muitas coisas que a Starbucks não era. Como muitos moradores de Seattle, as pessoas da Starbucks tendiam a ser reservadas e educadas, relacionando respeito a uma forte inclinação a não discordar abertamente. O lado negativo disso era que nós às vezes evitávamos falar sobre coisas importantes sem querer ofender um ao outro. Nós não podíamos falar diretamente com os funcionários que apresentavam baixo desempenho.

Howard Behar nos fez questionar essa atitude. Desde o primeiro dia, ele começou a discordar abertamente de mim, e de qualquer outro, em reuniões, no chão de fábrica da torrefação, nos corredores, onde quer que estivesse.

"Por que se deve ir para a página três do manual da Starbucks antes de encontrar a palavra 'pessoas'?", perguntou. "'Pessoas' não é o que deve vir primeiro, tanto em relação a clientes quanto a funcionários?"

"Por que nós não damos aos clientes tudo que eles pedem? Por que os gerentes de loja são tímidos para falar?"

Qualquer que fosse o assunto, se Howard tivesse uma opinião, ele expressava.

Sua abordagem de confronto era dura para mim, no princípio. Nós tínhamos começado com uma equipe muito pequena e unida e tínhamos trabalhado muito para construir confiança e fé. Enquanto eu gosto de paixão, entusiasmo e iniciativa, por natureza tento evitar o confronto.

Gradualmente, acabei aprendendo que quando Howard discordava de mim, não havia nenhuma falta de respeito nisso. Ele simplesmente discordava do ponto de vista que eu estava expressando sobre um assunto específico. Sua irritação, suas convicções e suas emoções são todas honestas e imediatas, mas, uma vez tendo-as expressado, ele estava aberto a escutar os pontos de vista dos demais.

Uma das primeiras, e a mais valiosa, críticas que Howard fez foi a opinião de que a Starbucks era excessivamente orientada ao produto. São as pessoas que fazem o café, insistia ele. As pessoas afetam diretamente a qualidade dos produtos e serviços que nossos clientes recebem. As pessoas determinarão o sucesso final da Starbucks. Os produtos estão inertes. É preciso contratar pessoas excelentes, argumentava, comemorar suas paixões e habilidades, e lhes dar liberdade de cumprir seu trabalho direito. "Nós não estamos alimentando as pessoas", ele gosta de dizer. "Estamos alimentando almas."

Aquela afirmação me tocou profundamente. Refletia meus próprios valores, mas eu nunca a havia articulado tão claramente.

Howard nos ensinou a ser mais orientados ao cliente. No decorrer da construção da empresa, nós tínhamos ficado tão focados na qualidade do café que às vezes negligenciávamos as preferências dos clientes. Para tratar esse problema, ele lançou um "programa instantâneo" que envolvia visitas não anunciadas a cada loja para monitorar o atendimento ao cliente. Ele treinou nossos funcionários para transgredir e adotar medidas heroicas, se isso fosse necessário para atender a solicitações dos clientes. Em uma era em que Nancy Reagan popularizava o "diga não" às drogas, ele encorajava nosso pessoal com "diga sim" aos pedidos dos clientes. Ele nos apressava a sermos mais acessíveis a uma ampla variedade de clientes. Até mesmo se alguém trouxesse grãos de café de outra loja, nós deveríamos estar dispostos a moê-los caso pedissem. Nós começamos a conceder um "Starbuck", ou vale-bebida, para cada cliente insatisfeito. Dávamos adesivos às crianças. "Contanto que seja moral, legal e ético", Howard gosta de dizer, "devemos fazer o que for preciso para agradar ao cliente."

As prioridades de Howard foram ao encontro da base tradicional da Starbucks, porque sempre foi nossa meta ensinar os clientes a apreciarem o café como nós gostávamos. Os dois grupos de valores colidiam frequente e sonoramente – às vezes até mesmo dentro da minha própria cabeça. Mas o que aprendemos, de qualquer forma, foi que é igualmente importante valorizar nosso café, nossos sócios e nossos clientes. Negligenciando qualquer um deles, nós teríamos um vínculo enfraquecido.

Howard também ensinou as pessoas da Starbucks a falarem sinceramente. Ele acreditava no princípio de que qualquer um deveria dizer qualquer coisa a qualquer hora, sem se preocupar com a reação dos outros. No dia em que ele se encontrou com todos os gerentes de nossas lojas, disse-lhes que sua principal expectativa era que eles fossem diretos com ele. "Se alguém tem algo a dizer, diga", declarou. "Em que vocês estão pensando? O que vai bem? O que não vai bem?" Ele deu uma olhada ao redor da sala, esperançoso, mas ninguém articulou uma palavra.

À medida que o grupo começou a dispersar, porém, uma das gerentes de loja dirigiu-se a ele com hesitação. "Se eu soubesse que você realmente queria ouvir", disse ela, "eu teria muito a dizer." Howard pediu que ela escrevesse uma lista de tudo de que não gostava na Starbucks, inclusive todas as suas sugestões de mudança. Alguns dias depois, a lista chegou, e ele começou a responder a cada item, um por um, imediatamente.

Para encorajar as pessoas a falarem abertamente, Howard teve a ideia de realizar Open Forums a cada trimestre. Nessas reuniões, os gerentes seniores se reúnem com todos os funcionários interessados para os atualizar com relação ao desempenho da empresa, responder perguntas e permitir que exponham suas queixas. Agora essas reuniões acontecem trimestralmente em cada região em que operamos. Às vezes, os comentários são dolorosos, mas assim que tomamos conhecimento das preocupações, podemos amenizá-las. Sempre que nós começamos a nos afastar do nosso eixo, nossos sócios são os primeiros a nos alertar. E a maioria deles se sente orgulhosa da empresa para a qual trabalham.

Às vezes, Howard criava conflito em um Open Forum, simplesmente para nos forçar a pensar como se estivéssemos do lado de fora. Certa vez, ele recomendou que, de maneira a exceder as expectativas, toda loja deveria abrir dez minutos antes e ficar aberta dez minutos depois do horário de fechar. Os gerentes de loja, como era de se prever, ficaram loucos, inundando-o com reclamações.

Para Howard, a questão não era se a proposta dele era boa ou ruim, mas que nossos sócios se sentissem suficientemente confortáveis em um Open Forum para desafiá-lo. Se as pessoas em uma empresa estão chateadas em relação a algum aspecto mas não estão falando abertamente a respeito, a abordagem mais produtiva para a direção é expor o assunto diretamente. Fazer com que falem abertamente, por mais desajeitado e incômodo que seja, é algo que acabará ajudando a dissipar a raiva e resolver o problema.

"As paredes falam" é uma das expressões favoritas de Howard Behar, e qualquer um que entre em seu escritório imediatamente vê por quê.

As paredes do escritório dele falam mais do que a maioria, porque estão cobertas com mais de vinte dizeres, poemas e citações que expressam sua filosofia de vida:

Não viva em vão.
Quando estiver em um buraco, pare de cavar!
Pense como uma pessoa de ação; aja como uma pessoa inteligente.
O meu minuto mais precioso é o que invisto nas pessoas.

Outra tradição que Howard estabeleceu foi a de enviar cartões de aniversário assinados à mão e cartões de aniversário de contratação a todo sócio da Starbucks. Ele assinava todos os cartões, mas, depois que a empresa cresceu tanto, as obrigações foram compartilhadas.

Alguns dispensaram aqueles pequenos toques como fictícios e insinceros, mas Howard é destemido. "Atitudes assim se somam e fazem a Starbucks sentir-se humana", diz ele. Até mesmo quando há 25 mil funcionários, os gerentes têm que reconhecer que cada um é um indivíduo. Howard também lançou vários programas de reconhecimento, encorajando os sócios a nomear seus colegas como *criadores de tendências* ou *gerentes de loja do trimestre.*

Depois de vários anos expandindo nossas operações no varejo e desenvolvimento, Howard fez algo de que muitos executivos falam mas que pouquíssimos fazem: contratou e treinou seu sucessor. Encontrou Deidra Wager da Taco Bell ao sul da Califórnia e treinou-a para desempenhar sua função. Deidra provou ser uma gerente qualificada que sabia quais informações e sistemas nós precisávamos e que poderia sistematizar nossas operações de varejo.

Se Dave Olsen personifica nossa atitude apaixonada pelo café, Howard Behar incorpora nossa atitude apaixonada para com os nossos sócios. Se eu tivesse me deixado ameaçar por ele, se eu o tivesse guiado ou expulsado, a Starbucks nunca teria desenvolvido os valores fortes que hoje possui.

Sinceridade pode doer. Pode ser intimidante. Mas, conforme aprendi com Howard Behar, é o tipo de ambiente de que a Starbucks precisa se quisermos continuar confiando no entusiasmo e compromisso de nosso pessoal.

Não se sinta ameaçado pelo processo

"É difícil agir de maneira empreendedora." Orin Smith tem que continuar me lembrando disso.

Sem romance e visão, uma empresa não tem alma, nem espírito para motivar seu pessoal a alcançar algo maior. Mas uma empresa de sucesso não pode se manter baseada apenas em ideias divertidas. Muitos visionários falharam como líderes porque não conseguiam agir. São necessários processos e sistemas, disciplina e eficiência para criar um alicerce antes de se implementar ideias criativas e obter visão empresarial.

Isso tem sido uma lição dura para um empreendedor com o meu temperamento engolir. Eu sempre temo que, conforme crescermos, a Starbucks fique burocrática demais, orientada demais aos processos e focalizada demais em funções específicas às custas da paixão e da necessidade de alcançar sonhos grandes. É uma tensão contínua dentro da empresa.

Para ter êxito, toda empresa precisa alcançar um equilíbrio entre as duas forças. E isso requer líderes que entendem a visão e o *know-how* para consolidar uma infraestrutura necessária para isso.

Construir processos não é uma das minhas habilidades. É algo que está além de meus interesses e capacidades. O que eu fiz para compensar, e o que todo empreendedor visionário precisa fazer, foi encontrar um executivo capaz de construir a infraestrutura de que a empresa precisa sem sacrificar a necessidade de inovação. Mas tem que ser alguém que também entenda o valor do pensamento não convencional. Na Starbucks, esse executivo é Orin Smith.

A abordagem de Orin não podia ser mais diferente da minha. Orin é quieto e reservado, quase sempre em sua concha, como uma tartaruga, trabalhando contínua e fielmente nos problemas até que sejam resolvidos. Ele sempre carrega uma caneta e um bloquinho no bolso, e quando usa os óculos de armação grande, parece tão sábio quanto na verdade é. Quando surge um dilema, eu tento fazer um julgamento instantâneo e quero agir imediatamente, enquanto Orin ouve calmamente, reúne todas as informações de que precisa, e pondera cuidadosamente até chegar a uma resposta lógica, bem pensada.

Quando Orin entrou, em 1990, a Starbucks não era uma empresa administrada de maneira profissional. Nós éramos totalmente empreendedores, com uma abordagem que Eric Flamholtz, um de nossos consultores, classifica como "Preparar, Apontar, Fogo". O próprio Orin não fazia alarde sobre o fato de ter tornado a Starbucks uma empresa administrada profissionalmente. Se tivesse agido assim, provavelmente teria assustado a mim e muitos outros da empresa. Em vez disso, ele conduzia pelo exemplo. Graças à sua serenidade e suas habilidades de liderança, a organização começou a gravitar naturalmente para uma abordagem mais equilibrada – à medida que ficávamos suficientemente grandes para precisar disso.

Muito sutilmente, ele criou um ambiente no qual, pela primeira vez, havia uma forte avaliação das disciplinas necessárias para dirigir uma empresa grande e lucrativa. Ele construiu uma organização recrutando profissionais experientes em áreas-chave que tinham de ser fortalecidas na empresa: sistemas de informação gerencial, finanças, contabilidade, planejamento, questões legais e operações da cadeia de fornecimento.

Embora com cautela, eu comecei a reconhecer que ao construir disciplina em uma empresa, é possível não só honrar o processo criativo, mas também fortalecê-lo e torná-lo mais dinâmico. Fortalecendo a base e a estrutura da empresa, nós podemos parar de desperdiçar tempo reagindo a problemas pequenos e, em vez disso, dedicar atenção e recursos a novos produtos e novas ideias. Com uma direção estratégica mais clara, podemos focalizar nossa criatividade em questões importantes para a Starbucks a longo prazo.

Quando a Starbucks passou a ser uma sociedade de capital aberto, Orin e eu fomos fazer o "espetáculo de estrada", uma apresentação na qual explicamos a história da Starbucks aos investidores potenciais. O que Wall Street viu em nós foi um jovem apaixonado e cheio de energia com 38 anos de idade, inspirado e visionário, mas talvez um pouco inexperiente, um pouco idealista demais. Mas sentado ao seu lado estava um executivo cinquentão, grisalho, estável, conservador, um executivo prudente, explicando todas as projeções e números com calma e em um tom comedido. Formávamos uma dupla e tanto: gosto por empreendimentos e controle administrativo que conjuntamente inspirou a confiança de que a Starbucks seria capaz de atingir suas metas mais elevadas e ao mesmo tempo permanecer responsável no aspecto fiscal.

Muitas empresas jovens não conseguem atingir a maturidade ou porque não apoiam o espírito criativo com estrutura e processos, ou vão longe demais e reprimem esse espírito com uma burocracia exagerada. Os exemplos de maior sucesso foram conduzidos por um visionário, como Walt Disney, e um executor, como Roy Disney. Esse tipo de liderança conjunta funciona ainda melhor quando os dois sócios têm um forte elo de confiança e fé como o que Orin e eu desenvolvemos.

Orin tomava conta da linha de fundo, enquanto eu focalizava no que o cliente via. Percebo agora, olhando para o passado, que a linha de fundo na verdade é o local onde se marcam os pontos. No futebol frequentemente se diz que "o ataque marca pontos e a defesa ganha jogos". Nos negócios, a linha de frente é o que o mundo vê: no nosso caso, o café, as lojas, o estilo, a marca. Mas a linha de fundo é onde ganhamos. A eficiência da linha de fundo foi o que realmente fez da Starbucks um sucesso financeiro. Essa foi uma contribuição decisiva de Orin à empresa. Ele me fez parecer bem melhor do que eu sou.

O VALOR DO DOGMATISMO E DA FLEXIBILIDADE

O único conceito sagrado em uma organização deveria ser sua filosofia básica de como fazer negócios.
THOMAS J. WATSON JR., "A business and its beliefs", conforme citação em "Feitas para durar", de JAMES C. COLLINS e JERRY I. PORRAS

Se você quer duzentos gramas de café com sabor de avelã, não vai encontrar na Starbucks para comprar. Mas se quiser xarope de avelã para acrescentar ao sabor do seu *caffè latte*, sem problemas.

Essa distinção pode parecer sem importância para algumas pessoas.

Por que ser tão purista recusando-se a vender grãos de café com sabor artificial quando nós acrescentaremos sabores às bebidas com expresso? Decidir quando fazer concessões para agradar a seus clientes é uma das perguntas mais enganadoras que qualquer empresa pode enfrentar. Na Starbucks, nós temos dois pontos que acreditamos que superficialmente podem parecer contraditórios:

Nós acreditamos que todo negócio deve representar algo. Em sua essência, deve ser um produto autêntico, que seja melhor do que a maioria dos clientes imagina que é.

Nós também acreditamos que deveríamos "simplesmente dizer sim" às solicitações dos clientes. Bons varejistas abrem mão de seus costumes para agradar seus clientes.

Em nossos primeiros anos na Starbucks, sempre nos víamos discutindo sobre até onde precisávamos ir para nos harmonizarmos com esses princípios. Em alguns aspectos, eu me recuso a mudar. Um desses aspectos foi o de franquias: nós não confiaríamos nossa qualidade a franqueados. Outro aspecto foi o de grãos de café com sabor artificial: nós não poluiríamos nossos grãos de café de qualidade elevada com produtos químicos. Outro era a venda em supermercados: não colocaríamos nossos grãos em caixas de plástico transparentes, onde poderiam ficar passados. E, finalmente, nós nunca, jamais, pararíamos de perseguir a xícara de café perfeita comprando os melhores grãos e torrando-os até o ponto exato.

Eram decisões importantíssimas, pelas quais os nossos valores e desejos de criar uma imagem de marca distinta às vezes nos traziam desvantagem competitiva. No final dos anos 80, o setor especializado em café havia começado a crescer rapidamente, e em sua grande maioria na forma de venda de grãos de café em supermercados. Marcas como Millstone e Sarks decolaram, e o volume delas ultrapassou muito o da Starbucks. Nós poderíamos ter facilmente dobrado ou triplicado o volume vendendo em supermercados. Mas era importante para nós que a Starbucks mantivesse uma clara distinção do café vendido em mercearias. Então, na época, optamos por não vender nossos grãos em supermercados.

Naquele mesmo período, aproximadamente 40% do aumento nas vendas de cafés especiais resultavam da nova moda de grãos de café com sabores como baunilha, *Irish cream* (creme irlandês) e *mocha*-hortelã. Víamos pouquíssima vantagem em comprarmos os melhores grãos do mundo para mascarar seu sabor original. No início, também nos recusamos a acrescentar sabor em forma de xarope aos *caffè lattes* pela mesma razão.

Adotamos uma terceira alternativa quando vários concorrentes começaram a usar o sistema de franquias para uma expansão em âmbito nacional, ameaçando deixar a Starbucks em segundo plano. Em 1991, um deles chegou a nos ultrapassar em número de lojas, mas não por muito tempo. Ainda assim, eu insistia em lojas da própria empresa, para que pudéssemos ter controle do nosso destino.

Embora eu tenha começado com uma lista longa dessas e outras coisas que a Starbucks "nunca" faria, pouco a pouco fui aprendendo a necessidade de fazer concessões. O que eu não farei, contudo, será abrir mão de nossos valores centrais.

Cada vez que surgiu uma decisão importante, discutimos por muito tempo e seriamente, e adotamos novas condutas somente quando estávamos certos de que não estávamos diluindo a integridade do significado de nossa empresa.

Quando não há nada de errado em dar aos clientes o que eles querem

Foi Howard Behar quem nos forçou a questionar algumas de nossas visões mais dogmáticas. Até ele chegar, a maioria de nós tinha uma atitude de reverência ao café. Mas ele veio de uma tradição diferente, de empresas nas quais, se você não fosse orientado ao cliente, sairia do mundo dos negócios.

Quando Howard entrou na Starbucks, em 1989, já estava familiarizado com a Starbucks enquanto consumidor, mas imediatamente começou a frequentar nossas lojas e conversar com os baristas e clientes. Ouvindo atentamente, ele reconheceu verdades que nós ignorávamos, e forçou-nos a examinar nossos valores à luz das preferências de nossos fregueses.

Um dos pedidos que ele ouviu em alto e bom tom: muitos clientes queriam que nós oferecêssemos leite desnatado.

Howard estava na Starbucks havia menos de um mês quando se dirigiu a mim certo dia e perguntou: "Você tem lido os bilhetes de sugestões dos clientes?".

"Claro", respondi, "eu os leio. Leio todos eles!"

"Bem", respondeu ele, "e por que você não está respondendo?"

"Respondendo a quê?"

"Veja a quantidade de pessoas que quer leite desnatado."

"Bem", expliquei, "várias vezes, neste ano, eu testei *lattes* e *cappuccinos* feitos com leite desnatado e simplesmente não ficaram saborosos".

"Para quem?" Howard evidentemente estava ficando impaciente com minhas respostas.

"Para mim, para Dave."

"Bem, leia as sugestões dos clientes. Nossos clientes querem leite desnatado! Deveríamos dar-lhes isso."

Eu respondi – e Howard nunca me deixou esquecer: "Nós nunca vamos oferecer leite desnatado. Não é a nossa essência".

Naquele momento da história da Starbucks, o simples fato de mencionar leite desnatado era o mesmo que traição. Nossa meta, na época e também sempre, era trazer a autêntica experiência dos cafés italianos para os Estados Unidos. Mas, na verdade, os *lattes* e *cappuccinos* – expresso com leite vaporizado e espuma – haviam rapidamente se tornado nossas bebidas mais populares. Alguns puristas do café ridicularizaram-nos dizendo que ao oferecermos bebidas lácteas quentes nós estávamos atendendo pessoas que não são os verdadeiros amantes de café. Mas essas bebidas nos permitiram apresentar um excelente café às pessoas que normalmente nem tomavam café.

Em 1989 vários de nossos concorrentes menores, especialmente em Seattle, estavam oferecendo *lattes* com leite desnatado ou com baixa porcentagem de gordura. Cada vez mais por razões de saúde e controle de peso, mais e mais americanos estavam evitando leite integral. Mas nós ainda considerávamos o sabor do leite desnatado fraco e pobre, o que alterava o sabor do café da Starbucks.

Ainda assim, Howard se achava em uma cruzada, e começou a procurar maneiras de darmos aos nossos clientes o que eles pediam – por mais impopular que a ideia fosse para os puristas. Um dia, um de nossos defensores de café mais dogmáticos confrontou-se com Howard no estreito corredor do escritório. Cara a cara com ele, disse: "Isso não tem a ver com manter a qualidade de nosso café. Tem a ver com deturpá-la. É chegar ao ponto de fazermos qualquer coisa que os clientes queiram que façamos".

"Você está louco?", Howard Behar se lembra de ter respondido. "*É claro* que nós faremos o que eles querem que a gente faça!"

Acredite se quiser, o assunto sobre o leite desnatado nos levou a um dos mais intensos debates na história da Starbucks. Eu fui contra. Dave Olsen também. Os gerentes de loja estavam escandalizados. Que tipo de pessoa é este Howard Behar, queriam saber, e ele realmente quer que passemos a oferecer leite desnatado?

Alguns dos gerentes dirigiam-se a Howard e argumentavam: "Nós nunca conseguiríamos operacionalizar isso. É impossível trabalhar com mais de um tipo de leite. Se oferecermos dois tipos de leite, o negócio será arruinado".

Mas Howard estava inflexível, e insistiu que nós pelo menos testássemos a ideia.

Pode ter parecido controverso, mas atingiu o âmago de nosso compromisso fundamental com a qualidade. Se pensássemos em nossa convicção de que "tudo importa", como poderíamos servir bebidas com expresso que não tinham um sabor agradável em nossa opinião?

Certa manhã eu acordei cedo e ainda lutava contra a ideia depois de uma noite de impaciência. Vesti-me e fui a uma de nossas lojas Starbucks em um bairro residencial de Seattle. Paguei um expresso duplo e sentei-me em uma das mesas. Embora fosse cedo, já havia uma fila comprida. Eu estava lendo o jornal mas também de antenas ligadas para ouvir o que as pessoas pediam. A atmosfera era agradável, com uma interação uniforme e contínua entre os dois baristas, um anotando os pedidos e o outro preparando as bebidas. Notei uma cliente, uma mulher com vinte e poucos anos, usando suéter e tênis, balançando a cabeça ao ritmo da música que tocava em seu *walkman*. Parecia que ela havia acabado seus exercícios matutinos. Quando ela chegou ao balcão, ouvi-a dizer as palavras que eu esperava.

"Quero um *latte* duplo, com leite desnatado."

"Sinto muito, não temos leite desnatado", respondeu o barista educadamente, mas com firmeza. "Só temos leite integral."

Ouvi seu suspiro de frustração e depois a pergunta: "Por que não? Eu sempre tomo na loja do fim da rua".

O barista ia se justificar, mas ela saiu da loja, aparentemente em direção ao concorrente.

Um cliente perdido é o argumento mais poderoso que se pode oferecer a um varejista.

Fui para o escritório naquela manhã e disse a Howard Behar para prosseguir com seu teste, e certificar-se de incluir aquela loja.

Nós tínhamos apenas cerca de trinta lojas na época, e Howard convenceu meia dúzia de gerentes a voluntariamente oferecerem leite desnatado. Apesar de toda a preocupação anterior, eles conseguiram cuidar dos aspectos operacionais bem depressa. Até encontraram um modo de oferecer leite com baixo teor de gordura misturando leite integral e desnatado. Vendo como os clientes ficaram contentes com as opções, aqueles primeiros gerentes passaram a defender a ideia e venceram os demais. No prazo de seis meses, todas as nossas lojas ofereciam as várias opções. Hoje, quase metade dos *lattes* e *cappuccinos* que nós vendemos é feito com leite desnatado.

Pensando bem, aquela decisão parece ter sido fácil. Mas na ocasião, nós não tínhamos certeza do impacto que causaria em nossa marca e em nossa identidade. Quando um *caffè latte* é feito com leite desnatado, ainda é uma bebida autenticamente italiana? A maioria dos italianos não reconheceria.

Mas um italiano ainda pode vir a uma loja da Starbucks e pedir um *autêntico cappuccino*, da mesma maneira que outro cliente pode pedir um *mocha*-baunilha desnatado.

Como lidamos com nossas consciências? Tivemos de reconhecer que o cliente estava com a razão. Era nossa responsabilidade dar escolhas às pessoas.

Howard Behar deu o alerta certo. A forma como nós solucionamos a questão do leite desnatado também é um grande exemplo da autonomia da tomada de decisão que encorajamos na Starbucks. Embora estivesse com a empresa havia só alguns meses, sua experiência e percepção do varejo lhe deram credibilidade e autoridade para nos convencer a fazer a coisa certa.

Nos anos seguintes, nós nos distanciamos mais e mais de nosso estilo dogmático inicial. Além do acréscimo do leite desnatado, os clientes podem escolher xarope sabor baunilha ou framboesa misturados à bebida com expresso se quiserem. Nós usamos nosso café para dar sabor a sorvete, cerveja e bebidas misturadas com gelo. Mas demorávamos muitas horas antes de adotar cada um desses passos. E quando avançávamos, adotávamos uma abordagem tática, com clareza em relação ao que esperávamos realizar.

Isso significa que nos contradissemos? Mas "nunca" sempre significa "nunca"?

Vejo da seguinte maneira:

Nossos clientes têm o direito de desfrutar uma xícara de café conforme preferirem. Leite e açúcar são artigos sempre disponíveis em nossos balcões, e os baristas podem acrescentar sabores caso os clientes peçam.

O que nós não fazemos, entretanto, é mexer com a essência de uma forma que viole sua integridade. E a essência é o café bem torrado, fresco e com sabor integral. É a nossa natureza, parte da nossa alma, nosso legado. Nossos clientes têm que contar que a Starbucks ofereça isso. Seja lá o que façamos, não compraremos cafés mais baratos. Não deixaremos de torrar bem os grãos. Não poluiremos nossos grãos com sabores artificiais e substâncias químicas.

Nós queremos que o pessoal da Starbucks transgrida para agradar os clientes, mas nós não permitiremos que passem grãos de sabor artificial pelos nossos trituradores. Uma parte dos produtos químicos usados para tratá-los impregnariam e, mais tarde, poderiam alterar o sabor dos grãos moídos naquela máquina. Grãos com sabores artificiais também têm um aroma químico que poluiria o ar de nossas lojas e seria absorvido por outros grãos de café.

Dave Olsen e seus colegas do departamento de café representam os puristas na Starbucks, nossa consciência coletiva. Dave formulou uma excelente analogia:

Pense no café como um CD *de música. Você pode ouvi-lo em uma sala especial projetada especialmente para isso no porão de sua casa, onde não haja qualquer distração, onde você possa colocar os fones e realmente ouvir a seção de cordas ou os oboés, ou tentar ouvir cada dedilhar de Eric Clapton no violão. Ou pode colocar no carro, baixar todos os vidros e cantar gritando. A música é a mesma; a aplicação é diferente.*

Contanto que seja mantido o respeito por nosso produto central, contanto que nossos clientes possam entrar em qualquer loja da Starbucks e possam comprar o melhor café do mundo, contanto que nós possamos garantir a mesma busca pela qualidade aos nossos novos produtos, podemos nos sentir bem em oferecer aos clientes diferentes maneiras de desfrutar de nosso café. Opções assim ajudam a introduzir uma gama muito mais ampla de pessoas ao café da Starbucks. E essa, afinal, é nossa missão.

Quando não há nada de errado em ser fanático em relação ao controle

Imagine se uma empresa como a Nike não só projetasse e comercializasse calçados mas também possuísse somente fábricas próprias e todas as lojas de varejo que vendem seus calçados.

Ou tente imaginar uma editora nacional de livros que empregasse seus próprios autores, fabricasse seu próprio papel, operasse suas próprias gráficas e só vendesse seus próprios livros.

E se você tivesse que entrar em uma loja da Pepsi cada vez que quisesse uma lata de Pepsi? Ou em uma loja da Kellogg's sempre que quisesse Corn Flakes? A Starbucks tem uma abordagem incomum aos negócios, que talvez seja única dentre as empresas de produtos de consumo de marca. Nós somos tão fanáticos pelo controle da qualidade que mantemos o café em nossas mãos em cada etapa, desde os grãos crus até o vapor que sai da xícara.

Compramos e torramos nosso próprio café e o vendemos em lojas da empresa. Isso é integração vertical ao extremo.

Por quê? A resposta pode ser encontrada na última xícara de café desprezível que você tomou. Diferente de calçados, livros ou refrigerantes, o café pode ser arruinado em qualquer fase de sua produção e consumo. Para começar, os próprios grãos podem ser de baixa qualidade. Podem ser torrados da forma errada. Se os grãos não estiverem frescos, se forem triturados do modo errado, se forem preparados com uma quantidade maior ou menor de água. E pior, o pecado mais comum cometido no preparo do café é deixar a jarra sendo aquecida por muito tempo, o que resulta em um sabor fortemente alterado, como se estivesse queimado.

Café é um produto tão perecível que construir uma empresa com base nele oferece grande risco. Assim que entregamos nosso café a alguém, estamos extremamente vulneráveis ao fato de sua qualidade poder ter sido comprometida.

Muitas pessoas supõem que a Starbucks opera em sistema de franquias porque estamos crescendo muito depressa e estamos presentes em diversos mercados. Nós recebemos centenas de chamadas ao mês de pessoas que querem abrir uma franquia da Starbucks. "E no Alasca?" já perguntaram. E quanto a Sun Valley, ou Jackson Hole, ou outros mercados menores que a empresa não atende? Recusamos todos. Nossa abordagem é confiar em lojas da própria empresa.

No início, Jack Rodgers, nosso vice-presidente sênior para desenvolvimento de novos empreendimentos, era defensor fervoroso do sistema de franquias. Jack foi um dos primeiros franqueados da McDonald's começou em St. Charles, em Illinois, em 1959, e conhecia Ray Kroc, que era amigo íntimo da família. Com o passar do tempo, ele se tornou um multifranqueado, tendo vários McDonald's, Red Robin, Benihana e restaurantes Casa Lupita, bem como lojas da Athlete's Foot.

O sistema de franquias é o caminho lógico para a expansão nacional, defendia Jack. É uma maneira rápida e confiável de conseguir capital. E permite que você se adiante em relação à concorrência e entre em novos mercados com rapidez, fique à frente da multidão. E os proprietários de franquias estão comprometidos com o sucesso financeiro de suas lojas.

Mas eu me recusei a adotar o sistema de franquias. Nos anos 80, nós não precisávamos de uma fonte extra de capital, pois os investidores estavam dispostos a financiar todo o crescimento da Starbucks. No início, também, nós tínhamos pouca concorrência, e os concorrentes que cresceram através do sistema de franquias desenvolveram uma marca forte. Oferecendo opção para compra de ações, nós conseguimos gerar internamente até mais entusiasmo e senso de propriedade do que os proprietários de franquias conseguem em suas empresas.

Na verdade, "franquia" é uma palavra quase proibida na Starbucks. Para mim, franquedos são revendedores, intermediários entre os clientes e nós. Nós preferimos treinar todo o nosso pessoal e operar todas as nossas próprias lojas, de forma que cada xícara de café que você compre na Starbucks seja realmente a nossa essência.

Se nós tivéssemos adotado o sistema de franquias, a Starbucks teria perdido a cultura comum que nos fortaleceu. Nós ensinamos os baristas não só a manusear corretamente, mas também a oferecer aos clientes nossa paixão pelos nossos produtos. Eles entendem a visão e o sistema de valores da empresa, o que raramente acontece quando um funcionário de outra empresa está servindo café da Starbucks.

No princípio, nós estávamos firmes em nossa posição: nossos clientes só poderiam comprar café da Starbucks em uma loja da Starbucks. Eu era tão contra a venda no atacado quanto era contra o sistema de franquias, e não deixaria nosso café ser vendido em qualquer outro tipo de loja.

Mas, gradualmente, começamos a abandonar esse controle. As oportunidades de atrair novos clientes eram convidativas demais para passarem em branco e a janela não ficaria aberta por um tempo indefinido. Cada novo empreendimento, entretanto, é parte de uma luta contínua. Nós continuamos a nos perguntar: em que ponto nós abrimos mão de tanto que chegamos a perder nossa alma?

A primeira grande concessão foi aos aeroportos. Sabíamos que seria um local excelente para nós. Em aeroportos como O'Hare em Chicago, os turistas de todo o mundo podiam encontrar, pela primeira vez, o café da Starbucks. Esses locais nos davam a chance de obter consciência entre novos clientes.

Mas, pelo fato de as lojas em aeroportos em todos os lugares serem administradas por franqueados, em 1991, nós decidimos fazer uma exceção: nós assinamos um acordo autorizando Host Marriott a utilizar pontos em aeroportos. Começamos em Seattle e gradualmente expandimos para aeroportos pelos Estados Unidos.

Como aconteceu, passamos por algumas dificuldades nos relacionamentos. A Starbucks não tinha experiência em administrar contratos de licenciamento, e a Host Marriott provavelmente nunca negociara com uma empresa tão prática quanto a Starbucks. Nós tivemos de aprender a manter nossos padrões por influência em vez de controle direto. Nós não sabíamos quase nada sobre aeroportos, que são ambientes difíceis para se operar. Os clientes frequentemente estão estressados, com pressa e desconfiados de que terão de pagar mais caro. Não estão dispostos ou nem mesmo podem perder tempo sendo ensinados sobre diferentes tipos de cafés ou bebidas com café expresso.

Eu viajo muito e, no período inicial de nossa parceria com a Host, ocasionalmente ficava insatisfeito com o que via nas lojas dos aeroportos. As filas longas demais, os funcionários sem conhecimento sobre nosso café, e às vezes eram lentos demais e até indelicados.

A Host Marriott respondeu positivamente às nossas preocupações, e o pessoal da Starbucks trabalhou com eles propondo soluções. Nós aperfeiçoamos o treinamento dos funcionários da Host Marriott, concedendo-lhes as 24 horas que oferecíamos aos novos contratados da Starbucks. O Host colocou caixas registradoras nas lojas de maior atividade, reforçou o atendimento durante horas de maior movimento, e aumentou seu apoio gerencial para o empreendimento. À medida que os funcionários da Host Marriott se familiarizaram com o café e ficaram mais confortáveis nas lojas da Starbucks, eles conseguiram oferecer melhor serviço. Hoje, ambos os lados estão satisfeitos com o êxito da sociedade.

À medida que a relação com a Host Marriott melhorou, o mesmo ocorreu com minha opinião em relação ao licenciamento. É como um casamento: para que funcione é uma questão de quem você escolhe como sócio, quanto investe de antemão e como as coisas vão durante a fase de namoro. Se você entra com pouco preparo, arrisca-se a fracassar.

Hoje, menos de 10% das lojas da Starbucks são licenciadas – somente 75 de nossas primeiras mil. Mas o número de pontos em aeroportos está crescendo rapidamente; só em O'Hare nós temos doze lojas. E estamos considerando outros acordos de licença em pontos nos quais podemos operar lojas de propriedade da empresa. Recentemente concedemos autorização à Aramark para abrir lojas da Starbucks em alguns *campi* de faculdade.

Mantermo-nos leais aos nossos ideais enquanto ampliamos a marca é algo que exige grande disciplina e um delicado senso de equilíbrio. Queremos que todos experimentem o nosso café, entretanto, deixar que outra pessoa o sirva significa abrir mão do controle. Com o passar dos anos, fizemos isso com muito cuidado, recusando centenas de empresas que não agregariam valor. Nós recusamos mais propostas empresariais do que aceitamos e saímos de acordos que nos teriam rendido milhões de dólares.

Se não fôssemos tão obcecados assim por controlar, nossa empresa seria muito mais fácil de administrar. Mas o café não seria tão bom.

Quando você está construindo uma empresa, nunca sabe quais as implicações a longo prazo das decisões que toma. Nos primeiros anos depois de 1987, nós raramente pensamos em termos de construirmos uma marca; no entanto, tudo o que fizemos para proteger a qualidade do café e a atmosfera de nossas lojas foi fortalecer e ampliar a reputação que a Starbucks havia criado em Seattle. Os executivos que contratamos, as fábricas que construímos, as decisões que tomamos sobre como conseguir dinheiro, tudo isso formou um alicerce que possibilitou um desenvolvimento nacional uniforme e rápido da visão que eu tive em Milão. Eu estava aprendendo na prática, criando o tipo de ambiente que me atraía. Eu só percebia parcialmente que eu também estava criando um tipo de diferente de empresa, que trabalha porque seu pessoal se preocupa profundamente com o que as pessoas estão fazendo.

Hoje, quando olho para trás, para os anos anteriores a nos tornarmos uma empresa de capital aberto, de 1987 a 1992, chamo-os de "anos de consolidação da marca". Assim como os pais lutam para educar um filho, Dave e eu, Howard Behar e Orin Smith trouxemos nossos valores para o ambiente de trabalho e tentamos descobrir como aplicá-los conforme a empresa progredia e mudava. O que eu tentei fazer foi honrar os indivíduos à minha volta, deixá-los fazer o que quisessem e cometer erros sem lhes dizer que estavam errados. Nós lutamos durante aquela parte inicial da jornada, assim como fazemos hoje, e cometemos enganos. Mas nós também montamos uma equipe e uma missão e construímos a confiança que podíamos. Na verdade, reinventamos a experiência do café nos Estados Unidos e construímos uma marca mundial.

3

RENOVANDO O ESPÍRITO EMPREENDEDOR

os anos como empresa de capital aberto, 1992-1997

WALL STREET MEDE O PREÇO DE UMA EMPRESA, NÃO O SEU VALOR

Só existem duas diretrizes. Quais são os principais interesses a longo prazo da empresa e das pessoas que com ela se relacionam das mais diversas formas, e a preocupação de fazer o que é certo.
ROBERT D. HAAS, presidente emérito da Levi Strauss & Co., conforme citado no "The corporate conscience"

Mais do que a maioria dos gerentes, confio muito em minha percepção instintiva em relação às pessoas. Contratando um executivo importante, escolhendo um banco de investimentos ou avaliando um parceiro em uma *joint venture*, procuro as mesmas qualidades que a maioria das pessoas procura ao escolher um marido ou uma esposa: integridade e paixão. Para mim, isso é tão importante quanto experiência e habilidade. Quero trabalhar com pessoas que não deixem seus valores em casa, mas que os tragam para o trabalho, pessoas cujos princípios correspondam aos meus. Se vejo uma falta de coerência ou um vazio no lugar onde os valores deveriam estar, prefiro continuar procurando.

O valor dos valores

Quando a Starbucks finalmente decidiu passar a ser uma sociedade de capital aberto, podíamos ter contratado qualquer banco de investimentos do país. Muitos dos maiores bancos de investimentos dos Estados Unidos, assim como uma série de bancos menores, regionais, consultaram-nos em nosso escritório e na torrefação na Airport Way South em Seattle.

Na época, em 1991, ainda éramos uma empresa regional de porte relativamente modesto. Encerramos o ano fiscal de 1991 com pouco mais de cem lojas, todas elas no noroeste e em Chicago, com 57 milhões de dólares em vendas. Mas os principais bancos de investimentos procuravam exatamente pelo perfil promissor e de alto crescimento que tínhamos. Eles admiravam nossas projeções financeiras e nossos planos agressivos de expansão nacional. Quando examinaram nossos números, ficaram impressionados com nosso *desempenho* – vendas por loja, custo médio, retorno sobre investimento.

Era muito lisonjeiro ser objeto de tanta atenção, e eu encontrei-me com mais de vinte pretendentes em seis meses ou algo assim. Para meu espanto, descobri que a maioria dos bancos de investimentos com os quais eu conversava via a Starbucks simplesmente como uma entre as muitas opções em uma longa lista de IPOs (Initial Public Offering), empresas que planejam sua primeira participação no mercado de ações, ou oferta pública inicial. Comecei a sentir que eles estavam avaliando as probabilidades: investigando para certificarem-se de que não havia erros óbvios de julgamento e, depois, apoiando um certo número de candidatos, totalmente cientes de que alguns fracassariam e outros teriam sucesso.

Quase todos eles pareciam indiferentes quando eu começava a falar sobre a Declaração de Missão da empresa. Se estivessem fazendo anotações, suas canetas ficavam imóveis quando eu colocava em questão valores. Agiam como se eu estivesse entrando em uma retórica que não tinha nada a ver com o desempenho financeiro da Starbucks. Aprendi com a experiência que é fácil falar sobre valores, que o difícil é implementá-los, e mais difícil ainda para alguém de fora determinar quais valores são verdadeiramente sinceros e quais são apenas "fachada". Wall Street não pode atribuir valor a valores.

Eu comecei a ficar desencorajado. Sabia que a Starbucks podia fazer uma oferta pública inicial com sucesso, mas queria trabalhar com bancos de investimentos que compreendessem, com profissionais que entendessem que a Starbucks é mais do que outro varejista/restaurante, mais do que uma rede de cafés, mais do que apenas a última transação efetuada. Essas pessoas eram de um mundo diferente, onde tudo era pesado pelo seu valor financeiro; se não pudesse mensurar, não aparecia na equação. Eles queriam saber o que podíamos oferecer aos acionistas, não como tratávamos nossos funcionários.

Um dia, em agosto de 1991, tivemos uma reunião com outro banco de investimentos. Dan Levitan era da Wertheim Schroder, uma companhia com mais experiência em trabalhar com empresas de grande porte e bem estabelecidas no mercado do que com empresas pequenas como a nossa. Ele havia viajado de Los Angeles para Seattle e se unido a um colega de Nova York. Eles foram aproximadamente o décimo banco de investimentos a nos contatar. Nenhum deles havia estado uma única vez em um loja da Starbucks antes. Então pararam em uma delas naquela manhã antes de virem até o escritório.

Na ocasião, meu escritório tinha uma enorme janela de vidro, que ocupava uma parede inteira, pela qual eu podia ver a fábrica e os torradores. Eu lhes mostrei nossas três grandes máquinas de torrefação Probat, com uma capacidade combinada de 3 milhões de quilos por ano por turno. Enquanto tomávamos nossos lugares em volta de uma pequena mesa de reunião, mais uma vez eu tentei lhes explicar. Disse a eles que a Starbucks estava crescendo rapidamente e se tornando lucrativa. Ao todo, o mercado de gastronomia relativa ao café nos Estados Unidos havia crescido 18% ao ano, subindo de 270 milhões de dólares em 1984 para 750 milhões de dólares em 1991, e esperava-se que atingisse um bilhão em 1994.

Disse-lhes, porém, que a Starbucks estava tentando realizar algo mais ambicioso do que apenas uma empresa lucrativa. Tínhamos uma missão: ensinar sobre a excelência em café aos clientes em todos os lugares. Tínhamos uma visão: criar uma atmosfera em nossas lojas que atraísse as pessoas e lhes trouxesse um senso de admiração e romance para suas vidas apressadas. Nós tínhamos um sonho idealista, de que nossa empresa poderia ser muito mais do que o paradigma definido pelas empresas americanas no passado. Eu lhes contei a respeito do Bean Stock, nosso programa revolucionário de conceder opção de compra de ações a todos os funcionários. Nossa prioridade número um era cuidar de nosso pessoal, porque eles eram os responsáveis por transmitir nossa paixão aos clientes. Se fizéssemos isso bem, atingiríamos nossa segunda prioridade, cuidando de nossos clientes. E, somente se atingíssemos essas metas, conseguiríamos oferecer valor a longo prazo aos nossos acionistas.

Esperei seus olhos ficarem vidrados como o que acontece com aqueles que estão fora da sintonia da conversa.

Mas, daquela vez, não foi o que aconteceu. Aqueles caras pareciam entender – pelo menos mais do que muitos outros – e imediatamente começaram a fazer perguntas interessantes.

Encerrada a reunião, acompanhei-os até a saída. Enquanto caminhávamos por um longo corredor até as escadas da entrada, disse algo a Dan Levitan que o surpreendeu.

"Você sabe qual é o problema no seu setor?", perguntei.

Dan se posicionou como se estivesse diante de uma importante acusação à indústria de bancos de investimentos. "Não, qual é?", indagou.

"Não existem *mensches* suficientes."

Supunha que Dan soubesse o significado da palavra *mensches*, que em iídiche descreve alguém basicamente decente, honesto e íntegro.

Dan ergueu a cabeça e me olhou nos olhos. Percebi que ele me entendeu instantaneamente. Eu havia acertado em cheio: Dan era um *mensch*.

Mais tarde ele me disse que embarcou naquele dia, completamente hiperativo, e usou o telefone do avião para contatar seus colegas em Nova York e contar-lhes que havia acabado de conhecer uma empresa surpreendente.

Julgou que seria difícil vender. A Starbucks não tinha nenhuma loja em Nova York naquela época, e a maioria dos nova-iorquinos pensavam nos cafés como locais amenos e puramente funcionais, não como empresas em rápido crescimento. Em uma era em que a biotecnologia e a fibra ótica eram os investimentos mais cotados, café não impressionou os colegas de Dan como um investimento rentável. Mesmo depois de entender e admirar a empresa, imaginavam que a Starbucks não conseguiria manter um crescimento tão rápido, que sairia de controle, que se autodestruiria, ou então que rapidamente saturaria o mercado. Ironicamente, Dan enfrentou pela primeira vez a mesma situação que eu vivenciei em Seattle, aprendendo sobre a dificuldade de transmitir paixão e valores a indivíduos céticos e escaldados. Ficou muito magoado com muitos de seus colegas antes de conseguir convencê-los de que valia a pena correr o risco com a Starbucks.

Dan manteve contato comigo por telefone e, na vez seguinte em que fui para Los Angeles, jantamos juntos.

No início de abril de 1992, tivemos o "Concurso de Beleza" – algo como um desfile de sete bancos de investimentos, os finalistas que convidamos para apresentar formalmente argumentos para cuidar de nossa oferta pública inicial. Entre os concorrentes estavam alguns dos maiores nomes do setor, e o processo durou dois dias intensivos. Fomos rigorosos e exigentes, pedindo a cada grupo que preenchesse e encaminhasse um questionário de cinco páginas antes de sua sessão de duas horas. Queríamos ver quem se preocupava o suficiente para dedicar maior atenção e cuidado à apresentação.

Laura Moix, que galgou um cargo em *marketing* após ser minha assistente de confiança, levou-os para conhecer a torrefação e depois nos contou quanto interesse cada um deles demonstrou. Profissional e pessoalmente, acreditando de verdade na empresa e em seu sonho, Laura foi a pessoa perfeita para sentir o pulso daqueles agentes de investimentos.

Uma de nossas principais metas era descobrir quem era realmente apaixonado tanto pelo nosso produto quanto por nossa empresa. Alguns deles claramente achavam que nós, da minúscula Starbucks, tínhamos sorte por uma empresa de investimentos tão grande e bem-sucedida estar se dando ao trabalho de fazer uma apresentação para nossa empresa. Um dos convidados chegou em uma gigantesca limusine, mas nunca se importou em visitar nossas lojas.

Dan Levitan se dedicou de coração à apresentação, e o esforço foi reconhecido. Ele veio acompanhado do presidente, Jim Harmon, e eles ficaram mais tempo do que todos na torrefação, revelando um sincero interesse pelo café. Laura nos informou que eles entendiam a nossa paixão. Com isso, ganharam um ponto a mais.

Depois que os agentes de investimentos se foram, Orin Smith e eu discutimos por um bom tempo com os membros do conselho Craig Foley e Jamie Shennan, que orientaram nosso processo de oferta pública inicial desde o começo. Nosso plano era escolher dois entre os sete. Já havíamos feito acordos com vários bancos de investimentos, inclusive com alguns de alta reputação. Tornando-se difícil ser desleal com eles. Mas eu tinha a forte sensação de que havia uma harmonia entre Dan, sua empresa e os outros.

Escolhemos duas empresas: a Alex. Brown & Sons, que tinha muitos anos de experiência em transformar empresas como a nossa em sociedade de capital aberto, e a empresa de Dan, a Wertheim Schroder & Co. (agora Schroder Wertheim).

Naquele domingo, Dan me telefonou de Minnesota, de onde assistia ao Duke, time para o qual torcia, jogar na final do campeonato de basquete Final Four. Eu ainda não podia lhe dizer nada sobre nossa decisão, porque ainda não havia informado os candidatos que não tinham sido aprovados. Tentei acalmá-lo pedindo que fosse paciente.

Finalmente, telefonei-lhe na segunda de manhã. “Parabéns. Você conseguiu.” Ele ficou radiante.

Nossa opção pela Alex. Brown como principal subscritora não seria surpresa, uma vez que ela se especializara em trabalhar com pequenas empresas como a nossa. A Alex. Brown tinha três pessoas magníficas, que, assim como Dan, entendiam nossa missão e viam nossa oferta pública inicial como muito mais do que apenas mais uma transação: Mayo Shattuck, o presidente, Peter Breck e David DiPietro, na área de mercados de capital. Mas algumas pessoas não esperavam que nós escolhêssemos a Wertheim Schroder pelo fato de ela não estar na lista A de empresas voltadas ao nosso tipo de negócio. O tempo demonstrou que fizemos a escolha certa, e nós ainda trabalhamos com as duas empresas. À medida que o tempo passou, desenvolvi estreita relação profissional com todas elas, assim como com Robert Fisher, outro diretor executivo da Schroder Wertheim.

Conforme minha experiência, as relações e a lealdade tornaram-se artigos de baixo valor em muitas empresas americanas. Muitos de nós perdemos de vista a importância vital de se lidar com pessoas nas quais confiávamos. As relações distantes ou com adversários não são inevitáveis – tampouco são a melhor maneira de fazer negócios. É possível ganhar muito reunindo parceiros e colegas que estejam comprometidos com as mesmas metas.

Qualquer um dos sete bancos de investimentos finalistas poderia ter feito o trabalho de que precisávamos. Eram todos de primeira linha. A meu ver, o que diferenciou os vencedores foi a obviedade de seu compromisso e paixão. Ambos traziam algo extra intangível que eu sabia que nos impulsionaria.

Não fique tonto na roda gigante emocional de Wall Street

Se eu tivesse que escolher o dia mais feliz da minha carreira, escolheria 26 de junho de 1992. Foi nessa data que nossa empresa passou a ser uma sociedade de capital aberto, quando as ações da Starbucks foram listadas no NASDAQ (Sistema Automatizado de Cotações da Associação Nacional de Corretoras de Valores).

Pretendíamos cotar a um valor entre catorze e dezesseis dólares por ação, um número considerado elevado, mais de sessenta vezes os rendimentos do ano anterior. Alguns estavam preocupados com a ideia de mantermos um preço tão elevado, uma vez que o mercado para ofertas públicas iniciais, aquecido em março, de repente ficaria mais ameno, e a maioria dos novos lances começaria a ser vendida por preços abaixo da projeção. Nossos assessores recomendaram que optássemos pelo menor valor da faixa pretendida. Os jornais alertavam os pequenos investidores para que ficassem atentos ao comprar nossas ações, uma vez que o preço da maioria dos novos lances cai depois da oferta inicial. Mais uma vez, desafiamos o senso comum. Cotamos as ações da Starbucks em dezessete dólares cada, um ponto acima da faixa pretendida inicialmente.

No grande dia, vários de nós da equipe gerencial sênior fomos a um escritório de corretagem no centro de Seattle e ficamos em volta de um terminal, esperando aparecer o nome SBUX na tela, abrindo as negociações. Ao sinal de abertura, o preço imediatamente saltou para 21 dólares. Ficamos muito animados.

A Starbucks foi o segundo grupo de ações mais ativo durante a negociação no NASDAQ naquele dia. A oferta pública inicial arrecadou 29 milhões de dólares para a empresa, 5 milhões de dólares a mais do que esperávamos. Ao soar o sinal de fechamento, o valor de mercado da Starbucks era de 273 milhões de dólares – cinco anos depois de eu comprá-la por pouco menos de que 4 milhões de dólares.

Nossa abertura foi uma das mais bem-sucedidas do ano – desenfreando a incessante busca dos corretores de Wall Street pela "próxima Starbucks". O preço de nossas ações manteve-se forte por muito mais tempo do que os sábios de Wall Street haviam previsto. Nunca ficou abaixo do preço de abertura e, em três meses, chegou a 33 dólares por ação, fazendo, assim, a Starbucks valer aproximadamente 420 milhões de dólares.

Ser uma empresa de capital aberto deu certa fama à Starbucks, fazendo-a entrar para as grandes ligas. A nossa participação no mercado de ações oferecia tamanha liquidez, permitindo que muitas pessoas na Starbucks, inclusive eu, vendessem suas ações e comprassem coisas de que precisavam ou então que viessem querendo há tempos. Foi algo que serviu muito, como um grande incentivo para atrair pessoas talentosas, que se unem a nós não só por causa do entusiasmo de construir uma empresa em rápido crescimento mas também por causa do valor que estamos criando.

O nosso sucesso em Wall Street também agregava dimensão à marca. Permitia-nos voltar ao mercado quase todos os anos e pedir mais dinheiro aos investidores para dar sequência ao nosso crescimento. Conseguimos quase 500 milhões de dólares desde que passamos a ser uma sociedade de capital aberto, emitindo novas ações ou vendendo títulos passíveis de serem convertidos em ações se o preço superasse um certo nível. Pessoalmente, eu gosto do estímulo intelectual de interagir com as pessoas brilhantes que encontrei em Wall Street, pessoas que cumprem seu papel e entendem a empresa. Também gosto do desafio de formular uma estratégia para a Starbucks financiar seu crescimento.

Mas passar a ser uma sociedade de capital aberto também tem seus pontos negativos. É algo que expõe a empresa a um grau elevado e minucioso de avaliação e sua vida pessoal a uma repentina falta de privacidade. E, o que é mais importante, aumenta o peso da responsabilidade diante dos acionistas e impõe o peso de atender às expectativas de Wall Street.

Na época em que abrimos nosso capital, li uma material em um jornal que me aborreceu de verdade. Um sábio de Wall Street que frequentemente prevê desastres e vende rapidamente as ações, previu que a Starbucks pisaria em falso. Ele acreditava que estávamos supervalorizados e disse que as ações cairiam para 8 dólares até o final do ano. O artigo pairava como uma nuvem cinza sobre a glória daquele momento. Recortei-o e guardei em uma gaveta no escritório. Todas as manhãs, nos seis meses seguintes, retirava aquele recorte e relia a triste previsão. Felizmente, o sábio estava errado: nós não pisamos em falso, e o preço de nossas ações continuou subindo, embora com drásticos altos e baixos no decorrer do período. Sua previsão me fazia pensar, diariamente, sobre o custo até mesmo de uma curta viagem.

Com a alegria de ser uma sociedade de capital aberto vem a humilhante conclusão, a cada trimestre, a cada mês e a cada dia, de que você é escravo do mercado de ações. Essa percepção muda nossa maneira de viver e torna impossível voltar a ser uma empresa simples outra vez. Começamos a relatar nossas vendas mensalmente, incluindo os *comps* – "relatórios comparativos" de crescimento de vendas – das lojas que estavam abertas há, pelo menos, um ano. Quando há surpresas, as ações reagem instantaneamente. Acredito que essa medida não seja a melhor maneira para analisar e julgar o sucesso da Starbucks. Por exemplo, quando as filas ficam longas demais nas nossas lojas, ocasionalmente abrimos uma segunda loja na região. Nossos clientes apreciam a comodidade e filas menores. Mas se, como frequentemente ocorre, a nova loja absorve as vendas da antiga, a taxa cai, e Wall Street nos pune por isso.

Nos últimos anos, enfrentamos muitos céticos na comunidade financeira. As ações da Starbucks sempre foram comercializadas por uma relação preço/lucro bastante elevada, fato que a tornou favorita para especuladores que apostam contra ela porque estão convencidos de que nossa empresa está supervalorizada. Desde 1992, tivemos a honra questionável de sermos consistentemente um dos principais nomes da lista de especuladores. Mas, até agora, a maioria daqueles que acreditaram firmemente em nós foram recompensados, e comprova-se a ideia de que os céticos estavam enganados. Os investidores viram o preço subir em cada nova emissão de ações da Starbucks. Mas quando o preço das ações está em alta, você se familiariza com a versão empresarial da vertigem: é uma longa descida.

Enquanto Wall Street me ensinou muito, sua lição mais duradoura é entender o grau de artificialidade de um preço de ação. É até fácil considerá-lo como o verdadeiro valor de sua empresa, e mesmo como seu próprio valor.

No início de dezembro de 1995, o preço das ações da Starbucks atingiu um recorde – o tipo de notícia que normalmente eleva os ânimos no escritório. Mas na verdade, acabávamos de saber que as mercadorias de Natal não estavam vendendo tão bem quanto havíamos previsto, e a tensão crescia à medida que esperávamos pelos resultados finais de um período de vendas tão importante.

No início de janeiro, quando anunciamos os *comps* de dezembro de apenas 1%, as ações caíram drasticamente, de 21 para 16 dólares. Em apenas alguns dias, perdemos 300 milhões de dólares em valor de mercado, embora tivéssemos anunciado vendas de apenas 5 milhões de dólares abaixo do esperado. Os investidores preocupados me telefonavam perguntando: "Por que a empresa está apresentando um desempenho tão fraco?". O *The Wall Street Journal* declarou que éramos uma "luz brilhante" que "talvez agora estivesse se apagando". Os analistas pareciam certos de que nossos dias de crescimento haviam chegado ao fim, de que a flor já não tinha mais o mesmo viço.

Na verdade, a Starbucks não havia mudado naquele mês. Embora nossas vendas fossem menores do que o esperado, nosso crescimento anual de vendas chegou perto dos 50%. Ainda estávamos comprando e torrando café.

Estávamos abrindo uma loja por dia e continuávamos com nossos planos de entrar em novas cidades e apresentar novos produtos.

Três meses mais tarde, as ações alcançaram outra vez o pico. Os *comps* haviam se restabelecido pelos primeiros três meses do ano. O Goldman Sachs, um dos bancos de investimentos de grande renome, sem interesses ocultos na Starbucks, previu margens de lucro e preços de ações mais elevados ainda.

Os investidores agora telefonavam para me parabenizar – alguns deles eram os mesmos que haviam me telefonado com sérias preocupações durante a época de Natal.

O que mudou? Outra vez, nada substancial. A Starbucks em abril era a mesma empresa de janeiro. A única diferença era que Wall Street decidira de repente que a empresa valia muito mais.

Passar a ser uma sociedade de capital aberto é entrar em uma emocionante roda gigante. No início, você aceita os parabéns como se realmente os merecesse. Depois, quando o preço das ações cai, você sente que fracassou. Quando retoma o crescimento, você fica tonto.

Em algum momento, você precisa se divorciar do preço das ações e se concentrar apenas em administrar a empresa. Precisa manter-se calmo e controlado tanto nas épocas de alta quanto nas de baixa. Manter esse tipo de tranquilidade é difícil para mim, porque normalmente eu respondo de maneira muito emocional.

Mas descobri o quanto é decisivo exercer uma liderança forte e consistente tanto nas fases boas quanto nas más, para conseguir equilibrar as oscilações do moral daqueles que o cercam. E o que é mais importante, tentei tomar decisões com base no que é certo para a empresa, não no que é certo para o preço das ações. Essa é uma das conquistas das quais mais me orgulho na Starbucks.

Todo empresário sonha que sua empresa passe a ser uma sociedade de capital aberto. Mas quantos de nós realmente sabem no que estamos entrando? Nem toda empresa desfruta uma vida pública tão fantástica quanto a Starbucks. Se foi uma dura jornada para nós, como deve ser para aqueles cujas empresas realmente tropeçam?

Existe um antigo provérbio que me parece muito real: tenha cuidado com o que deseja. Você pode conseguir.

POR FALAR EM REINVENTAR, QUE TAL REINVENTAR A SI MESMO?

Em qualquer trabalho, a diferença entre o excelente, o medíocre e o ruim está, na maioria dos casos, em se ter a imaginação e a disciplina para recriar-se todos os dias.
TOM PETERS, "A busca do uau!"

Por que estamos crescendo tão rápido?

Depois que a Starbucks passou a ser uma empresa de capital aberto em 1992, eu desfrutei do brilho do nosso sucesso. Nosso plano de expansão ultrapassou o programado, com mais de cinquenta lojas inauguradas em 1992 e cem em 1993. A cada ano, excedíamos nossas metas internas tanto nas vendas quanto nos lucros. Os analistas da Wall Street se animavam com o fato de que o crescimento das vendas havia permanecido em dois dígitos. Em 1992 expandimos para San Diego, San Francisco e Denver. Aonde quer que fôssemos, uma resposta positiva nos favorecia.

Em abril de 1993, demos nosso salto inicial para a Costa Leste, decidindo abrir a Starbucks primeiramente em Washington, D.C., por ter a maior concentração de pedidos por catálogo da região. Outro ponto positivo é que Washington também hospedava um grande número de europeus e pessoas vindas da Costa Oeste. Para a abertura de nossa primeira loja em Washington, em Friendship Heights, na Wisconsin Avenue, enviamos convites a todos os clientes que estavam cadastrados e compravam por catálogo, atraindo assim um considerável número de pessoas. Mais tarde, conseguimos até um número muito maior de pessoas, quando Kenny G se apresentou na grande inauguração de nossa vistosa loja do Dupont Circle, tornando-se rapidamente um de nossos pontos de venda de maior volume.

Antes de decidir em quais mercados ingressar, começamos a contar cada vez mais com as informações obtidas do grupo de pessoas que fazia pedidos por catálogo. Esses clientes tendem a ser os mais fiéis, uma vez que saem do caminho habitual para assegurar-se de que receberão o café Starbucks. O cliente médio da Starbucks que compra por catálogo é um conhecedor, muito educado, com relativa estabilidade financeira, viajado e com conhecimento tecnológico e um acentuado interesse por artes e por outros eventos culturais. Esse era o tipo ideal que queríamos para nos transmitir a palavra final sobre a Starbucks.

Em julho, mês em que completava quarenta anos, minha foto apareceu na capa da revista *Fortune*, ilustrando uma história sobre empresas da América do Norte que tiveram um rápido crescimento. "A Starbucks de Howard Schultz faz ouro moendo café", afirmaram. *Fortune* aos quarenta! Fiquei orgulhoso, mas, francamente, um pouco constrangido com tanta atenção. Sempre foi difícil para mim celebrar o sucesso, pois pensava: *E depois?*

Aparentemente tudo estava caminhando perfeitamente. Mas encontrava-me internamente cada vez mais apreensivo. A dedicação de muitas empresas era motivada pelo fato de conseguirem nadar contra a maré, escalar montanhas impossíveis. Provamos que nossa ideia iria funcionar – muito mais do que tínhamos imaginado. Seria possível manter essa vantagem?

Agora que os cafés especiais estavam se tornando populares em todo o país, a expansão nacional parecia um objetivo fácil de ser atingido. Não que fosse simples. É óbvio que a concorrência estava se aquecendo. Nas cidades da América do Norte, as cafeterias estavam se adaptando ao modelo da Starbucks, servindo *lattes* e *cappuccinos*, estocando em prateleiras canecas e moedores de café, algumas vezes também vendendo grãos de café. A Specialty Coffee Association of America (Associação de Cafés Especiais da América do Norte) previu que o número de cafeterias, incluindo os pontos fixos e móveis, cresceria de quinhentos em 1992 para 10 mil em 1999. O café expresso era um negócio que estava atraindo milhares de pequenas empresas, algumas com poucas despesas. Muitos gerentes de empresas que passaram por *downsizing* sonhavam em abrir uma pequena cafeteria, e alguns na verdade o fizeram. Parecia não haver barreiras para ingressar, uma vez que qualquer um podia comprar uma máquina de café expresso e de leite vaporizado para um *latte*.

A Starbucks nunca se sentiu ameaçada por causa das pequenas cafeterias. Em Seattle havia uma em cada esquina, e todos tínhamos nos beneficiado com o crescimento de mercado. Mas as outras empresas de café, ao ver nosso sucesso, começaram a empreender ambiciosos planos de expansão. Uma de nossas concorrentes, a SBC de Seattle, anunciou que teria quinhentas franquias em cinco anos; outra, a Brother's Gourmet Coffee, adquiriu a Gloria Jean's, que estava localizada em *shoppings*, e declarou os planos de abrir pelo menos mais oitenta lojas do mesmo tipo da Starbucks.

Com o crescimento da concorrência, alguns observadores previram que já tínhamos "perdido o trem" para a Costa Leste. Aceleramos, então, nossos planos: em vez de abrir 125 lojas em 1994, nosso objetivo rapidamente passou para 150. Depois de nosso sucesso em Washington, decidimos nesse mesmo ano ingressar em Nova York e Boston. Nova York tinha um simbolismo especial para mim: era minha cidade natal e a maior do país. Entretanto, o valor elevado de seus aluguéis e seu difícil mercado de trabalho faziam com que nos preocupássemos. Arthur Rubinfeld e Yves Mizrahi nos aconselharam uma estratégia imobiliária que consistia em abrir lojas nas proximidades dos distritos de Fairfield e Westchester, onde residiam muitos formadores de opinião que trabalhavam em Manhattan. Quando fizemos nossa primeira incursão na cidade, em março de 1994, na 87th Street e na Broadway, já éramos considerados como os que ofereciam o melhor café de Nova York.

Em Boston, fizemos algo que nunca tínhamos tentado fazer antes – ou desde então. Depois de abrir uma porção de lojas próprias, adquirimos lojas de nosso concorrente líder local. Fundada em 1975, por George Howell, a The Coffee Connection era diferente das concorrentes com as quais havíamos nos deparados antes. Da mesma forma que os fundadores da Starbucks, George descobriu o café de excelente qualidade na Peet's, em Berkeley, onde foi estudante universitário. Entretanto, quando retornou a Boston e abriu sua própria loja, ele logo percebeu que os moradores de New England preferiam uma torração mais suave. Depois de uma série de tentativas e erros, mudou de opinião e passou a defender veemente os cafés levemente torrados.

Em 1992, a The Coffee Connection contava com dez lojas, incluindo os melhores pontos da Harvard Square e do Faneuil Hall, e a base da sua clientela, construída boca a boca, era de uma intensa lealdade. Ao perceber que a Starbucks brevemente chegaria à cidade, George contratou Curt Bean, um executivo de hotel, para ajudá-lo a gerenciar de uma forma que obtivesse fundos de capital de risco para acelerar o crescimento. Em meados de 1994, abriram mais quinze lojas e começaram a se expandir em outras cidades, tendo planos de abrir, em 1997, outras sessenta lojas.

Em vez de iniciar uma disputa local, fizemos uma oferta de compra para a The Coffee Connection. George Howell a aceitou. Em junho de 1994, em uma troca de ações valendo 23 milhões de dólares, a Starbucks concluía a aquisição, conseguindo da noite para o dia uma posição líder em Boston, ponto central para região Nordeste. George Howell tornou-se consultor e Curt Bean continuou observando a transição. Esse movimento propiciou à Starbucks o salto inicial no desenvolvimento de sua marca e na sua estratégia de varejo, assim como acesso imediato a um grupo de consumidores de café bem informados.

No fim de 1994, também havíamos ingressado em Minneapolis e Atlanta, bem como em Dallas, Fort Worth e Houston. Esse crescimento relâmpago instalado no Texas de várias maneiras, deveu-se em parte à disponibilidade de pontos bem localizados e com aluguéis abaixo do mercado. Em 1995, abrimos lojas na Filadélfia, bem como em Las Vegas, Austin, San Antonio, Baltimore, Cincinnati e Pittsburgh. O ritmo era estonteante. Abrir lojas em muitas regiões ao mesmo tempo era um tanto arriscado, porém, nós estávamos desenvolvendo uma equipe de gerenciamento experiente e sofisticada de acordo com o que precisávamos para supervisionar o processo em cada região.

Para um observador externo, pode até parecer que nosso crescimento foi obtido sem muito esforço. Na verdade, não houve muitos obstáculos ao longo do caminho. Uma vez definido o motor de crescimento, funcionando de maneira uniforme, abrir lojas tornou-se tão comum quanto saborear um café expresso.

O que realmente funcionou muito bem foram as pessoas que contratamos. Em poucos anos, o nome da Starbucks envolveu-se em uma mística que atraiu gerentes experientes, muitos dos quais tinham deixado operações muito maiores para se unir a nós, em um nível regional. Howard Behar e Deidra Wager contrataram vice-presidentes para que o desenvolvimento de cada região fosse gerenciado, atribuindo-lhes a responsabilidade de duplicar a cultura Starbucks em toda a América do Norte. No Canadá, Roly Morris juntou-se a nós com amplas operações e experiência em *marketing* no setor varejista. Stuart Fields, chefe da região Meio-Oeste, foi vice-presidente de operações da rede varejista da Custem Shirt. Bruce Craig supervisionou o crescimento de 1.600 Burger Kings antes de desenvolver a região sudoeste da Starbucks. Marcia Adams, agora líder de nossas divisões do Golfo Atlântico, tinha experiência executiva com a 7-Eleven em operações, *merchandising* e desenvolvimento de novos conceitos. Cada um deles assumiu responsabilidade por sua região e superou até mesmo nossas expectativas.

Com o intuito de ajustar esse rápido crescimento, desenvolvemos um sistema para recrutar e treinar baristas. Esse sistema garantia pessoas educadas, com muita disposição, e as estimulava a melhorar o paladar para o café, promovendo nossos padrões e valores, de cidade a cidade. Sob a responsabilidade de Deidra Wager, nossas operações varejistas tinham apenas que instalar sistemas que pudessem lidar com um grande número de lojas, além de supervisionar simultaneamente a abertura de centenas de lojas em novos mercados a cada ano.

Em nossos escritórios de Seattle, nosso planejamento imobiliário, de *design*, da loja e a formação de pessoas proporcionaram um sofisticado processo de desenvolvimento com base em um programa de abertura de lojas a cada seis meses. Um programa tão eficaz que, eventualmente, podíamos abrir uma a cada dia útil. Tornaram-se tantas que eu não poderia visitar todas elas.

Em 1992 e 1993, melhoramos nossa estratégia imobiliária, criando um plano de expansão que tinha como base uma matriz de perfis demográficos regionais e uma análise demonstrando como seria melhor se aumentássemos nossa infraestrutura operacional. Para cada região, o objetivo era conseguir alguma cidade relativamente grande que funcionasse como "ponto central", onde equipes de profissionais dariam suporte às novas lojas. Ingressamos rapidamente em mercados maiores, tendo como objetivo a abertura de, pelo menos, vinte lojas nos dois primeiros anos. A partir desse ponto, iríamos nos expandir, entrando nos mercados vizinhos, incluindo cidades menores e subúrbios com características demográficas semelhantes às de nossos clientes típicos.

Para suprir tantas lojas novas, seria preciso também construir uma nova torrefação. Foi somente no Natal de 1992 que percebemos o quanto seria impossível passar outras férias com as mesmas instalações, embora isso tivesse sido planejado para durar dez anos. Em fevereiro de 1993, pedimos a

Howard Wollner, nosso vice-presidente administrativo, para fazer o impossível: encontrar um novo local, montar uma equipe para construir uma fábrica bem maior e iniciar as operações em apenas sete meses. Em setembro de 1993, foi iniciada a torrefação em uma nova fábrica com mais de 28 mil metros quadrados, localizada em Kent, Washington, na região sul de Seattle.

As antigas instalações foram aproveitadas eventualmente para a torrefação, que seria utilizada para os clientes que compravam por catálogo. Buck Hendrix as liderava desde meados de 1993, aumentando as vendas de 6 milhões de dólares para mais de 20 milhões de dólares em 1997. Embora representasse uma pequena porcentagem de todas as nossas vendas, servia como uma vitrine para nossos produtos e era um importante vínculo com os clientes de todos os Estados Unidos.

Em outubro de 1993, nossos antigos escritórios também ficaram pequenos. Howard Wollner encontrou um novo espaço em um edifício a poucos quarteirões dali, ainda na tranquila área industrial no sul de Seattle, um lugar chamado SODO porque vinha de South of the Kingdom (Sul do Reino), um estádio onde os Mariners e Seahawks se apresentavam. Alugamos vários andares de um edifício, que havia sido armazém da divisão de catálogos da Sears na zona Noroeste. Não era nada como os modernos arranha-céus ou como os enormes *campi* corporativos em que outras empresas se encontram instaladas. Cada um daqueles nove andares tinha dimensões equivalentes às de um edifício comercial de seis andares em um típico arranha-céu. O antigo armazém era tão espaçoso que se andava de bicicleta e de patins para preencher os pedidos. Criamos um espaço centralizado ao redor de uma "área comum" com serviço de alimentação, máquina de café expresso e sanitários para encorajar a interação entre as pessoas. A iluminação industrial, a tubulação e o encanamento expostos criavam um ambiente muito diferente da imagem elegante que algumas pessoas esperavam de nós.

Odiava a ideia de ter que me mudar da torrefação. Por isso, insisti em elementos que me remetessem às raízes. Logo após a entrada principal, havia uma imitação de loja, expondo nossos mais recentes produtos. Pôsteres nas paredes em todo o escritório exibiam nossos novos materiais de *marketing*. Pés de café eram cultivados em vasos. E assim que expandimos, ocupando o último andar, instalamos uma pequena e antiga máquina de torrar café, readaptada à moderna tecnologia, para usá-la em demonstrações ou amostras e, o mais importante, para nos unir ainda mais intimamente ao café.

Da janela do meu escritório, modesto diante dos padrões de um CEO, eu vejo os guindastes do porto de Seattle, por onde nossos grãos de café chegam, e as torres da cidade onde a empresa nasceu. No entanto, eu ainda sinto falta de quando meu escritório dava para a torrefação.

Em 1994, pudemos observar que nossa meta de nos tornarmos líderes tanto no setor varejista como na marca de cafés especiais na América do Norte estava dentro do alcance. Assim, estruturamos uma meta maior: tornar-nos a mais reconhecida e respeitada marca de café do mundo. Ainda não havíamos ingressado em muitas cidades nos Estados Unidos e Canadá, mas como o modelo e o logo da Starbucks já estavam sendo copiados, algumas vezes de forma espalhafatosa, em todo o mundo, sabíamos da necessidade de agir rapidamente para pôr em prática os planos de nos globalizar.

Mas não era tão simples acelerar e expandir para outros lugares. Embora eu já tivesse mudado o paradigma da Starbucks uma vez, vendendo cafés e grãos de café, queria mudar novamente. Queria saltar para um novo nível, com um movimento muito inovador e ousado. A marca da Starbucks estava ganhando peso tão rápido que eu acreditava que podíamos expandi-la para novos produtos de café que pudessem ser vendidos em outras lojas além das nossas. Comecei a imaginar uma Starbucks que fosse mais do que café e quatro vezes maior que nossas lojas.

Em 1994, a Starbucks explodiu em um turbilhão de atividades. Inventamos o *frappuccino*. Fizemos uma grande *joint venture* com a Pepsi. Formamos a Starbucks International, tendo Howard Behar como presidente. Nós nos mudamos para os novos escritórios e atualizamos nosso sistema de computador para pedidos por catálogos. Escolhemos um lugar em York, Pensilvânia, para amplas instalações de 11 milhões de dólares que poderiam chegar finalmente a mais de 90 mil metros quadrados para atender nossas lojas na Costa Leste. Enfrentamos nossa primeira grande crise: 300% de aumento nos preços de café.

Todas foram atitudes importantes; muitas ocorreram simultaneamente, e eu dediquei capítulos inteiros deste livro para algumas delas. O ritmo da mudança não se tornou lento: 1995 e 1996 foram anos em que passamos por desafios de crescimento e onipresença, conflitos de ética e estilo, e novas oportunidades fantásticas, com pontos negativos que faziam os debates dos anos 80 parecerem menos relevantes, quando comparados.

Efeitos do crescimento rápido

Durante essa situação tempestuosa, o que nos manteve equilibrados foram nossos valores e o comprometimento um com o outro. Porém, enquanto crescíamos rápido, os valores ficavam cada vez mais prejudicados. Dentro da empresa, as pessoas que me ajudaram no crescimento da Starbucks, nos primeiros anos, tornaram-se amedrontadas e se sentiam ameaçadas, enquanto gerentes profissionais passavam a ocupar o comando. Eu não sabia mais o nome de todos, embora trabalhássemos no mesmo edifício. O mesmo ritmo e a mesma paixão que nos fizeram grandes também afastavam ocasionalmente as pessoas. Enquanto estávamos ganhando milhares de novos clientes em uma semana, eu ouvia comentários de algumas pessoas que nos deixavam.

Em parte alguma esses conflitos foram mais intensos do que dentro da minha própria cabeça. Todas as vezes que vinham ao meu escritório aborrecidos por alguma invenção, eu me sentia responsável. Achava que meu trabalho se tornaria mais fácil conforme a empresa se expandisse, mas, na verdade, as dificuldades aumentaram.

As questões tornaram-se bem mais complexas. É possível uma empresa dobrar ou até mesmo triplicar de tamanho e continuar fiel aos mesmos valores? Quanto é possível expandir uma marca antes de enfraquecê-la? Como inovar sem comprometer seu legado? Como criar tentativas e consciências amplamente sem perder o controle? Como manter-se um empreendedor mesmo desenvolvendo um gerenciamento profissional? Como manter as iniciativas a longo prazo quando problemas de curto prazo exigem soluções imediatas? Como continuar passando aos clientes uma ideia de descoberta enquanto a empresa está crescendo a uma velocidade alucinante? Como manter a alma de sua empresa quando também são necessários sistemas e processos?

Percebi que para a maior parte dessas perguntas eu não encontraria respostas em livros. A melhor orientação estava em observar como outras empresas admiráveis se comportavam. Infelizmente, somente algumas tinham tentado diferentes métodos para lidar com as dificuldades em sustentar padrões e valores elevados durante o rápido crescimento.

Sem respostas fáceis, explorei cada alternativa que pude. Sempre fui um leitor voraz, mas agora havia começado a fazer uma leitura mais detalhada. Consultei especialistas, conheci CEOs e empresários e contratei gerentes que haviam feito isso antes. Aproveitava a opinião de todos que se deparavam comigo: repórteres, analistas, investidores, gerentes de lojas, baristas e clientes.

Com o crescimento, o ritmo diário de minha vida também se intensificou. Chegava a ter até uma dúzia de reuniões em um determinado dia, por exemplo, tratando de uma ampla variedade de questões. Algumas vezes, tinha muito pouco tempo para me preparar mentalmente e tinha de mudar rapidamente o foco entre discussões da visão estratégica da empresa, próximas promoções de vendas do mês, uma nova mistura de café, margem de lucros, preocupações pessoais de um funcionário, uma oportunidade de investimento maior, uma mudança na política e uma objeção da diretoria. Em algumas ocasiões meu cérebro quase doía, literalmente falando.

Nesse meio tempo, algumas vezes Sheri ou um de meus filhos me ligava. Sempre tentei arrumar tempo para minha família e para meus amigos; não conseguiria suportar a pressão se não o fizesse. Entretanto, manter essas relações pessoais é também desgastante. Sheri soube dosar as cobranças à medida que a empresa crescia e, enquanto muitas vezes eu estava ausente, ela de algum modo controlava a situação para manter a família em harmonia. Não consigo imaginar que poderia ter construído a Starbucks, que eu poderia ter superado as tensões e os conflitos envolvidos e ainda me sentir tão bem quanto me sinto, sem ter uma esposa forte e segura como Sheri.

Contudo, é sempre uma luta para mim ir atrás de meus sonhos no escritório sem violar o tempo dedicado à família. Tento não viajar nos fins de semana. Sempre nos esforçamos para jantarmos juntos em casa quando eu não estou viajando. Para nós esse momento juntos é sagrado e, embora jantemos um pouco mais tarde do que a maioria das famílias, meus filhos aguardam ansiosos tal momento. Por dois anos, fui técnico do Little League, time de que meus filhos faziam parte, planejando minhas viagens de acordo com os jogos. Eu os levei para ver Sonics e Mariners, e eles sempre iam ao piquenique anual da Starbucks.

Agir de uma forma equilibrada nunca foi fácil. Também era muito difícil conciliar as necessidades da família, as da empresa, as do meu casamento e as minhas próprias. Algumas vezes eu indagava: *Quando terei tempo para mim? O que ganho com isso?* Que alívio é ir a uma quadra de basquete todos os domingos e participar de um jogo rápido, ágil e que te faz suar. Por duas horas e meia eu me concentro na bola e o mundo dos negócios deixa de existir.

O maior desafio do empreendedor: reinventar-se

Ninguém tem uma necessidade maior de reinventar-se do que um empreendedor bem-sucedido. Pense nisso: quantos empreendedores fundaram uma empresa e a administraram-na para serem bem-sucedidos nela, alcançando e até mesmo ultrapassando 1 bilhão de dólares em vendas?

Bill Gates, da Microsoft, fez isso, assim como Phil Knight da Nike. Entretanto, muitos empreendedores não conseguem se adaptar às transições gerenciando de modo profissional. A maioria é melhor criando novas empresas do que dirigindo empresas maduras. Conforme as empresas que comandam crescem, reduz-se a vantagem de suas habilidades se desenvolverem suficientemente rápido para manter controle.

Algumas vezes me sinto como aqueles personagens de desenho animado que, de alguma forma, conseguem fazer algo manipulando dois jatinhos. Tenho um pé em cada um deles, e isso faz com que eu vá cada vez mais rápido. Tenho de decidir: *Quanto tempo eu posso aguentar? Devo saltar? Quebrarei minhas pernas?*

Pelos meus cálculos, tive que me reinventar pelo menos três vezes, cada uma delas de forma muito rápida.

Comecei como um sonhador. Com 32 anos bati na porta de cada investidor em Seattle procurando meios para realizar meus planos de negócio.

Em seguida, tornei-me um empreendedor, primeiro fundando a Il Giornale e depois assumindo controle da Starbucks e a recriando como uma empresa de rápido crescimento. Dessa forma, tive de me tornar um administrador profissional enquanto a empresa se tornava maior e cada vez mais eu precisava tomar decisões. Hoje, meu papel é ser o líder da Starbucks, com as características de visionário, animador e daquele que mantém a chama acesa.

Para mim, sonhador é o papel mais natural e aquele de que ainda gosto. Para crescer nos anos 50 e 60, tinha que gostar de sonhar. Foi a era dos Kennedys e dos momentos pela paz, quando capitalismo significava oportunidade, não opressão. O que prevalecia era o otimismo, e eu absorvi isso com toda a minha alma.

Porém, ser um sonhador não é tudo. Se você quiser fazer alguma coisa na vida, precisa de um conjunto de habilidades diferentes para transformar esses sonhos em ações.

Cruzando o limite onde um sonho começa a tomar forma, você deixa de ser um sonhador e passa a ser um empresário. O estágio empreendedor de uma jovem empresa é provavelmente o mais excitante.

Não havia percebido isso na época, mas agora estou convencido de que uma das maiores responsabilidades de um empresário é ter valor tatuado na organização. Da mesma forma que educar uma criança. Começa com amor e empatia e se você já passou para ela os valores em que acredita, pode confiar que ela tomará as decisões certas quando se tornar adolescente ou um jovem adulto. Algumas vezes desapontará você, outras cometerá erros. Mas se tiver absorvido bons valores, terá uma linha reta para onde retornar.

Ao criar uma empresa, você frequentemente se verá diante de várias bifurcações. Andy Greve, CEO da Intel, chama-os de "pontos de inflexão". Você até pode não estar consciente disso na hora, mas as decisões que você tomar nessa conjuntura terão anos de repercussão. Pode perceber, por exemplo, que descobriu uma oportunidade para criar uma empresa muito maior e mais útil. Mas, para tirar vantagens dessa chance, você terá de fazer uma mudança drástica na forma como a empresa é administrada. É de situações iguais a essa que muitos empresários fogem. Alguns são intimidados diante de novas oportunidades e as rejeitam. Outros que aceitam desafios frequentemente não conseguem desenvolver habilidades para lidar com eles.

Em uma certa etapa do desenvolvimento da empresa, um empreendedor tem que se tornar um administrador profissional. Isso quase sempre vai de encontro à sua natureza. A princípio, eu percebi que tinha de contratar pessoas mais inteligentes e mais qualificadas do que eu por estar atuando em diferentes áreas, e da mesma forma teria de parar de tomar tantas decisões. Não consigo nem expressar o quanto isso é difícil. Mas se você conseguiu fazer com que as pessoas ao seu redor absorvessem seus valores, poderá arriscar-se confiando que elas agirão do jeito certo. É preciso construir uma base suficientemente forte para suportar as pressões, as ansiedades e os medos diante da necessidade de avançar para o próximo nível.

Se você for uma pessoa criativa, um empreendedor nato, implantar sistemas e burocracias poderá ser trabalhoso, pois parecem o oposto de tudo o que originalmente o atraiu para o negócio. Mas, se você não instituir processos adequados, se não coordenar ou planejar, se não contratar pessoas com MBA, tudo poderá ir por água abaixo. Da mesma forma que ocorre com muitas empresas.

No início dos anos 90, trabalhamos muito para fazer a transição de uma empresa simples para uma administrada com profissionalismo. Mas, mesmo assim, tentamos conservar o quanto podíamos o nosso espírito empreendedor, de diplomacia, nossa habilidade de inovar e nos renovarmos. Convidamos Eric Flamholtz, professor de administração da UCLA, para nos aconselhar sobre essa transição. Ele havia escrito um livro chamado *Growing Pains* e reconheceu bem todos os sintomas quando chegou à Starbucks. Para ele, as empresas de rápido crescimento passavam por etapas previsíveis, das quais nenhuma delas estava livre. Desenvolveu estratégias de gerenciamento para ajudar os fundadores a lidar com os desafios pessoais e profissionais de cada etapa com que eles entravam em confronto enquanto seus empreendimentos amadureciam transformando-se em empresas administradas profissionalmente. Na Starbucks, Eric Flamholtz trabalhou conosco no sentido de desenvolver sistemas de planejamento estratégico e de gerenciamento. Lenta e arduamente, aprendemos a definir prioridades e gerenciar melhor o crescimento rápido.

No início, entrei em conflito com essas mudanças. Não sou orientado a processos. Odiava a noção de sistemas e planejamento estratégico, que sempre me pareceu limitadora. Era um hábito dar um murro na mesa, dizendo "eu desafio você a fazer isso" e pronto. Eric Flamholtz batizou isso de "escola de administração John Wayne: a mentalidade de se estar sempre pronto para atirar". Gradualmente, porém, adquiri respeito pelos processos e planos, porque percebi que quanto melhor a Starbucks podia lidar com rotinas da empresa e com o crescimento, mais bem equipada estaria para agir audaciosamente em novas áreas.

Entretanto, eu sabia que finalmente teria de me desenvolver muito mais passando do papel do administrador até me tornar um líder. Tive sorte em conhecer o homem que escreveu o melhor livro sobre líderes, professor Warren Bennis da USC. Depois de ele prestar assessoria à Starbucks, nossa amizade cresceu a tal ponto que podia ligar para ele tarde da noite ou bem cedo todas as vezes em que eu chegava a um ponto em que não sabia ao certo o que fazer. Ele adquiriu um interesse pessoal pela empresa e por mim, ajudando-me a superar alguns obstáculos na minha evolução como líder.

Reconhecendo suas limitações

Em meados de 1994, percebi que precisava mudar de papel outra vez. Gerenciar as operações rotineiras de uma grande empresa não era o que eu desejava fazer. Estava além do escopo de minhas habilidades e fora dos meus interesses. Eu queria, na verdade, continuar criando a visão para antecipar o futuro e experimentar ideias criativas. Este é o valor que posso acrescentar, e é o trabalho que adoro realizar.

Dessa forma, em junho de 1994, o conselho administrativo e eu promovemos Orin Smith para que assumisse minhas responsabilidades diárias. Ele assumiu o cargo de presidente e responsável operacional, enquanto eu permanecia como presidente de conselho e CEO. Ao longo dos anos, Orin tinha se tornado um executivo de classe mundial com um completo conhecimento da logística de sistemas de gerenciamento, alguém muito mais qualificado para administrar nossas operações diárias do que eu. Esse movimento me fez mais livre para usufruir o tempo em projetos como a *joint venture* com a Pepsi, o desenvolvimento da marca, o *design* da Loja do Futuro e o desenvolvimento de novos produtos.

Se você cuida de uma empresa como se fosse seu filho, é difícil não se deixar levar pelo instinto de cuidar de todos os detalhes. Durante anos, gerenciei diariamente um considerável número de vendas e lucros para cada loja, observando enquanto eram impressos. Comparava seu desempenho real com o orçamento, procurando números que faltavam nos gráficos, fossem eles bons ou ruins.

Se um loja tivesse um dia fenomenal, eu ligava para o gerente e o cumprimentava. Se observasse um fraco desempenho, também ligava para descobrir o que poderia ser feito para aumentar as vendas.

Quando a empresa tinha quatrocentas ou quinhentas lojas, percebi que não poderia mais cuidar de todas sozinho. Tive de confiar em Orin e em nossos funcionários operacionais. No entanto, estava frustrado por não ser incluído nas reuniões sobre novos produtos, nova decoração e novas campanhas de *marketing*. Até hoje, frequentemente passo por uma sala onde uma discussão interessante está acontecendo e fico muito tentado a apenas dar uma espiada e logo ir embora. Entretanto, sei que minha presença mudaria o teor da reunião, além de não ser mais apropriada.

Para mim, escolher Orin foi uma atitude óbvia. Confiava tanto nele a ponto de não conseguir pensar na ideia de uma pessoa de fora da empresa. Embora Orin e Howard Behar tivessem muito em comum, cada um supervisionava cerca de metade das funções da empresa e, em meados de 1994, Howard Behar queria um tipo de desafio diferente. Estávamos prontos para iniciar nossa expansão de planejamento internacional, e ele queria desenvolver isso a partir do nada. Assim, criamos a Starbucks Internacional, apontamos Howard como presidente e demos a ele a liberdade para desenvolver uma empresa que tinha um potencial de multiplicar seu tamanho a longo prazo.

Quando Orin tornou-se presidente, passei para uma nova função, a que eu dava o nome de líder. Como presidente do conselho, atuo como um desbravador, tentando enxergar no futuro o que está por vir. Tento antecipar-me à concorrência e prever quais seriam as mudanças estratégicas que teríamos de adotar. Quando um gerente regional ou da fábrica precisa de alguém para ir até lá falar com seu pessoal para reforçar os valores da empresa, para reavivar o interesse, eu assumo o papel. Passo boa parte do tempo visitando lojas, percorrendo novos mercados e promovendo o entusiasmo.

Veja que ironia: eu me transformei em um gerente profissional e um líder de empresa. Mas internamente eu ainda sou um sonhador e empreendedor. Tenho que manter essa perspectiva mesmo enquanto desenvolvo novas habilidades.

Da mesma forma que a Starbucks. Temos que desenvolver sistemas e processos, mas sem sacrificar nosso pessoal criativo. Se nos atolássemos de ideias inovadoras com burocracias sem sentido, teríamos cometido o mesmo erro que centenas de empresas americanas cometeram antes de nós.

Para manter seu vigor, uma empresa precisa fornecer um ambiente estimulante e desafiador para todos esses tipos: o sonhador, o empreendedor, o gerente profissional e o líder. Caso contrário, corre o risco de tornar-se outra empresa medíocre.

Estou certo de que isso não acontecerá na Starbucks.

NÃO DEIXE O EMPREENDEDOR ATRAPALHAR A EMPRESA

Não é possível ocorrer nenhuma regeneração organizacional, nenhum renascimento da indústria nacional sem atos individuais de coragem.
HARVEY A. HORNSTEIN, "Managerial courage"

Frappuccino: o pior erro que não cometemos

Para mim, não é difícil conservar meu espírito empreendedor; faz parte da minha natureza. Mas é preciso esforço para encorajar outros na Starbucks a sentir e agir como empreendedores na empresa. Às vezes, o mais difícil – para mim e para líderes obstinados como eu – é me conter, permitindo que as ideias de outras pessoas germinem e floresçam antes de passarem por um julgamento.

Muitos empreendedores caem em uma armadilha: eles são tão fascinados pela sua própria visão que, quando um funcionário aparece expondo uma ideia, especialmente aquela que não parece se encaixar naquela visão original, sentem-se tentados a invalidá-la. Eu quase fiz o mesmo com um dos produtos de maior sucesso da Starbucks, a combinação gelada de café bem torrado e de leite a que demos o nome de *frappuccino*.

Deixe-me contar como foi que aconteceu.

Diria Campion gerenciava uma região que englobava cerca de dez lojas Starbucks em Santa Monica e arredores, na Califórnia. Ela e os gerentes das lojas estavam ficando cada vez mais frustrados, porque os cafés vizinhos estavam tendo excelentes resultados com suas granitas – bebidas misturadas com café frio e açucarado, muito populares nos dias quentes, especialmente à tarde e ao anoitecer. A Starbucks oferecia *mochas* e *lattes* gelados que eram servidos com cubos de gelo, porém, mais e mais clientes pediam uma bebida misturada. Ao serem informados de que a Starbucks não oferecia isso, eles iam para um concorrente vizinho.

As pessoas que trabalhavam em nossas lojas no sul da Califórnia muitas vezes nos pediram para criar uma bebida assim, misturada, mas pelo fato de não considerá-la uma bebida autenticamente de café, nos recusamos. Eu, particularmente, fui resistente à ideia. Parecia diluir a integridade da nossa essência e parecia mais uma batida de *fast-food* do que algo que um verdadeiro amante do café apreciaria.

Em setembro de 1993, Diria viu uma oportunidade de defender seu ponto de vista com maior veemência. Dan Moore, um ex-gerente de loja da região de Los Angeles, havia se mudado para Seattle para trabalhar nas operações de varejo. Ele entendia as necessidades do mercado do sul californiano e poderia defender a causa em Seattle.

Depois de Diria abordá-lo com sua ideia, Dan tratou de comprar um liquidificador para ela. Como laboratório experimental, Diria escolheu uma loja na seca região de San Fernando Valley, onde os pedidos por bebidas misturadas são tão elevados quanto a temperatura do verão. Instalaram o liquidificador e começaram a testar. Eles não pediram permissão; simplesmente seguiram adiante, perguntando-se se teriam problemas depois. A primeira tentativa ficou longe de ser perfeita; não era doce o suficiente e tinha uma consistência irregular. Diria e Dan apresentaram os resultados iniciais para nosso departamento de bebidas e alimentos, que então concordou em desenvolver uma bebida misturada da própria casa para teste.

No início de 1994, um experimento da nova bebida foi trazido ao meu escritório para eu experimentar. Aquela versão usava uma base em pó e tinha um sabor calcário e pastoso. Achei horrível, o que confirmou minha opinião sobre a ideia.

Ainda assim, recordando a experiência com o leite desnatado, concordei em deixá-los testar com os clientes, a partir de maio de 1994. Diria passou o projeto para Anne Ewing, que na ocasião gerenciava nossa loja da Third Street Promenade em Santa Monica, em um *shopping* ao ar livre onde os turistas e uma variedade de compradores reuniam-se à tarde e ao anoitecer. Em uma atmosfera calorosa, café quente não é muito atraente.

Anne e seu assistente, Greg Rogers, rapidamente descobriram que nenhum deles gostava da bebida. Em vez de reclamarem, eles trataram de aperfeiçoá-la.

Greg, que paralelamente é comediante, havia trabalhado com Anne em uma empresa da Califórnia que inventava variações para sucos de frutas, muito saborosos, e bebidas com iogurte; portanto, os dois sabiam inovar. Eles descartaram o pó e usaram café recém-coado como base. Alteraram os ingredientes. Aumentaram o tempo de mistura de 10 para 25 segundos. Mudaram a proporção de gelo para líquido. Provaram todos os produtos concorrentes. Receberam *feedback* dos clientes.

Naquele verão, Howard Behar visitou Los Angeles. Diria levou-o até a loja da Third Street Promenade e apresentou-lhe as duas versões da bebida – a versão revisada por Anne e Greg e a originalmente criada pelo departamento de bebidas e alimentos. No final, ele preferiu a versão de Anne e Greg e trouxeram-na para Seattle para que eu provasse.

"Temos que seguir com isso", insistiu. "Os clientes estão pedindo."

Nosso diretor de bebidas levou a receita para uma equipe de consultores em alimentos, que aplicaram o conhecimento profissional de química de alimentos e desenvolvimento de produto para refiná-la. Chegaram a um produto de excelente sabor que usava leite com baixo teor de gordura, então a textura ficava mais gelada do que cremosa. Em outubro, começamos a testar a bebida em doze lojas ao sul da Califórnia, usando liquidificadores em metade delas e máquinas *soft serve* na outra metade. Depois, realizamos uma pesquisa informal em três cidades para conseguir uma ampla amostragem da opinião dos consumidores.

Os resultados revelaram que o produto misturado era incrivelmente popular e exercia maior poder de atração do que a variação *soft serve*. Pude notar assim que provei. Era delicioso.

Queríamos usar um nome diferente para a bebida, que fosse exclusivamente da Starbucks. Em junho de 1994, quando adquirimos The Coffee Connection em Boston, herdamos um dos produtos deles chamado *frappuccino*, uma bebida fria preparada em uma máquina *soft serve*. Não gostávamos da bebida, mas o nome era perfeito, fazia lembrar tanto a característica refrescante de um *frappé* quanto a do café de um *cappuccino*. Então decidimos chamar a nova bebida de *frappuccino*.

Eu ainda tinha minhas reservas. Já estava trabalhando com a Pepsi para desenvolver uma bebida fria de café que seria vendida em garrafas e, acreditava que esta seria muito mais promissora. Embora eu tenha concordado que *frappuccino* fosse um nome atraente, ainda assim acreditava que seria um erro vender essa bebida em nossas lojas. Parecia muito mais um produto relacionado a leite do que a café. E o barulho dos liquidificadores ao lado de nossas máquinas de café expresso? Como podíamos fazer isso?

No final, contudo, cedi. Mais uma vez, nossos clientes haviam votado e nossos parceiros, que são mais próximos deles, entendiam melhor suas necessidades. Colocamos o liquidificador em uma caixa metálica para abafar o barulho, ninguém parecia se importar.

No final de 1994, decidimos oferecer *frappuccino* por todo o país, em todas as lojas da Starbucks. Nossa meta era introduzir formalmente a bebida em 1° de abril, antes de a temperatura esquentar. Pode parecer fácil, mas, para nosso pessoal de operações no varejo, parecia quase impossível. Tínhamos menos de cinco meses para adequar mais de 550 lojas, instalar liquidificadores e treinar nossos baristas para prepararem as novas bebidas. Pedimos a Dan Moore para coordenar o esforço.

Conseguimos, e o *frappuccino* foi uma sensação imediata – um verdadeiro gol de placa. A propaganda boca a boca sobre o produto se espalhou rapidamente, e nossos clientes regulares apresentavam aos amigos. Muitas mulheres gostavam devido ao fato de conter baixo teor de gordura e paravam para tomar um *frappuccino* depois de uma caminhada ou dos exercícios. O *frappuccino* passou a ser responsável por 11% das vendas do verão naquele ano. Deu um grande impulso aos nossos lucros, e nossas ações atingiram um nível recorde.

No ano fiscal de 1996, o primeiro ano inteiro no mercado, vendemos 52 milhões de dólares em *frappuccinos*, que representavam 7% do total dos rendimentos anuais. Os mesmos 52 milhões de dólares que não teríamos recebido se não tivéssemos dado ouvidos aos parceiros da Califórnia.

Eu estava errado, e fiquei encantado com isso. Não aprovar o *frappuccino* foi o pior erro que eu não cometi. No final de 1996, a *Businessweek* colocou-o entre os melhores produtos do ano.

E isso diluiu a integridade da Starbucks? Um purista pode pensar que sim, mas, o mais importante é que os nossos clientes pensam que não. Os *frappuccinos* não só nos deram uma alternativa bem-vinda para os meses de calor mas também ofereceram uma maneira de apresentar a Starbucks àqueles que não tomam café. Além disso, quanto mais eu bebo *frappuccinos*, mais gosto.

Talvez o mais notável dessa história tenha sido o fato de nós não termos feito qualquer análise financeira séria dos *frappuccinos* com antecedência. Não contratamos um consultor especializado capaz de fornecer 10 mil páginas de material de suporte. Nem realizamos o que as grandes empresas considerariam um teste completo. Nenhuma burocracia corporativa ficou bloqueando o caminho dos *frappuccinos*. Foi um projeto totalmente empreendedor e floresceu com a Starbucks, que não era mais uma pequena empresa. Mesmo quando eu duvidei, segui em frente.

Caso tivéssemos nos comportado como uma empresa inerte, o *frappuccino* jamais teria surgido da forma que surgiu. Sua história sintetiza o espírito empreendedor que ainda temos na Starbucks, uma característica inovadora que mantém nossos clientes voltando e nossos concorrentes resmungando. É experimental. Aventureiro. Motiva as pessoas e cativa a imaginação delas.

Em outubro de 1995, Diria, Anne e Greg receberam o Prêmio Starbucks President. Dan foi condecorado Gerente do Ano. Eles dariam risada se alguém perguntasse se a Starbucks é formal e burocrática.

Como uma empresa de café entra para o setor de música?

Durante 1994, outra ideia invadiu as lojas. Impulsionou a Starbucks para uma nova direção que eu jamais teria imaginado: o setor de música.

A ideia começou a tomar forma em University Village, um dos pontos originais da Starbucks, um centro de compras urbano com uma clientela eclética que incluía estudantes, professores e ricos proprietários de imóveis. Timothy Jones, o gerente da loja, havia trabalhado durante 20 anos na indústria de gravação e adorava música tanto quanto café.

Na época, trabalhávamos com a AEI Music Network há algum tempo e ela que nos fornecia uma "fita do mês", inicialmente instrumentais de *jazz* e música clássica. No início de 1988, Timothy perguntou se poderia escolher a fita dos programas da AEI mensalmente. Ficamos contentes. Ele começou a revisar seleções mensais e testar vários tipos de música em sua própria loja, observando a reação dos clientes durante diferentes horas do dia. Gradualmente, acrescentou vocais de *jazz*, como Ella Fitzgerald e Billie Holiday, e variou as músicas clássicas. Em virtude de sua iniciativa e interesse pessoal, Timothy tornou-se a consciência musical da Starbucks.

Os clientes sempre o cumprimentavam pela música que estava tocando, e perguntavam onde podiam comprar. Ele tinha de dizer que se tratava de uma compilação especial para a Starbucks, e não estava disponível para vender.

No final de 1994, Timothy nos trouxe uma ideia incomum. "Por que não compilar nosso próprio CD ou fita?", perguntou. "Os clientes ficariam muito contentes."

Aproximadamente na mesma época, a AEI nos fez algumas fitas chamadas "Blue Note Years", usando trechos de *jazz* dos anos 50 e 60, em grande parte gravados pelo aclamado selo Blue Note. Incluíam grandes instrumentistas como John Coltrane, Art Blakey, Bud Powell e Thelonius Monk. Os clientes adoraram.

Um dia, coincidentemente, Jennifer Tisdel, nossa diretora de *marketing* no varejo estava fazendo um *brunch* no domingo com um amigo vindo de Los Angeles, Dave Goldberg. Dave trabalhava na área de desenvolvimento da Capitol Records, proprietária da Blue Note, e contou-lhe sobre sua ideia de comercializar a música da Capitol através de uma empresa atuante no varejo.

"Que tal a Starbucks?", sugeriu. "Tocamos muito *jazz* em nossas lojas."

A ideia fazia sentido. Dave tinha ouvido as melodias Blue Note em nossas lojas e enxergava muitas possibilidades de sinergia. Tanto a Blue Note quanto a Starbucks tinham um "elemento de frescor" em suas respectivas imagens e nós podíamos nos beneficiar dessa associação. A Capitol vinha procurando formas de conquistar um público maior para sua música, especialmente *jazz*, e se beneficiaria se tocasse em nossas lojas com maior regularidade.

A Jennifer colocou-o em contato com Timothy Jones na University Village. Juntos, exploraram uma ideia: e se a Starbucks compilasse excelentes gravações da Blue Note em um CD e vendesse exclusivamente em suas lojas?

Eles analisaram a ideia e apresentaram-na a Howard Behar. Ele a considerou intrigante e a levou a Harry Roberts, um dos executivos mais criativos que tivemos na Starbucks. Ocupando o cargo de vice-presidente de *merchan-*

dising, Harry sempre estava em busca de produtos novos e criativos para vender. A ideia deixou Harry muito entusiasmado também e ele passou a ser o executivo que defendeu nossa entrada para o setor musical.

Primeiro, tínhamos de realizar pesquisa. Timothy analisou as sugestões de clientes referente a dois anos, vindas de todas as lojas Starbucks, e descobriu que centenas delas eram pedidos para que vendêssemos a música que tocávamos nas lojas. Foi um pedido surpreendente que nós não havíamos previsto ou percebido. Muitos de nossos clientes são de meia-idade e têm filhos pequenos. Portanto, não têm tempo de ir a lojas de música e procurar álbuns ou ouvir novas melodias. Mas, se ouvem algo bom tocando na Starbucks, querem comprar imediatamente.

Em dezembro de 1994, fizemos um teste. Kenny G havia gravado um álbum com músicas da época chamado *Miracles*, e nós decidimos que serviria como um teste de aceitação em nossas lojas. As pessoas comprariam música com café? Na verdade, assim que passaram a ser vendidos, os CDs de Kenny desapareceram dos balcões. *Jazz* e Java, ao que parecia, encaixavam-se com naturalidade.

Qualquer um que já tenha estado em Hollywood provavelmente reconheceria o edifício da Capitol Records, uma construção cilíndrica branca em forma de uma pilha de discos, com um topo pontudo. Lembro-me de tê-lo visto anos atrás e de ter vontade de entrar lá.

Em 31 de janeiro de 1995, estava andando dentro daquele notável edifício com Harry e Timothy para encontrar Gary Gersh, o presidente do conselho e CEO da Capitol Records. Fotografias de cantores e músicos famosos revestiam os corredores. Passamos pelos estúdios em que Frank Sinatra, Nat King Cole e uma série de outros astros gravaram suas famosas músicas.

Tomamos um elevador para o último andar e fomos recebidos por Gary, Bruce Lundvall, presidente da Blue Note, e uma dúzia de outros executivos.

A Blue Note Records adorou a ideia de permitir que a Starbucks compilasse uma seleção de seus *jazz* e a oferecesse em um CD exclusivo. Para eles, um CD da Starbucks era uma maneira de despertar interesse por alguns títulos antigos da Blue Note. Toda a indústria de discos estava em busca de alternativas para exibir música, uma vez que a antiga fórmula de vendas, como estações de rádio e lojas de disco, não atingia um número suficiente de ouvintes.

Concordamos que era de interesse mútuo trabalharmos juntos. Decidimos produzir cinco CDs no ano que começava, usando não só títulos Blue Note, mas também outras músicas do catálogo da Capitol.

Timothy saiu da loja e começou a trabalhar com a música em período integral. Ele passava horas consultando os arquivos da Blue Note e ouvindo as incomparáveis gravações dos clássicos do *jazz*. Descobriu uma versão exclusiva em piano que raramente era ouvida, de "I Get a Kick Out of You", tocada por Nat King Cole. O álbum ficou pronto em algumas semanas.

Mantivemos todo o projeto o mais secreto possível para que pudéssemos surpreender o mundo. Empreendemos uma promoção de 1 milhão de dólares para enfatizar o lançamento do álbum, chamado *Blue Note Blend*. Nossos especialistas em café, Mary Williams, Tim Kern e Scott McMartin, até desenvolveram uma combinação de café chamada Blue Note, "uniforme e viva", nossa primeira nova mistura em quatro anos, para complementar as melodias profundas. Nosso pessoal mais criativo projetou uma embalagem em um azul intenso para ele. Jennifer e Timwothy conseguiram que bandas de *jazz* de escolas tocassem em nossas lojas em 38 cidades diferentes naquele mês. Também desenvolvemos material para campanha nas lojas, como as embalagens de café e CD, e as revestimos de azul. Alguns gerentes de loja, em meio ao entusiasmo, até penduraram no teto notas musicais azuis feitas de papel.

A introdução do *Blue Note Blend*, em 30 de março de 1995, coincidiu com a grande abertura de nossa maior loja, no Astor Place, Greenwich Village, na cidade de Nova York. É uma loja de quase 400 metros quadrados em um ponto excelente, com o pé direito alto e janelas em três paredes. Thelonius Monk Jr. compareceu à inauguração, que contou com uma apresentação especial da Blue Note feita por Benny Green. Dave Olsen e eu estávamos lá para compartilhar o momento, bem como Gary Gersh e Bruce Lundvall. Estávamos todos – por assim dizer – encantados.

Apesar do nosso entusiasmo, ainda não sabíamos como os clientes reagiriam. Lojas varejistas como a nossa normalmente não vendiam CDs, e certamente era aceitável que vendêssemos apenas 10 mil cópias.

O *Blue Note Blend* teve 75 mil cópias vendidas antes de esgotar, e ainda recebemos pedidos, de San Diego a Atlanta. Ralph Simon, na ocasião vice-presidente da Capitol Records, nos disse, algumas semanas depois do lançamento do disco, que teria chegado à lista das "Dez Mais" da Billboard do *jazz* caso suas vendas tivessem sido computadas como as de um álbum tradicional.

Posteriormente, naquele mesmo ano, produzimos outras três compilações em CD, seguidas de mais seis em 1996, passando do *jazz* à música clássica e *blues*. Em abril de 1996, quando introduzimos o álbum *Blue Note II*, criamos um evento em Seattle chamado "Hot Java/Cool *Jazz*", convidando bandas de *jazz* das escolas para se apresentarem na cidade, com um júri formado por músicos proeminentes para julgá-las. Conseguimos dinheiro de várias maneiras para os programas musicais dessas escolas, como uma forma de retorno à comunidade. Nosso segundo maior sucesso veio no verão de 1996, com *Blending the Blues*, uma abordagem histórica do *blues* de Chicago, incluindo vocais de Howlin' Wolf, Etta James e Muddy Waters.

Essa correria no setor musical fazia sentido para uma empresa como a Starbucks? Eu responderia que sim. Aliás, até deu um impulso nas vendas, especialmente em abril de 1995, o mês de lançamento do Blue Note. Mas o que é mais importante, transmitiu a mensagem aos nossos clientes de que nós continuaríamos surpreendendo e encantando com produtos singulares que nunca esperavam encontrar em um café.

Vender CDs não foi apenas uma estratégia de *marketing* imposta. A ideia foi criada ali mesmo em nossas lojas. Era a perfeita demonstração do perfil da Starbucks, que estava amadurecendo em sintonia com os seus clientes, somando-se ao prazer e à atmosfera que as pessoas buscavam quando vinham às nossas lojas. E demonstrou ao nosso pessoal, mais uma vez, que nós estávamos dispostos a arriscar com uma ideia inovadora caso isso atraísse nosso senso estético.

Percebo que é fácil uma pessoa entre nossos 25 mil parceiros sentir-se um único dígito em uma empresa em rápido crescimento. Mas Diria e Dan, Anne e Greg, Timothy e Jennifer, em diferentes postos da Starbucks, provaram que somos sinceros ao dizer que acreditamos no encorajamento de iniciativas. Em vez de sufocar o espírito empreendedor existente em nosso pessoal e depois tentar ressuscitá-lo, como muitas empresas estão tentando fazer, estou certo de que nutríamos isso em cada nova contratação que efetuávamos. É desmoralizante, sei por experiência própria, ficar entusiasmado com uma grande ideia e tê-la descartada pelos superiores.

Possivelmente, a inspiração mais promissora para o futuro da Starbucks está se incrementando neste momento na mente de alguém que ingressou ontem na empresa como barista. Assim espero.

PROCURE RENOVAR-SE MESMO QUANDO SEU TIME ESTIVER VENCENDO

Para manter a liderança, tenha sempre sua próxima ideia à disposição.
ROSABETH MOSS KANTER

Quando você não está se saindo bem, é fácil entender as necessidades de se renovar. O *status quo* não está funcionando e somente uma mudança radical pode ajustá-lo.

Entretanto, raramente somos motivados a procurar nos autorrenovar quando estamos sendo bem-sucedidos. Por que mudar a fórmula do sucesso quando tudo está indo bem, quando os fãs estão nos aprovando?

A resposta simples é a seguinte: porque o mundo está mudando. A cada ano, as necessidades e as preferências dos clientes mudam. A concorrência torna-se acirrada. Os funcionários mudam. Os gerentes mudam. Os acionistas mudam. Nada pode continuar o mesmo para sempre, nos negócios ou na vida, e confiar no *status quo* pode trazer somente frustração.

Na Starbucks, sempre visamos a construir uma empresa saudável o suficiente para sustentar-se por muitos anos. Descobrimos, com o passar do tempo, que a sustentabilidade está diretamente associada à autorrenovação. Mesmo quando a vida parece perfeita, você precisa correr riscos e saltar para o nível seguinte ou então, entrará em um processo de acomodação, sem ao menos perceber.

Em 1994, a Starbucks se submeteu à segunda mudança de paradigma em sua história. A primeira foi acrescentando, em 1984, bebidas às vendas de grãos de café. Depois disso, estávamos vendendo não apenas café, mas também experiência em café. A segunda mudança veio quando saímos das quatro paredes de nossas lojas e inventamos novas maneiras de saborear o café, em bebidas engarrafadas, sorvetes e outras inovações.

Esse movimento não foi natural ou óbvio, nem fomos forçados a fazê-lo. Foi uma tentativa deliberada de nos anteciparmos à curva, de criar um futuro que ninguém tinha imaginado, enquanto conservávamos nossos principais valores.

Aproveitando uma nova perspectiva para reinventar um produto antigo

O café existe há mil anos. É possível reinventá-lo? A Starbucks não passou muito tempo pensando sobre isso nos primeiros anos. Acreditávamos que já tínhamos o melhor café.

Porém, qualquer empresa orientada ao produto tem de estar sempre reinventando-o se espera prosperar, ou ao menos sobreviver. Pergunte a Andy Grove da Intel, quem torna obsoleta uma geração inteira de computadores pessoais a cada 18 meses quando desenvolve um novo *chip* de microprocessador.

Destinamos boa parte do tempo a pensar na forma como deveríamos renovar e dar mais vigor a vários elementos da experiência da Starbucks, seja *design* da loja, *merchandising*, cafés expresso, cafés combinados ou até mesmo novos produtos, como nossos CDs de *jazz*. Por mais criativos que sejamos, é uma abordagem convencional no mercado varejista.

Reinventamos, de forma consciente, a experiência em café na América do Norte, mas nunca nos ocorreu reinventar o próprio café. Foi necessário um imunologista para nos convencer a fazer essa tentativa.

Em 1988, Don Valentia iniciou seu experimento com café. Porque ele escolheu o café nunca saberemos. Mas tivemos sorte de tê-lo feito.

Diplomado em biologia celular pela Universidade da Califórnia em Davis, Don havia fundado, em Sacramento, uma clínica biomédica chamada Immuno Concepts para desenvolver testes a fim de diagnosticar enfermidades relacionadas à autoimunidade, como lúpus e artrite reumática. Em sua pesquisa biomédica, Don explorou a delicada tarefa de isolar moléculas dentro da célula humana, sem destruí-las.

Um dia, diante de uma ideia repentina, literalmente na mesa de sua cozinha, aplicou no café algumas das mesmas técnicas. Descobriu que era possível capturar seu sabor e aroma em um extrato concentrado.

Embora Don não tivesse o costume de tomar café, seus vizinhos o tinham.

Todas as manhãs às sete e meia, ele os acordava e colocava em sua cerca duas taças de café. Uma com café recém-coado, e a outra com café feito a partir do extrato de café que ele havia preparado por métodos científicos.

"Qual deles eu inventei?", perguntou a eles. Don continuou refinando a técnica até que eles não pudessem distinguir mais um do outro.

Quando chegou o Natal, a mulher de Don sugeriu que ele desse seu extrato de café de presente aos pais dela, que moravam em Seattle. Durante a visita, sua mulher o levou à loja da Starbucks no Pike Place Market. Foi seu primeiro contato com a Starbucks.

Meio constrangido, Don pegou uma amostra do extrato e pediu para o barista misturá-lo com água quente e provar. Os baristas são bastante cépticos, mas concordam em tentar. Fizeram o café, cheiraram e deram um pequeno gole.

"É aceitável", disseram. "Mas nada parecido com o da Starbucks."

Don lembra-se de ter caminhado pela rua, sentindo-se tolo e vazio. Sua mulher queria saber o que tinha acontecido com seu *latte*, que ele havia se esquecido de pedir. Quando retornou à loja, vários baristas ainda estavam examinando sua xícara de café.

"Vocês disseram que não era muito bom", disse Don.

"Bem", admitiram, "na verdade, é muito bom, considerando o que é. De qual tipo de café ele é feito?"

Don havia utilizado grãos de uma empresa diferente. Então, eles venderam cerca de 500 gramas de Sumatra, um de nossos melhores cafés. Don prometeu que tentaria preparar um extrato a partir dele e levaria para eles provarem.

Ansioso, retornou a Sacramento e trabalhou no Sumatra da Starbucks. Quando conseguiu atingir o que queria, enviou uma amostra para a loja do Pike Place pelo expresso noturno.

Dois dias depois, nosso especialista em café entrou em contato com Don. "Eu o experimentei", afirmou, "e é revolucionário. Não sei se você percebeu o que conseguiu."

No dia seguinte, Dave Olsen ligou para ele e disse: "É surpreendentemente bom. Se vier a Seattle, vai ser muito bom nos sentarmos pra conversar".

No dia seguinte, fui eu quem liguei para ele. Disse que teria de encontrá-lo o mais breve possível.

No dia seguinte, Dave veio ao meu escritório com uma xícara de café que ele dizia ser Sumatra. Ele insistiu para que eu o experimentasse, então, achei que ele tinha descoberto algo novo.

"O que você achou?", indagou Dave.

"Isto é muito bom!", afirmei admirado. "Um novo sabor?"

"Não!", exclamou. "Este é do mesmo que estamos vendendo nas lojas, mas feito a partir de um extrato!"

Fiquei um pouco atordoado. O café que havia tomado tinha um sabor 100% igual a um Sumatra feito na hora. Levou-me até sua sala de degustação e mostrou-me como era feito.

Poucos dias mais tarde, voei a Sacramento para me encontrar com Don Valencia. Tinha olhos castanhos, um olhar intenso e um entusiasmo contagiante de menino. Unimos nossas forças como dois garotos prontos para construir o maior forte do mundo. Esse cientista tinha a chave do futuro da Starbucks, ali mesmo em sua cozinha. Propus que formasse uma *joint venture* com a Starbucks.

Conseguir que ele se juntasse a nós não era fácil, pois havia feito sua carreira na área médica e não queria abandoná-la. Além disso, não era o melhor momento para a Starbucks. Em 1990, estávamos apenas começando a ganhar dinheiro. Estávamos ainda nos preparando para um outro ciclo de financiamento particular e tentando solucionar os problemas em Chicago. O conselho da Starbucks queria que eu me concentrasse na expansão varejista, o que era crucial para o sucesso da empresa.

O conselho não recusava minhas propostas com muita frequência, mas rejeitava a ideia de uma *joint venture* com Don Valencia. Fiquei tremendamente frustrado, pois podia imaginar um monte de futuros produtos que essa tecnologia tornaria possível. Entretanto, eles achavam que essa ideia tomaria muito tempo e dinheiro da prioridade principal da Starbucks, que era a expansão rápida antes que outras empresas começassem a nos imitar.

Don foi mais filosófico ao receber a notícia; sua empresa estava crescendo e tomando todo o seu tempo. Mas, nos anos que se seguiram, mantivemo-nos em contato. Nós lhe mandamos bastante café e enviamos uma máquina comercial de café expresso de uma de nossas lojas, e Don vinha nos visitar em Seattle nos Natais. Dave e eu acabamos conhecendo-o bem.

Foi então, na primavera de 1993, que lhe fizemos uma proposta formal. A Starbucks estava faturando quase 150 milhões, com 250 lojas em dez regiões. A empresa havia passado a ser de capital aberto e tinha uma base financeira muito sólida. Finalmente podíamos dispor de recursos para montar nossa própria instalação de pesquisa e desenvolvimento internamente.

Mesmo naquela época, Don não havia sido descartado. "Se for contratar um rapaz de pesquisa e desenvolvimento", aconselhavam-me, "contrate um especialista de nível mundial. Mas um imunologista?" Era difícil justificar como alguém da área imunológica pudesse agregar valor à busca de novos produtos em uma empresa de café.

Mas eu sabia instintivamente que a falta de experiência de Don em café era um dos fatores que o tornavam um candidato tão ideal. Não precisávamos de alguém que tivesse um olhar fixo no passado. É mais provável obter resultados inovadores com aqueles que estão fora do contexto. É pouco provável encontrar essa pessoa integrada ao contexto.

Don tinha acabado de completar quarenta anos e estava, na verdade, planejando uma mudança de carreira. Porém, ele não queria juntar-se a nós para trabalhar em apenas um produto. Disse que só aceitaria a oferta da Starbucks se pudesse desenvolver uma visão estratégica a longo prazo para tecnologia e dar suporte a ela com um laboratório e pesquisadores em um novo departamento.

O primeiro extrato que desenvolveu em sua cozinha em Sacramento tinha aberto novas fronteiras para a Starbucks. Possibilitou-nos captar o inconfundível sabor do café recém-coado como o principal ingrediente em uma ampla variedade de novos produtos, incluindo cerveja com sabor de café, sorvete de café e bebidas engarrafadas prontas para beber.

Em 1996, investimos muitos milhões de dólares para construir o Centro de Aplicação de Recursos Tecnológicos para Don. Ele o equipou, em uma seção aberta no sétimo andar de nosso edifício, com sete laboratórios, trinta cientistas e técnicos contratados que trabalham com tecnologias sofisticadas, como cromatografia a gás, cromatografia líquida de alta pressão e eletroforese capilar. Perguntei a Don o que tudo aquilo significava. Alguns dos equipamentos raramente eram encontrados nos principais laboratórios do mundo.

Ao mesmo tempo, dispusemos de mais de 4 milhões de dólares em uma moderna fábrica-piloto, em nosso estacionamento, para produzir o extrato e testar outras novas tecnologias. Primeiro, nós a planejamos apenas para pequenas remessas de testes; à medida que os produtos novos rapidamente tornaram-se populares, tivemos que passar para níveis de produção comercial.

Era extraordinário: uma empresa de café contratando cientistas e investindo em pesquisa e desenvolvimento.

Uma longa distância do expresso.

Uma longa distância da imunologia.

Muito, mas muito perto do mercado.

O que é necessário para mudar para um novo paradigma

Mesmo com seu talento científico, Don Valencia não tinha experiência para desenvolver ele próprio um produto comercial. Essa etapa exigia outro movimento importante por parte da empresa – uma parceria que, no início, poucos podiam imaginar.

Em 1992, participei de uma reunião sigilosa em Purchase, Nova York, na imponente sala de reunião, revestida em mogno, do conselho da PepsiCo. George Reynolds, na época vice-presidente sênior de *marketing* da Starbucks, acompanhou-me. Ele havia trabalhado para a Frito Lay e a Taco Bell durante trinta anos e conhecia bem a Pepsi.

Minha abordagem com a Pepsi foi a mesma que com qualquer outro parceiro da Starbucks: procurando em primeiro lugar as pessoas certas. Tínhamos agendado uma reunião com o então presidente da Pepsi-Cola da América do Norte, Craig Weatherup. Eu estava esperando que um alto executivo de uma empresa de 33 bilhões de dólares fosse formal, desembaraçado, impessoal e burocrático, mas fiquei agradavelmente surpreso quando Craig provou ser exatamente o oposto: um homem prático, simpático e bem-apessoado, que efetivamente valorizava o espírito empreendedor. Craig e eu rapidamente adquirimos confiança e respeito mútuos, que mais tarde foram elementos vitais na concretização da relação entre as nossas empresas.

Inicialmente, nenhum de nós fazia ideia de como a Pepsi e a Starbucks poderiam trabalhar juntas. Entretanto, eu achava que deveria haver uma maneira de aproveitar a grande capacidade de distribuição da Pepsi para ajudar a Starbucks a assumir, além de nas lojas, uma posição mais visível no fluxo central do mercado. Craig sugeriu que conversássemos com o grupo de novas bebidas da Pepsi, que tinha desenvolvido e colocado com êxito as bebidas engarrafadas no mercado para Lipton e Ocean Spray.

Descobri, durante uma viagem a Tóquio, em 1991, como as bebidas frias, as prontas para beber e as feitas à base de café eram populares no Japão, tanto em garrafas como em latas. Os japoneses consomem 8 bilhões de dólares dessas bebidas por ano, quase um terço do consumo de café. Em comparação, esse mercado é de apenas 50 milhões de dólares por ano nos Estados Unidos – até agora. A Coca-Cola havia encontrado um mercado pronto no Japão para seu Georgia Coffee, e eu estava certo de que se a Starbucks criasse um produto melhor, poderia ser um sucesso estrondoso na América do Norte e finalmente no mundo. Eu sabia que precisaríamos de uma parceria com uma forte capacidade de distribuição nacional para nos dar um empurrão nessa categoria. E quem melhor do que a Pepsi?

Em julho de 1993, no primeiro dia de Don Valencia na Starbucks, tivemos nossa primeira reunião com o grupo de novas bebidas da Pepsi. Don ainda nem tinha um laboratório, que diria pessoal de suporte. Mas quando apareceu a oportunidade para um produto de café engarrafado, ele e nosso especialista em café, Tim Kern, iniciaram as experiências imediatamente.

Poucos meses mais tarde, trabalhando com o grupo de pesquisa e desenvolvimento da Pepsi, desenvolveram uma maravilhosa bebida de café, feita a partir do extrato desenvolvido por Don. Seu sabor era muito superior àquele do Georgia Coffee e ao de qualquer outra bebida fria feita com café que havia no mercado. Esperávamos que esse fosse o primeiro de muitos produtos, com potencial para redefinir a experiência de café nos Estados Unidos.

A Pepsi estava entusiasmada, e nós também. Definimos uma força-tarefa, estudamos o mercado e discutimos as alternativas. A pequena Starbucks, com apenas 200 milhões de dólares, sentou-se com a Pepsi, uma empresa cem vezes maior, e negociou uma *joint venture*, em uma base 50/50. A Pepsi tinha uma grande força de comercialização e 1 milhão de pontos de distribuição, mas mesmo assim concordou em ceder-nos um alto grau de propriedade e controle sobre o patrimônio de nossa marca e fórmulas de produto.

Em agosto de 1994, a Pepsi e a Starbucks anunciaram publicamente a formação da North American Coffee Partnership (Parceria em Café da América do Norte), com o objetivo de criar novos produtos relacionados a café para a distribuição em massa, incluindo bebidas frias feitas com café, em garrafa ou em lata.

Do lado de fora, o empreendimento poderia parecer uma atividade suplementar estranha, com pouca relevância para o negócio principal da Starbucks, ou da Pepsi, uma experiência incomum que dificilmente afetaria de forma substancial os resultados de ambas. Mas eu enxergava isso como uma surpreendente mudança de paradigma, um sinal de que a nossa empresa poderia evoluir em direções inimagináveis. Nosso negócio principal era agora expandir para um círculo concêntrico bem mais amplo: produtos baseados em café. Isso significava deixar a zona de conforto que eram as nossas lojas, onde controlávamos firmemente a qualidade e o ambiente, e entrar em intimidantes canais de distribuição novos, em que éramos um participante ínfimo. O que significava criar produtos que levassem a marca Starbucks, mas não fossem vendidos diretamente pela Starbucks. Significava também trabalhar com parceiros em *joint ventures* cuja ordem do dia era diferente.

Embora percebêssemos os riscos envolvidos, quase ninguém apreciava as ambiguidades e complexidades com as quais tal relação nos forçaria a viver.

Por exemplo, havia uma discussão considerável sobre o apelo do café frio. No Japão, as pessoas estão acostumadas a isso e até mesmo compram de máquinas automáticas. Mas, na América do Norte, o café frio era sempre considerado algo desagradável que deveria ser jogado ralo abaixo.

Outros viam a Pepsi e a Starbucks como companheiras estranhas. A Starbucks agrada a clientes sofisticados com paladares diferenciados, enquanto a Pepsi visa a agradar a consumidores no nível mais amplo possível. Os puristas no negócio de café nos acusaram de ter vendido nossa alma.

Na verdade, o início de nossa relação foi bem difícil, devido ao conflito de culturas que abalou pessoas das duas empresas. As tensões entre a Pepsi e a Starbucks eram previsíveis simplesmente pelo fato de termos entrado nesse empreendimento por razões distintas. A Starbucks queria tirar proveito da distribuição da Pepsi, enquanto que a Pepsi queria aproveitar a qualidade e a integridade da marca Starbucks. Devido ao fabuloso porte da empresa, a tendência do pessoal da Pepsi era a de ser orientado ao processo e de se empenhar em um único projeto por vez, enquanto que a tendência do pessoal da Starbucks era a de trabalhar em vários projetos simultaneamente. A Pepsi é tão grande que uma divisão pode estar envolvida em um projeto e uma outra nem ter conhecimento disso, conforme pudemos verificar quando a Pepsi International anunciou uma *joint venture* com a Maxwell House, na China.

Mas as diferenças podem ser complementares, contanto que cada lado valorize o que o outro pode ensinar de novo. Em vez de nos enfrentarmos até uma parte ser vencedora, resolvemos nossas desavenças da forma mais difícil: assumindo uma intenção e um objetivo positivos para encontrar soluções vitoriosas. Aprendemos a aceitar nossas diferenças em vez de nos frustramos por causa delas, e com o tempo isso começou a dar surpreendentemente certo. Por fazerem a parceria funcionar, dei credibilidade a Craig Weatherup, atual presidente do conselho da Pepsi-Cola Company internacional, a Brenda Barnes, presidente da Pepsi-Cola, Mark Mangelsdorf, gerente-geral da *joint venture*, e a Brian Sweete, responsável pelo *marketing*, pois souberam reconhecer o valor a longo prazo da *joint venture* e da marca Starbucks.

Na verdade, a primeira tentativa de *joint venture* foi um fracasso. Mazagran era um café levemente gaseificado, frio, com um nome emprestado da Legião Francesa fixada na Argélia, no século XIX. Quando fizemos nosso teste de mercado na Califórnia meridional, em 1994, ele dividiu as opiniões. Algumas pessoas o adoravam, enquanto outras o detestavam. Muitos clientes quiseram experimentar por causa do nome Starbucks, mas o Mazagran não alcançou o sucesso que esperávamos. Desapontados, finalmente percebemos que havíamos criado um produto para um nicho, que, se desse certo, seria apenas depois de um lento desenvolvimento.

A Pepsi foi notavelmente paciente. Se Craig Weatherup e eu não tivéssemos estabelecido uma relação tão franca desde o início, aquele episódio poderia ter acabado com tudo. Porém, acreditávamos um no outro e, obviamente, nas possibilidades da parceria.

Continuamos insistindo até que, em 1995, encontramos uma maneira melhor. O *frappuccino* foi um sucesso inesperado naquele verão, conquistando dezenas de milhares de consumidores que não estavam acostumados a tomar café, enchendo nossas lojas nas tardes e em meses quentes em que o negócio de café é mais fraco. Um dia, no meio de uma terrível discussão sobre o futuro do Mazagran, eu disse: "Por que não desenvolver uma versão engarrafada do *frappuccino*?". Os executivos da Pepsi ficaram imediatamente entusiasmados.

Mas dar a ideia era a parte fácil. Colocar, de fato, o *frappuccino* em garrafas nos supermercados é que era o desafio. Em nossas lojas, o *frappuccino* é feito em liquidificador, com gelo moído. Também contém leite com validade limitada. As primeiras tentativas da versão engarrafada não deram certo. Levou vários meses até que nossas equipes de pesquisa e desenvolvimento encontrassem uma versão durável que tivesse o mesmo sabor delicioso do *frappuccino* feito em nossas lojas. Eles conseguiram, e eu sabia que seria um produto campeão.

Estávamos tão confiantes em nosso produto que não fizemos testes de mercado. A Pepsi aumentou a produção o mais rápido possível, mas ainda assim nós pudemos fornecer apenas para os supermercados da Costa Oeste durante o verão de 1996.

A reação do mercado nos surpreendeu. Já nas primeiras semanas após a introdução do *frappuccino* engarrafado, estávamos vendendo dez vezes mais do que havíamos projetado. Não conseguíamos produzir rápido o suficiente. Os supermercados continuavam a vender tudo, e nossos consumidores ficavam cada vez mais frustrados. Tivemos que cancelar todo o apoio de *marketing*.

A Pepsi também estava impressionada. O *frappuccino* estava tendo o dobro do nível de experimentação que eles haviam previsto – e mais de 70% de repetição, um nível bem acima do das outras bebidas da nova geração. As vendas do *frappuccino* engarrafado estavam alcançando ou superando o retorno inicial do Lipton e do Ocean Spray. Finalmente, tivemos que tirá-lo das prateleiras até que pudéssemos aumentar a nossa capacidade produtiva.

O *frappuccino* engarrafado era o estrondoso sucesso que tanto havíamos desejado. Indicou nosso caminho para os supermercados e para o negócio de bebidas prontas para beber.

Durante o verão, nós nos reunimos frequentemente com o pessoal da Pepsi para avaliar uma oscilação inesperada na demanda e uma deficiência na oferta. Em setembro, decidimos investir milhões de dólares na construção simultânea de três fábricas de engarrafamento para o *frappuccino*. Era o maior investimento jamais feito pela Starbucks. Com os supermercados clamando pelo produto, planejamos uma data no verão de 1997 para o lançamento nacional. Miramos, mais uma vez, no que parecia ser uma meta ambiciosa. Mas estávamos certos de que conseguiríamos.

Como é possível ser autêntico e ao mesmo tempo inovador?

O valor da marca Starbucks é um ativo sem preço. Cada decisão que tomamos deve contribuir para sua sustentabilidade e diferenciação. Toda vez que criamos um novo produto Starbucks, estamos pesando um risco contra uma recompensa potencialmente grande. Se capturarmos a imaginação do público com produtos inovadores, a Starbucks pode ter uma vida muitíssimo longa. Mas nós precisamos ter certeza de que o que venhamos a fazer não irá diluir a integridade da marca Starbucks.

Criar novos produtos através de *joint ventures* se tornou a parte central de como nós tocamos o negócio. Em 1995, trabalhamos com a Redhook Ale Brewery de Seattle para criar a Double Black Stout, uma cerveja forte com uma dose do extrato de café Starbucks. Ela surpreendeu e encantou muitos dos consumidores da Redhook. Nós então nos direcionamos para outro produto que os fundadores da Starbucks jamais poderiam ter imaginado: sorvete de café.

Em outubro de 1995, o sorvete Starbucks nem fazia parte do nosso plano de negócios. Em julho de 1996, já estava em supermercados de todo o país como número um em sua categoria.

Ainda que Howard Behar tenha insistido no sorvete por anos, nunca me pareceu ser uma proposta séria de negócio. Mas o extrato de Don Valencia abriu meus olhos para a possibilidade de que poderíamos levar o autêntico sabor Starbucks para uma variedade de produtos que havíamos descartado por terem sucesso improvável. Então, quando nosso vice-presidente para *merchandising*, Harry Roberts, em agosto de 1995, trouxe a proposta do sorvete, eu concordei que ele convidasse alguns produtores para uma discussão. Depois de algumas reuniões intrigantes, escolhemos a Dreyer's Grand Ice Cream como parceira porque distribuía em todo país e tinha experiência em fazer sorvetes *super-premium*. A Dreyer's também estava interessada em produzir e distribuir o sorvete Starbucks sem fazer *co-branding* e sem colocar seu nome junto ao nosso.

Don Valencia levou seu extrato de café para a Dreyer's e seus especialistas em sorvete começaram a trabalhar com os nossos para criar alguns sabores.

Em setembro, o presidente da Dreyer's, Rick Cronk, trouxe um time de alto nível a Seattle para se reunir conosco e saborear várias amostras. Assim como nós, o pessoal da Dreyer estava vestido com camisas xadrez ou listradas e era genial e informal, aberto e animado. Perguntei a eles: "Como vocês conseguem se manter tão magros?".

Eles riram e responderam, "como vocês conseguem ficar calmos?"

Durante uma apresentação de *slides*, apresentaram o tamanho do possível mercado (um potencial de 100 milhões de dólares) e propuseram cinco ou seis sabores relacionados a café para sorvete *premium* de massa, assim como duas ou três novidades para picolé. Então, eles mostraram o sorvete: três protótipos haviam sido preparados. Eram uma delícia, ricos e cremosos, com o sabor distinto do café bem torrado Starbucks.

Olhei para Behar e disse: "Afinal, você vai conseguir realizar seu desejo".

Parecia uma grande oportunidade, na hora certa e com os parceiros certos. Sabia que esse produto poderia elevar o valor da nossa marca e fortalecer nossa imagem. Então eu estabeleci uma meta.

"Quatro de julho de 1996, em todo o país. Essa é a nossa meta", anunciei.

"Sorvete *super-premium*, melhor que o Ben and Jerry's, melhor que o Häagen-Dazs. O melhor de sua classe. Experimente."

Desenvolver um novo produto em alta velocidade e com um parceiro novo traz uma série de dificuldades potenciais, mas nosso departamento jurídico nos ajudou a resolvê-las. Os produtos finais tinham um padrão de qualidade que deixou os dois lados orgulhosos.

Quando chegou aos supermercados em abril, as vendas do sorvete Starbucks explodiram. Introduzimos cinco sabores: Italian Roast Coffee, Dark Roast Espresso Swirl, Javachip, Caffè Almond Fudge, e Vanilla Mocha Swirl, adicionando Low Fat Latte (desnatado) no ano seguinte. Durante o mês de julho, antes mesmo de completarmos o lançamento nacional em

10 mil pontos de venda, superamos a Häagen Dazs como a marca número um de sorvete *premium* de café nos Estados Unidos – a um custo promocional muito baixo.

Os consumidores aprovaram o sorvete e o *frappuccino*. As pessoas que nunca haviam entrado em uma loja Starbucks agora estavam experimentando os nossos produtos.

Estávamos alavancando o valor da marca, mas de uma maneira bastante arriscada, de modo que poderíamos ser ou muito bem recompensados ou extremamente prejudicados. O cronograma estreito aumentava ainda mais o perigo. Outras companhias poderiam ter recusado esse jogo.

Será que tomamos as decisões certas?

O senso comum em *marketing* diz que cada marca tem suas limitações. Se você colocá-la em qualquer produto, a marca vai perder o reconhecimento. Colocamos a marca Starbucks apenas nos melhores produtos que tiram vantagem da nossa reconhecida especialidade em café.

O sorvete e o *frappuccino* quase certamente se tornarão negócios lucrativos e de crescimento rápido para a Starbucks, mas isso é apenas uma parte da questão. Queremos atrair novos consumidores para a Starbucks, além de mostrar que essa empresa não está acomodada com as próprias ideias. Novos produtos mostram que a Starbucks é dedicada à inovação e à autorrenovação.

Essas oportunidades nos foram dadas porque já havíamos consagrado a marca com nossas lojas, através da reputação de um café de alta qualidade. Uma vez que as pessoas passaram a confiar na marca Starbucks, estávamos livres para testar, com um conjunto de parâmetros cuidadosamente traçados. De fato, recentemente começamos a testar café em grãos em supermercados, um canal distribuidor que evitamos nos primeiros anos porque o café de supermercado era geralmente, e corretamente, considerado inferior. Se tivéssemos feito isso antes de a marca Starbucks se estabelecer firmemente, teríamos nos prejudicado. Mas, agora, estamos oferecendo grãos de café *premium* para mercados muito dispersos ou pequenos para merecer uma loja dedicada. Mesmo que nenhum barista esteja presente para explicar as diferentes composições, muitos compradores já sabem que Starbucks é uma marca de café de maior qualidade.

Toda a reputação e confiança que construímos ao longo de mais de 25 anos poderia evaporar se os consumidores pensassem que os produtos de supermercado eram inferiores ou medíocres. É um equilíbrio delicado. Nós temos que trazer nossa consciência à mesa todos os dias. Se tivermos sucesso, novos produtos irão revigorar a marca, não diluí-la. O mercado sempre vai nos dizer como estamos indo.

Morando na mesma cidade onde a Microsoft tem sua sede, estou consciente de que, mesmo em empresas de baixa tecnologia como as de café, a Próxima Grande Novidade pode rebaixar o líder para o segundo lugar amanhã. Continuo trabalhando para que a Starbucks pense na Próxima Grande Novidade antes mesmo que ela tenha passado pela cabeça de outra pessoa. De fato, Don Valencia trabalhava nisso enquanto eu escrevia este livro.

CRISE DE PREÇOS, CRISE DE VALORES

É pela presença de espírito diante de emergências que
a capacidade mental inata do homem é testada.
JAMES RUSSELL LOWELL, "Abraham Lincoln",
publicado na "North American Review", janeiro de 1864

O dia em que a geada chegou

Em junho de 1994, acordei certa manhã para enfrentar a pior crise da história da Starbucks. Chegou sem avisar. Ninguém teve culpa, não era nada que pudéssemos ter previsto, nada com que sabíamos como lidar.

Eu havia começado o que planejamos ser minhas férias mais longas em dez anos. Sheri já havia esperado diversos adiamentos ou cancelado férias enquanto eu me preocupava cada vez mais em fazer a empresa crescer. Mas finalmente me convenci de que a Starbucks estava em boas mãos e de que eu podia me afastar por duas semanas consecutivas. Depois de quatro anos como diretor financeiro, Orin Smith havia acabado de assumir as responsabilidades de presidente. Nenhum de nós percebeu que estávamos muito próximos de um teste de fogo.

Eu havia alugado uma casa na praia nos Hamptons, perto de onde Sheri e eu nos conhecemos, perto também de onde nos casamos. As crianças teriam oportunidade de passar algum tempo com minha mãe, minha irmã Ronnie, meu irmão Michael e a família dele, e meus outros parentes em Nova York. Nossa casa era como uma pequena ilha, um refúgio em um lugar onde ninguém nos conhecia, onde a família e os amigos podiam nos visitar sem as exigências diárias do trabalho e da escola. Sheri e as crianças planejavam ficar lá por um mês. Eu ficaria com eles nas duas primeiras semanas, e depois voltaria para buscá-los.

A casa era tudo o que esperávamos: uma casa branca modesta com telhado de madeira e uma enorme varanda, a cerca de 90 metros de distância da praia. O tempo estava ensolarado quando chegamos, e as crianças vestiram suas roupas de banho imediatamente. Sheri estava sorridente e cantarolante enquanto nos acomodávamos, há muito tempo não a via tão feliz. Passamos os dois primeiros dias ajeitando a casa e explorando a cidade e a praia com as crianças.

Na terceira manhã em que estávamos lá, em uma segunda-feira, 27 de junho, telefonei para o escritório para ver se estava tudo bem – um costume diário do qual, infelizmente, ainda não consegui me desvencilhar. Havia esperado até às 11h da manhã para coincidir com o horário de início de expediente da Costa Oeste. Estava na cozinha quando disquei. Vestia shorts e uma camiseta larga, diante de um pequeno quintal onde as crianças gostavam de brincar. Havia acabado uma partida de basquete com meu filho e ainda o ouvia brincar lá fora.

Notei o tom de alerta no instante em que Georgette Essad, minha assistente, reconheceu minha voz.

"Você tem que falar com Orin e Dave imediatamente."

"O que há de errado?", perguntei.

"Você tem que falar", foi tudo o que ela me disse.

Senti um aperto no estômago ao mesmo tempo em que imaginava uma porção de possibilidades horríveis. Dava para perceber que algo muito sério havia ocorrido.

Minha ligação caiu em uma linha de conferência, em que Dave Olsen e Orin Smith me aguardavam.

"Howard," disse Orin, com sua voz calma, "houve uma séria geada no Brasil. O preço do café enlouqueceu."

No *Brasil?* A Starbucks nem comprava café do Brasil. A maioria dos cafés brasileiros é vendida em latas.

Mas entendi a importância daquela geada imediatamente. O Brasil produz mais de um quarto do café do mundo, e uma grave queda na produção de lá significaria aumento dos preços de café por toda parte. Pelo fato de a Starbucks comprar somente café da melhor qualidade, normalmente pagamos um adicional sobre o preço do café na Coffee, Sugar & Cocoa Exchange de Nova York. O padrão indicativo do preço do café é o contrato C daquela bolsa, um índice composto por vários tipos de grãos.

Naquela manhã, disse-me Orin, o contrato C indicava elevação; havia acabado de subir de 1,26 dólar para 1,80 dólar por libra, o preço mais elevado desde 1986, e muito acima do preço de 80 centavos com o qual contamos nos primeiros quatro meses do ano. Um de nossos custos básicos havia dobrado, e o preço do café ainda aumentava. O preço das ações da Starbucks começou a despencar.

Da última vez que houve uma forte geada no Brasil, em 1975, o preço do café chegou a 3,40 dólares por libra e permaneceu elevado durante anos. A legendária "geada negra" havia dizimado grande parte da colheita do Brasil. Naquela época, a Starbucks tinha apenas três lojas. Agora, com 350 lojas para abastecer, estávamos gravemente expostos. E se os preços tornassem a dobrar?

Em cinco minutos reconheci que minhas férias haviam terminado. Teria de embarcar no próximo voo disponível para Seattle. Embora eles não tivessem me pedido para voltar, todos sabíamos a necessidade de estarmos juntos para lidar com o problema. Não era justo que Orin, no primeiro mês naquele cargo, tivesse que resolver tudo sozinho.

Com aquele telefonema, toda a minha vida mudou – não só durante o verão mas também no restante do ano que se seguiu. Na verdade, demorou dois anos inteiros para finalmente solucionarmos os problemas que se abateram sobre nós naquele dia.

Desliguei o telefone e permaneci imóvel por um instante, à medida que tomava contato com a magnitude da emergência. Chamei Sheri, que estava na sala ao lado, e ela percebeu o tom da minha voz. Quando chegou à cozinha pude ver que ela estava preocupada e desapontada.

"Você não vai acreditar", contei-lhe. "Tenho que voltar para Seattle."

Deveríamos aumentar os preços?

Embarquei na manhã seguinte e estava no escritório logo após o meio-dia. Orin havia agendado uma reunião. Quando entrei, fui imediatamente cercado pelos rostos preocupados da liderança da Starbucks. Nossa tarefa era responder à pior crise que enfrentamos enquanto equipe. O temor e a incerteza de todos na sala eram quase tangíveis. Eu queria tranquilizá-los de que conseguiríamos lidar com o problema, mas eu mesmo estava cheio de dúvidas.

Sentados em volta da mesa de reunião havia gerentes que representavam cada área principal de responsabilidade: compras de café, estoques, torrefação, finanças, planejamento, operações no varejo, operação por catálogos e atacado. Primeiro precisávamos entender a dimensão das questões que enfrentávamos e os riscos envolvidos. O porte e a escala da Starbucks exigiam uma disciplina incomum, bem como sensibilidade em relação às coisas que não estavam sob nosso controle.

Cada pessoa nos deu um relatório da situação – o que, nesse caso, era bastante contraditório, uma vez que a situação estava literalmente mudando, de minuto a minuto, conforme o preço do café subia.

Dave Olsen contextualizou as geadas historicamente para nós. Ironicamente, nos últimos dois anos, havíamos nos preocupado com o fato do preço do café estar muito baixo. No final dos anos 80, os países produtores de café que fazem parte da International Coffee Organization (Organização Internacional do Café) tentaram sustentar os preços usando um sistema de cota de exportação. Mas, em julho de 1989, o acordo foi rompido, e os preços do café sofreram queda drástica. O mundo foi inundado de café enquanto a produção global atingia a maior alta de todos os tempos, superando em muito o nível de consumo. Em 1992, o contrato C havia flutuado para algo em torno de 50 centavos a libra, muito abaixo do custo da produção.

Pensava-se que Dave e outros compradores de café ficariam contentes com preços tão baixos, mas, na verdade, ele estava preocupado com as consequências negativas da situação. Os produtores de café de todo o mundo não podem arcar com a compra de fertilizante e não se importavam com a poda, de modo que em muitas regiões a colheita do café estava enfraquecendo. Alguns fazendeiros arrancavam seus arbustos de café e plantavam outra coisa, como cana-de-açúcar. Embora isso tenha reduzido severamente a produção mundial, para muito abaixo do nível de consumo global, o excedente dos anos anteriores manteve os preços relativamente baixos por um tempo. No início de 1994, o contrato C havia subido para apenas 80 centavos, ainda baixo conforme os padrões históricos.

Dave ficou, na verdade, aliviado quando os preços começaram a subir em abril de 1994. Ele havia viajado e trabalhado durante anos para fortalecer relações com exportadores e produtores de café, então viu em primeira mão o efeito castigante que os preços baixos tiveram sobre eles. Ele sabia que era preciso preços mais normais para assegurar o suprimento contínuo de café de boa qualidade. Em maio, o mercado se recuperou, atingindo um nível acima de um dólar por libra.

Felizmente, durante a fase em que os preços estavam baixos, Dave tinha em estoque suprimento para dez meses, conseguido por meio de contratos a longo prazo a preço fixo – mais de alguns países, menos de outros. Comprar com antecedência era a nossa estratégia normal para nos proteger; a teoria era de que seria necessário assegurar nossos estoques e um bom investimento para o capital da Starbucks. Os contratos a longo prazo também nos permitiam estocar os suprimentos mais limitados de café de alta qualidade. Em termos gerais, estávamos em uma posição melhor do que muitas empresas especializadas em café porque éramos verticalmente integrados: compramos e torramos todo o café que vendemos, em vez de comprar grãos previamente torrados de torrefações independentes.

Depois de a geada chegar, fiquei aliviado ao ouvir que tínhamos bastante estoque. Mas e se o preço do café continuar subindo? Deveríamos comprar mais café agora, antes que aumentasse ainda mais? Essas decisões nós não podíamos tomar naquele primeiro dia.

Nos dias em que se seguiram, os telefones não paravam de tocar enquanto grandes acionistas, analistas, *traders* e repórteres telefonavam para saber qual era a nossa reação. Tínhamos que tomar algumas decisões. Deveríamos aumentar os preços? Nesse caso, quanto e quando? Que impacto isso teria sobre as vendas?

As três grandes torrefações, Nestlé, Kraft General Foods e Procter & Gamble, aumentaram imediatamente o preço do café em lata. Ao todo, controlavam cerca de 70% do mercado de café dos Estados Unidos. Com menor suprimento mensal em mãos e margens de lucro cada vez menores, tinham poucas alternativas. O preço da Folgers subiu duas vezes apenas naquela semana.

Decidimos não aumentar o preço no varejo imediatamente. Não era justo com nossos clientes. Lembramos como todos se sentiam ultrajados quando as empresas de gasolina aumentavam os preços assim que o preço do petróleo subia, para refletir os custos de reposição, embora tivessem meses de estoque em mãos. Decidimos esperar e ver o que aconteceria com o preço do café.

Exatamente duas semanas depois do primeiro choque, sofremos um segundo. Em 11 de julho, outra segunda-feira, acordei e ouvi o pior. O Brasil tinha tido outra geada, essa era ainda mais severa. As estimativas iniciais sugeriam que a primeira geada havia danificado 30% da produção do Brasil; essa parecia ter destruído pelo menos outros 10%. As ações da Starbucks responderam naquele dia com uma queda que durou três meses.

Em alguns dias, o preço do café subiu para 2,74 dólares por libra – mais de 330% acima do patamar, três meses antes. Para mim, parecia que havia ocorrido da noite para o dia. Fiquei perplexo.

Fazíamos reuniões diariamente, acalmando-nos e apressando nossos passos. Creio que a maioria do pessoal da Starbucks não tinha entendido realmente a gravidade da situação e como estávamos temerosos. Os dividendos vinham crescendo mais de 50% ao ano nos quatro anos anteriores, e os investidores de Wall Street contavam com um fluxo contínuo de lucros nos anos que se seguiam. Caso não atendêssemos às expectativas deles, o preço de nossas ações poderia sofrer tamanha redução que teríamos dificuldade em conseguir capital para expansões futuras. Os *traders* previam então que o preço do café poderia atingir os 4 dólares. Todas as informações que tínhamos – sobre a geada de 1975, sobre o esgotamento mundial no suprimento de café, sobre produção inferior por toda parte – levaram-nos a acreditar que aquelas estimativas poderiam ser verdadeiras.

As três grandes aumentaram seus preços outra vez.

Dentro da empresa, discutíamos intensamente se deveríamos ou não aumentar os preços no varejo. Alguns membros do conselho recomendaram cautela, afirmando que a elevação dos preços tendia a ser uma alternativa fácil a curto prazo que desencorajava o trabalho árduo de se reduzir os custos e aumentar a eficiência. Eles acreditavam que isso nos traria desvantagens em termos competitivos. Mas, com a acentuada elevação do custo de nossa matéria-prima principal, tínhamos de responder.

Em 13 de julho, anunciamos que aumentaríamos os preços em pouco menos de 10% em 22 de julho. Embora as bebidas com café tenham subido apenas 5 ou 10 centavos por xícara, o preço de nossos grãos de café subiram em torno de 1,25 dólar por libra, alcançando um preço médio de aproximadamente 8,50 dólares. Como nossos clientes reagiriam? Nossos preços já eram mais elevados do que o café nos supermercados. Será que o volume de vendas de nossos grãos de café cairia?

Escolhemos conscientemente um caminho diferente do que as companhias de petróleo e grandes empresas de produtos embalados seguiram. Não aumentamos os nossos preços para cobrir os custos atuais de reposição, repassando os aumentos da matéria-prima imediatamente para o cliente. Se tivéssemos feito isso, nossos preços teriam subido ainda mais, como ocorreu com os cafés em lata vendidos nos supermercados. Em vez disso, tentamos equilibrar somente nossos aumentos de custo reais referentes ao ano fiscal de 1995.

Naquele período, meu papel era oferecer liderança à empresa para instilar a confiança de que nós sairíamos intactos da crise. Também me incumbi de me comunicar com o mundo externo a respeito do problema. Tínhamos um grande eleitorado com o qual lidar, sendo Wall Street um deles. Os investidores se preocupavam com até que ponto a Starbucks estava exposta. Eles faziam apostas a curto e a longo prazo. Com Dave Olsen, expliquei a situação aos nossos sócios e, então, Orin e eu discutimos com os investidores. Fazíamos reuniões frequentes por telefone e mantínhamos todos atualizados por correio de voz em todo o país e também colocávamos cartazes nas nossas lojas, tentando manter as pessoas a par da situação.

O que tentamos fazer com os nossos clientes foi explicar honesta e diretamente que nossos custos haviam subido e que não tínhamos escolha senão repassar uma determinada quantia a eles para que conseguíssemos continuar operando. Tivemos sorte de ter construído uma sólida relação com nossos clientes, e o mais importante é que: nossos sócios nos permitiram fazer o que precisávamos. Em grande parte, responderam dispostos a pagar mais pelo café que sabiam ser o melhor.

O custo a longo prazo das decisões a curto prazo

Nos bastidores, tínhamos de tomar outras decisões difíceis. Deveríamos comprar mais café pelo preço corrente com receio de que aumentasse ainda mais? Ou seria 2,74 dólares o preço máximo e, nesse caso, seria melhor esperar e comprar por um preço inferior? Quando o mercado estava 80 centavos, sonhávamos com 70 centavos e nos preocupávamos com 1 dólar. Quando o mercado estava em torno de 2,50 dólares, sonhávamos com dois e nos preocupávamos com 4 dólares.

A questão chegou a um impasse, em um dia tenso de julho, quando tínhamos que decidir se nos comprometeríamos com a compra de uma quantidade substancial – milhares de sacos – de café colombiano. Considerando os níveis elevados, era uma decisão de muitos milhões de dólares, o triplo da quantia em dinheiro que teríamos pagado pelo mesmo café alguns meses antes. A compra seria um sábio subterfúgio contra preços ainda mais altos ou uma obrigação desastrosa incorrida no topo do mercado.

Enquanto todos nós agonizávamos, o jeito calmo de Orin e a sua experiência em mercados financeiros nos ajudaram a manter o equilíbrio. "É inútil tentarmos adivinhar a reação do mercado", alertou ele. "Vamos pensar assim: suponhamos que existam dois riscos prováveis: de um lado, o preço do café pode subir ainda mais; de outro, pode baixar. Qual é o risco mais aceitável?" Discutimos e finalmente chegamos ao acordo de que seria melhor prosseguir, comprando estoque extra por preços atuais. Se o preço fosse baixar, ponderou Orin, estaríamos amarrados com contratos de preço elevado, mas conseguiríamos superar. Se fosse chegar aos 4 dólares, definitivamente não conseguiríamos atingir nossas expectativas financeiras. Então asseguramo-nos contra um aumento maior. Também examinamos a opção de segurar (*hedge*) nossa posição contra uma redução no preço, mas o custo era proibitivo.

Então, acabou acontecendo, compramos aquele lote de café colombiano pelo que se tornou o máximo. Naquele verão, também tivemos de comprar outros tipos de café, em quantidades menores, para repor estoques específicos que estavam baixos. Demorou dois anos para consumirmos todo o café de preço elevado que tínhamos em nosso armazém.

Depois de julho, o preço do café baixou. O que nós não havíamos entendido na época era o quanto as especulações influenciaram a elevação dos preços. Quando os especuladores saíram do mercado, o preço reagiu rapidamente em relação a como havia se comportado nos anos anteriores. Em alguns meses, vimos o preço refletir mais a demanda e o suprimento, perto de 1,10 dólar até o final do ano.

Pelo fato de termos comprado café em julho de 1995, ficamos com um estoque de preço elevado que durou tanto que tivemos que aumentar os preços ligeiramente outra vez no ano seguinte. Aquela decisão foi muito difícil de explicar para nossos clientes, que não perceberam que nós os havíamos protegido contra o impacto total do aumento que ocorreu depois das geadas. Mas até onde tínhamos conhecimento, tomamos nossa decisão da maneira certa.

Apesar do peso que havíamos assumido, nunca houve qualquer acusação ou tentativa de culpar alguém pela compra inoportuna. Devido ao tremendo medo, à confusão e às preocupações que afetavam todos nós, era importante que mantivéssemos nosso equilíbrio com total harmonia e confiança um no outro.

Para mim, o mais notável sobre as nossas decisões durante esses meses tensos de junho e julho foi que nunca oscilamos em nossa dedicação de oferecer o melhor café. O mais fácil a ser feito, sem dúvida alguma, seria dizer a Dave Olsen e Mary Williams, nossos compradores de café: "O.K., a hora é agora. Queremos que vocês comecem a comprar café de qualidade inferior. Temos que manter os custos sob controle e proteger nossas margens de lucro". Essa conversa nunca ocorreu; ninguém sequer chegou a considerá-la uma alternativa. Nós também poderíamos ter tentado a tática que outras empresas pareciam estar usando: misturar café de boa qualidade com grãos baratos e aumentar o preço assim mesmo. Muitos clientes não teriam notado a diferença. Teríamos economizado uma tonelada de dinheiro, mas teríamos um tipo diferente de crise em nossas mãos.

... E benefícios a longo prazo

Assim que os preços começaram a cair, a crise imediata havia chegado ao fim. Mas um resultado confuso nos esperava. Não cobramos o cliente pela sobrecarga financeira total, então como poderíamos atingir nossas metas de lucros?

Orin sugeriu um plano, insistindo que poderíamos encontrar a resposta nos bastidores da Starbucks. Poderíamos compensar o custo elevado do café nos tornando mais eficientes e aproveitando economias em escala. Ele chamou isso de "plano para aumento dos lucros".

Inicialmente fiquei céptico. A Starbucks nunca havia recorrido a uma autoanálise antes em busca de economias de custo e eficiência. Quando se está crescendo 50% ao ano, não se pode pensar em reduzir. É necessária a flexibilidade desses sistemas. Muitos de nossos sócios mais esforçados e comprometidos estavam trabalhando em cargos menos visíveis em contabilidade, jurídico, finanças e planejamento, produção e sistemas de gerenciamento de informações. Eles estavam sempre sentindo a tensão resultante do rápido crescimento; parecia injusto pedir-lhes para fazer mais com menos. Mas não tínhamos outra escolha.

Foi ao colocar seu plano em ação que Orin realmente começou a demonstrar suas habilidades de liderança. Ele contratou um especialista para orientar os esforços, montou comitês e começou a realizar reuniões regularmente com todos os departamentos. Transformou a crise em oportunidade de começar a gerenciar a empresa de uma maneira mais sistemática e profissional. Descobrimos que havia diversas sinergias que não estávamos aproveitando, chances de renegociar contratos, de reduzir outros custos, planejar melhor, trabalhar de forma mais inteligente, usar nossos recursos com mais sabedoria. Mais cedo ou mais tarde, provavelmente teríamos feito essas melhorias, mas essa emergência nos forçou a reconhecer, antes do que podíamos, a necessidade de um barco mais apertado.

Sabíamos que muitas das economias teriam de vir de nossos armazéns e torrefação. Ted Garcia, que se uniu a nós vindo de Pillsbury para assumir as operações da cadeia de fornecimento em abril de 1995, já havia começado a aperfeiçoar nossas operações de torrefação, embalagem e distribuição para um nível de classe mundial. Ele conduziu os esforços para instalar sistemas de manufatura integrada por computador que aumentaram nossa eficiência e reduziam o custo por libra em 8% a 10% ao ano durante três anos. Ao mesmo tempo, nossa manufatura foi ficando mais complexa, à medida que começamos a precisar de muitos tamanhos novos de embalagens, bem como mais café triturado para a United Airlines e outros grandes clientes. O grupo de Ted reduziu os custos de transporte e os custos de corte de papel de maneira significativa renegociando os contratos. Ele determinou uma meta de cinco anos para continuar baixando os custos até o ano 2000, sem comprometer a qualidade.

Embora não seja tão visível ou drástico quanto entrar para o setor de sorvetes ou música, o que Orin e sua equipe fizeram naquele ano estava firmemente ancorado na tradição da Starbucks de desafiar os obstáculos.

Os estoques de café de preço elevado não atingiram resultados antes de um ano, no outono de 1995. Trimestre após trimestre, os analistas de Wall Street duvidavam que atingiríamos os números. Em determinados trimestres, a situação era incerta. Mas, ao final do ano fiscal de 1996, tínhamos vendido quase todo o nosso café de preço elevado e os dividendos do ano fiscal 1996 atingiram o previsto. Demos início às operações com alguns clientes para volumes grandes durante o ano, mas a principal razão era o processo lento e metódico de ajuste dos custos, eliminando nossas ineficiências e aperfeiçoando os processos.

Sempre me intrigou a ironia de que uma empresa tende mais a atrair a atenção quando perde dinheiro, ou dispensa pessoas, ou comete erros espetaculares. Os sábios podem analisar sabiamente o que deu errado e o que devia ter sido feito. Mas os sábios não são tão proficientes em analisar o sucesso. O que é preciso para se atingir um crescimento anual de 50% tanto em vendas quanto em lucros por seis anos consecutivos? O que permitiu à Starbucks fazer o que se tornou uma combinação de disciplina e inovação, processo e criatividade, cautela e audácia que poucas empresas dominaram?

Quando a Starbucks atingiu esses números dois anos depois de passar por uma crise daquele tamanho, eu fiquei estimulado. E Orin também. Mas ninguém nos perguntou: como foi que vocês conseguiram isso?

Pode parecer trivial, mas eu acredito que ter passado pela crise de preços do café tornou a Starbucks uma empresa melhor. Deixou-nos cientes de nossas vulnerabilidades e nos forçou a desenvolver habilidades que não havíamos processado.

A Starbucks atingiu as metas naquele verão. Antes de 1994, tudo em que tocávamos se transformava em ouro. Cada vez que tentamos algo ousado, obtivemos sucesso. Quando essa crise nos atingiu, sem avisar, moldou nossos gerentes, um grupo que incluía muitos executivos seniores contratados de outras empresas, formando uma equipe bastante unida. Demonstrou a coragem de Orin na linha de fogo e forçou-me a aprender uma nova dimensão da administração.

Grandes empresas precisam de um líder visionário e de um executivo habilidoso: um para o ponto mais alto e outro para o ponto mais baixo em um ciclo econômico. Conforme escreveu Ronald Henkoff, da *Fortune*, em novembro de 1996, "as empresas que existirão a longo prazo tenderão a ser as mesmas que entendem que reduzir os custos e aumentar os rendimentos não são itens que se excluem mutuamente. A eterna vigilância tanto das altas quanto das baixas é o novo ingresso para a prosperidade".

Senti-me rebaixado ao perceber como poderíamos estar vulneráveis a forças externas que poderiam mudar drástica e instantaneamente o rumo de nossa empresa. Aquilo me ensinou que tínhamos de estar em um estado constante de preparo e vigilância. Não se pode pensar apenas no que é conhecido; é preciso considerar também o desconhecido. Hoje a Starbucks está mais preparada para a crise desconhecida que eventualmente possa estar se aproximando porque já enfrentou uma.

Quando o preço do café dobrou no início de 1997, tínhamos uma ideia bastante clara do que era preciso para resistir à tempestade. Daquela vez, sabíamos calcular os custos e entendíamos a necessidade de agir enquanto os acontecimentos ainda estavam frescos nas mentes de nossos clientes. Mais uma vez, nosso aumento cobria somente os custos incrementais, os custos de reposição do café com preço elevado.

Reconheci a lição mais profunda da crise de 1994 meses depois. E se nós tivéssemos optado pela solução fácil de adulterar o nosso café?

Poderíamos economizar milhões de dólares por ano se comprássemos café ainda mais barato. A Starbucks gasta mais dinheiro por libra de café do que praticamente qualquer empresa do mundo, embora provavelmente menos de 10% de nossos clientes notem a diferença.

Se você consegue aumentar o lucro mascarando os custos de seu produto principal e 90% de seus clientes nem notam a diferença, por que não o fazer?

Porque *nós* sentimos a diferença. Na Starbucks, conhecemos o sabor do excelente café. A autenticidade é o que defendemos. É parte do que somos. Se comprometêssemos quem somos para obter lucros maiores, o que conseguiríamos? No final das contas, todos os nossos clientes perceberiam que havíamos sacrificado a qualidade, e não teriam mais motivo para caminhar um quarteirão a mais para até chegar à Starbucks.

Mas, bem antes de isso acontecer, todos nós da Starbucks teríamos percebido isso também. O que, então, nos manteria vindo trabalhar todos os dias? Lucros mais elevados à custa de qualidade inferior? As melhores pessoas sairiam. O moral sofreria. O erro acabaria nos alcançando e a perseguição acabaria.

Toda empresa tem uma memória. A memória de sacrificar a qualidade em prol dos lucros estaria marcada para sempre na lembrança das pessoas da Starbucks. Teria sido um preço impossível de pagarmos.

A MELHOR FORMA DE CONSTRUIR UMA MARCA É DE PESSOA PARA PESSOA

O que vem do coração, vai para o coração.
SAMUEL TAYLOR COLERIDGE, "Table talk"

No início de 1988, durante o primeiro inverno da Starbucks em Chicago, lembro-me de estar em um elevador e ver os clientes carregarem nossos copos, com o logo verde escondido atrás de seus dedos. A marca Starbucks não significava nada para eles.

Seis anos mais tarde, quando abrimos nossa primeira loja em Manhattan, formava-se imediatamente uma fila para comprar nossas bebidas com café expresso; às 8h30 da manhã, a fila se estendia porta afora. Por que tantos nova-iorquinos escolheram vir para a Starbucks naquele dia?

Por toda a América do Norte, à medida que entrávamos em cada cidade, atraíamos multidões. Em Atlanta, em Houston, em Toronto – cada vez que entrávamos em uma nova região, não importando quantas milhas de distância do ponto mais próximo da Starbucks, as pessoas se enfileiravam desde o primeiro dia. Não teria feito sentido fazer propaganda nos novos mercados; não conseguiríamos ter atendido a um movimento maior do que já tínhamos.

Nossa marca havia atingido destaque e era favorecida por todos os Estados Unidos e pelo Canadá, mas será que seria atraente para o Japão? Em agosto de 1996, viajei para o outro lado do mundo para descobrir. A Starbucks International estava prestes a abrir sua primeira loja em Tóquio, em um ponto visível na região de Ginza. Mais uma vez, não investimos em publicidade. O que o nome *Starbucks* poderia significar para os japoneses? Tóquio tem um café em quase todas as esquinas, sem falar em um concorrente com mais de 500 lojas. Os obstáculos contra o sucesso eram formidáveis.

No dia da inauguração, eu estava derretendo sob uma temperatura de 35°C e quase 100% de umidade. Eu não fazia ideia de que Tóquio podia ficar tão quente. Entretanto, desde o instante em que a loja abriu até a hora de fechar, quarenta a cinquenta clientes se enfileiravam para experimentar o café da Starbucks. Homens usando ternos escuros, mulheres com lenços elegantes, estudantes com mochilas, todos ficavam pacientemente sob o calor implacável. Alguns deles pediam *frappuccino*, apenas um ano depois de termos inventado a bebida.

Havíamos sido alertados de que, culturalmente, os japoneses recusavam-se a carregar bebidas e alimentos "para viagem" na rua. Entretanto, muitos clientes saíam orgulhosamente porta afora levando seus copos da Starbucks – deixando o logo à mostra.

Fiquei lá observando com Howard Behar, arquiteto de nossa expansão internacional. Ele virou-se para mim com lágrimas nos olhos. A marca Starbucks tinha o mesmo poder em Tóquio que em Nova York e Seattle. Ganhara vida própria.

Marcas fortes criam uma forte ligação pessoal

Nós nunca nos dispusemos a construir uma marca. Nossa meta era construir uma empresa excelente, que significasse algo, que valorizasse a autenticidade de seus produtos e a paixão de seu pessoal. No início, estávamos tão ocupados vendendo café, de xícara em xícara, abrindo lojas e ensinando as pessoas sobre o café bem torrado que nunca nos importamos verdadeiramente com "estratégia de marca".

Foi então que um dia eu comecei a receber telefonemas. "Você pode vir e contar-nos como construir uma marca nacional em apenas cinco anos?" Era extraordinário, diziam as pessoas, uma marca atingir o conhecimento nacional rapidamente como fez a Starbucks. Em algumas cidades, parecia dar certo do dia para a noite. Quando olhei em retrospecto, percebi que havíamos consolidado uma marca de um jeito que nenhum livro de administração jamais teria recomendado.

Construímos a marca Starbucks primeiramente com nosso pessoal, não com os consumidores – de modo contrário à abordagem de empresas de bolachas e cereais. Pelo fato de acreditarmos que a melhor forma de atender e exceder as expectativas dos nossos clientes fosse contratando e treinando pessoas excelentes, nós investimos nos funcionários que eram zelosos em relação ao bom café. A paixão e o comprometimento tornou nossos parceiros do varejo os melhores embaixadores do café e da marca. O conhecimento e o fervor deles criavam polêmica entre os clientes e os inspiravam a voltar. Esse é o segredo do poder da marca Starbucks: a ligação pessoal que nossos parceiros sentem e a relação que estabelecem com o cliente.

Aprendi muito sobre grandes marcas com Jamie Shennan, o membro do conselho da Starbucks que fez consultorias em estratégias de *marketing* para Procter & Gamble, Anheuser-Busch, Pepsi e General Foods. Ele investiu na empresa em 1990, porque acreditava que a Starbucks já estava se tornando uma marca poderosa. Grandes marcas, diz ele, têm uma identidade diferente e memorável, um produto que faz as pessoas parecerem ou se sentirem melhor, e um forte e confortável canal de entrega, que no caso da Starbucks eram as lojas. Para ser bem-sucedido, você precisa estar em uma categoria suficientemente grande para ser robusta e vibrante e ter uma visão clara e original. Todos esses fatores são essenciais, afirma ele, mas eles só se fundirão se a equipe gerencial puder executar bem. Jamie acredita que a Starbucks pode acabar se tornando tão conhecida quanto a Coca-Cola pelo mundo.

A maioria das marcas nacionais dos Estados Unidos são orientadas ao *marketing*. Embora minha formação tenha sido em *marketing*, este não tem sido o motor que impulsiona a Starbucks – pelo menos não no sentido tradicional. Nos dez anos seguintes a 1987, gastamos menos de 10 milhões de dólares em publicidade, não porque não acreditávamos, mas porque não podíamos pagar. Em vez disso, fomos orientados ao produto, orientados às pessoas e orientados aos valores.

Se você procura sabedoria em *marketing* de marcas, a maior parte do que vai encontrar baseia-se no modelo Procter & Gamble. Isto é, você se volta a mercados de massa com distribuição e publicidade em massa, e então focaliza em conquistar fatias de mercado de seus concorrentes. Esse é o estilo básico de vida para produtos maduros em mercados consolidados. Se a Pepsi ganha um ponto ou dois, a Coca-Cola perde. O mesmo se aplica a automóveis e a marcas de cigarros. As grandes empresas de alimentos embalados gastam muitos milhões de dólares e elaboram campanhas altamente inovadoras com o objetivo de conquistar alguns pontos percentuais na participação no mercado.

Na Starbucks, nós temos uma abordagem diferente. Estamos criando algo novo. Estamos expandindo e definindo o mercado. Nós não nos dispusemos a tomar os clientes da Folgers ou da Maxwell House ou da Hill Brothers. Não optamos pela distribuição mais ampla possível. Nós nos dispusemos, em vez disso, a ensinar nossos clientes sobre o romance de se tomar café. Queríamos apresentar-lhes os cafés finos da maneira como os conhecedores de vinho apresentam vinhos finos. Assim como eles podem discutir as características de um vinho produzido em uma região específica ou em um local na França, nós queremos que nossos baristas consigam explicar de maneira inteligente os sabores de um café do Quênia, Costa Rica e Sulawesi.

A Starbucks construiu lealdade à marca, cliente por cliente, comunicando--se através de nosso pessoal, no cenário das lojas da própria empresa. Hoje, até mesmo os gerentes de grandes marcas de consumo estão começando a perceber que se você pode controlar sua própria distribuição, não se verá à mercê de um varejista que pode ou não entender o seu produto. É uma maneira extremamente eficaz de construir uma marca autêntica, mas certamente não é a maneira mais fácil.

Cerca de 80% do café vendido nos Estados Unidos é comprado em corredores de supermercados. Mas desde o início, deixamos esses canais tradicionais para outros e concentramos esforços em nossas próprias lojas varejistas distribuídas em pontos do centro da cidade, altamente visíveis e de grande movimento, próximos a áreas residenciais. Definíamos os pontos em lugares onde as pessoas passeiam e em ruas onde passavam a caminho do trabalho. Atraímos pessoas e fizemos com que elas experimentassem nosso café moído, inicialmente instilando-lhes o romance das bebidas com café expresso.

Nossa vantagem competitiva sobre as grandes marcas de café passou a ser nosso pessoal. As vendas em supermercados são não-verbais e impessoais, sem qualquer interação pessoal. Mas em uma loja da Starbucks, você encontra pessoas bem informadas e animadas em relação ao café e que têm entusiasmo pela marca. Qual nome você está mais propenso a lembrar?

Hoje, existe muita retórica de *marketing* em se agregar valor aos produtos. Na Starbucks, o valor estava lá desde o princípio, no próprio café. Quando sua média de vendas é de apenas 3,50 dólares, é preciso garantir que o cliente irá retornar. E os nossos retornam – em média dezoito vezes por mês.

A Starbucks certamente não foi a primeira empresa a construir uma reputação por meio de lojas no varejo. Centenas de varejistas locais em cidades por toda parte fazem a mesma coisa. A pizzaria em que você compra pode se orgulhar de seu tempero exclusivo. Ou você pode conhecer um restaurante chinês que tem um autêntico *dim sum*, com um excelente *chef* de Hong Kong. Ou, então, pode frequentar uma livraria local porque o proprietário pode solicitar livros específicos para você. A questão é que você sabe, tanto por experiência própria quanto pelo que se comenta, que eles são os melhores da cidade.

Tradicionalmente, os varejistas locais sempre lutaram diferenciando-se da concorrência e conquistando clientes locais com produtos, serviços ou qualidade que não obtinham em nenhum local próximo. O extraordinário em relação à Starbucks é que nós usamos aquele modelo para nos tornarmos uma empresa nacional e depois alavancamos a reputação de nossas marcas para além de nossas lojas, para canais atacadistas e de serviço alimentício bem como para novos produtos vendidos em mercearias e outros estabelecimentos.

O sucesso da Starbucks prova que uma publicidade de muitos milhões de dólares não é pré-requisito para construção de uma marca nacional – nem os bolsos fundos de uma grande corporação. É possível fazer isso cliente por cliente, loja por loja, mercado por mercado. Na verdade, essa pode ser a melhor forma de inspirar lealdade e confiança aos clientes. Através dos comentários, com paciência e disciplina, durante alguns anos, é possível transformar uma grande marca local em uma grande marca nacional – que permaneça relevante para clientes individuais e comunidades durante anos.

A autenticidade faz as marcas durarem

Nesta sociedade em constante mudança, as marcas mais poderosas e duradouras são construídas a partir do coração. Elas são reais e sustentáveis. Suas bases são mais sólidas porque elas são construídas com a força do espírito humano, não de uma campanha publicitária. As empresas que estão durando são as autênticas.

Pense na Nike, por exemplo. Poucas pessoas lembram que Phil Knight menosprezou propagandas durante vários anos, preferindo promoções durante eventos e competições atléticas. Ele construiu a reputação da Nike com base na autenticidade, focalizando em como seus calçados melhoravam o desempenho atlético. Muito tempo depois de os calçados de corrida virarem moda e artigo de uso diário, a Nike continuou a enfatizar sua superioridade técnica. Muito depois de a empresa ficar conhecida por seus premiados comerciais megamilionários em televisão, a Nike ainda abraça seu legado como tendo o calçado preferido pelos melhores atletas.

Em contrapartida, pense na Gloria Jean's, uma empresa de café criada perto de Chicago, que começou a operar em sistema de franquias em todo o país em 1986. No final de 1991, estava à frente da Starbucks, com 120 lojas, em comparação com nossas 110. Mas a Gloria Jean's nunca desenvolveu a mesma lealdade que a Starbucks, e passou de proprietário a proprietário diversas vezes. Uma razão para isso é que a empresa franqueava o conceito em mais de cem cidades pelo país, e cada franquia isoladamente deixava de criar forte lealdade entre os clientes. E o fundamental, contudo, é que a empresa nunca estabeleceu uma reputação boca a boca em função de autenticidade e qualidade.

Publicidade em massa pode ajudar a construir marcas, mas autenticidade é o que as faz durar. Se as pessoas acreditam que compartilham valores com uma empresa, permanecerão leais à marca.

A marca da Starbucks é mais do que café

O principal fator para a criação de uma grande marca duradoura é oferecer um produto atraente. Não há substituto.

No caso da Starbucks, nosso produto é muito mais do que café. Os clientes escolhem nos procurar por três motivos: nosso café, nosso pessoal e a experiência em nossas lojas.

Romance com os grãos. Nada é mais importante em nossa empresa do que o sabor do café. Somos fanáticos por comprar os cafés *arábica* da mais alta qualidade no mundo e torrá-los ao ponto de oferecerem o sabor desejado para cada variedade. Tornou-se um marco referencial para nós; tudo mais que fazemos tem que ser tão bom quanto o nosso café.

Nós criamos muito do romance da compra do café, contando a história de como Dave Olsen e Mary Williams viajam para os países de origem e conversam com os produtores. Mas em última instância, a questão não é a mística mas o desempenho na xícara.

Café é um artigo muito frágil, que pode ser facilmente danificado. Mesmo que você compre os grãos certos, eles podem ficar passados na prateleira, ser torrados demais ou de menos, preparados de maneira inadequada, ou acabar sendo servidos mornos. Nos esforçamos para nos certificar de que nada dê errado em nenhuma das etapas.

Nos bastidores, nossos parceiros nas lojas vão a extremos para se assegurar de que nosso café permaneça fresco e saboroso. Nós guardamos os grãos em pacotes fechados a vácuo ou em gavetas escuras para minimizar os efeitos nocivos do ar, da luz e da umidade. Trituramos os grãos em um nível preciso de aspereza ou finura, dependendo de como eles serão preparados. Então medimos as proporções de café e água conforme padrões exatos. Se um barista em treinamento leva menos de 18 ou mais de 23 segundos para liberar um jato de expresso, pedimos que ele continue tentando até atingir o tempo certo.

Pelo fato de 98% do café ser água, água de má qualidade pode prejudicar o sabor até mesmo dos melhores grãos de café. Então, atrás do balcão de cada loja, onde a maioria dos clientes não pode sequer enxergar, temos um sistema especial para filtragem. Cada uma dessas etapas de cuidado representa acréscimos ao nosso custo operacional, mas fazem uma diferença que os clientes podem provar e que garante um padrão de sabor e qualidade consistente de loja em loja e de região em região.

Romance com o cliente. Dave Olsen tem um ditado: "Café sem pessoas é como uma mera construção teórica. Pessoas sem café também sofrem de certa irrelevância".

E Howard Behar tem outro: "nós não estamos no setor de café servindo pessoas. Estamos no setor de pessoas servindo café".

São os nossos parceiros que transmitem aos clientes o conhecimento e a paixão deles pela Starbucks. Se nós cumprimentarmos os clientes, trocarmos algumas palavras a mais com eles e depois prepararmos o café especialmente para eles, uma bebida que agrade exatamente a seu paladar, eles ficarão ansiosos por retornar.

Boa parte da experiência vivida no varejo nos Estados Unidos é medíocre. Na lavanderia, no supermercado ou no banco, nós somos reduzidos a um mero número, ou a um cartão de crédito, ou a um código de identificação pessoal. Você é apenas mais uma transação em uma carteira de clientes que se encontram na lista antes e depois de você.

Mas quando você se depara com uma experiência em um nível superior, em que é tratado de forma positiva, em que alguém se esforça para fazê-lo sentir-se especial, em que é bem recebido com um sorriso e considerado inteligente, a experiência se torna relevante.

Pelo fato de confiarmos a marca Starbucks aos baristas, é de vital importância que contratemos pessoas excelentes e as contagiamos com nossa paixão pelo café. Fazemos isso em nosso programa de treinamento, cujas sofisticação e profundidade são raras no varejo.

Durante anos, a Starbucks investiu mais treinando nosso pessoal do que fazendo propaganda de nosso produto. Refinamos continuamente as 24 horas de treinamento que oferecemos a cada novo contratado. Cada barista novo precisa participar de alguns cursos básicos de Conhecimento em Café (quatro horas), Preparando a Xícara Perfeita (quatro horas) e Atendimento ao Cliente (quatro horas), bem como aulas de orientação básica e habilidades no varejo. Desde o primeiro dia, nós tentamos imergi-los em nossa cultura centrada nos valores, mostrando-lhes a importância de tratar os clientes e uns aos outros com respeito e dignidade. Nossos instrutores são todos gerentes de loja ou gerentes regionais, com ampla experiência prática. Nós treinamos os baristas a estabelecerem contato visual com os clientes, a preverem suas necessidades, a explicar-lhes sobre os diferentes cafés de maneira simples e clara e a compensar clientes insatisfeitos com um cupom chamado Starbuck que lhes concede uma bebida grátis.

Cada vez que abrimos novas lojas em um novo mercado, empreendemos um grande esforço de recrutamento. Cerca de oito a dez semanas antes da abertura, nós publicamos anúncios para contratação de baristas e começamos o treinamento. Enviamos uma Star Team (Equipe Estrela) de gerentes e baristas experientes de lojas já existentes e usamos um sistema de companheirismo para treinamento individual.

Também encorajamos o diálogo com clientes, oferecendo cartões de sugestão em cada loja. Tipicamente, recebemos cerca de 150 respostas por mês.

Cerca de metade dos comentários são negativos, 30% são positivos, e o restante são perguntas e solicitações. A principal reclamação é com relação às filas. Alguns clientes se identificam tão fortemente conosco que chegam a redigir cartas longas e eloquentes cujo tom varia do sublime ao horroroso. Um homem escreveu uma carta de três páginas, uma epopeia sobre a tensão que sofreu ao levar sua esposa grávida de carro para a maternidade e como um *latte* aliviou seu estresse. Para responder com atenção a clientes assim, pedimos a uma de nossas funcionárias mais antigas, Barbara Reed, para assumir o cargo de relações com o cliente em 1992. Ela havia ingressado na empresa em 1982 como barista, gerenciado a loja do Pike Place durante vários anos, e trabalhado como gerente regional no Canadá, então estava familiarizada com as realidades do atendimento ao cliente em nível de loja.

Romance em todos os sentidos da experiência vivida na loja. Na Starbucks, o nosso produto não é apenas um excelente café mas também o que chamamos de "experiência Starbucks": um ambiente convidativo e enriquecedor em nossas lojas, confortável e acessível e, ao mesmo tempo, moderno e elegante.

Mais e mais, percebo que os clientes estão procurando um Terceiro Lugar, uma pausa convidativa, estimulante e até mesmo profunda, distante das pressões do trabalho e de casa. As pessoas vêm à Starbucks para um intervalo revigorante, uma pausa em seus dias agitados, um presente que dão a si mesmas. A visita tem de ser recompensadora. Se algum detalhe estiver errado, a marca sofrerá. É por isso que adoramos dizer: "Tudo importa".

Com efeito, nossas lojas são os nossos *outdoors*. Os clientes têm uma impressão da marca Starbucks assim que entram pela porta. O ambiente que criamos lá tem tanto a ver com construção de uma marca quanto com a qualidade do café.

Toda loja da Starbucks é cuidadosamente projetada para aperfeiçoar a qualidade de tudo que o cliente vê, toca, ouve, cheira ou experimenta. Todos os sinais sensores têm de atrair os mesmos padrões elevados. A arte, a música, os aromas, a área toda, tudo deve enviar a mesma mensagem sublime, como faz o sabor do café: *tudo aqui é o melhor da classe.*

Qual é a primeira coisa que você nota quando se aproxima de uma loja da Starbucks? Quase sempre o aroma. Até mesmo aqueles que não tomam café adoram o cheiro do café sendo coado. É forte, rico, encorpado, misterioso, sugestivo. O aroma dispara lembranças com maior força do que qualquer um dos outros sentidos, e obviamente desempenha um papel importante ao atrair as pessoas para nossas lojas.

Manter aquele aroma de café puro não é uma tarefa fácil. Pelo fato de os grãos de café terem uma forte tendência a absorver odores, banimos o fumo em nossas lojas anos antes de se tornarem uma tendência nacional. Pedimos aos nossos parceiros para evitarem o uso de perfume ou colônia. Não vendemos grãos de café com sabor artificialmente modificado. Não vendemos sopa, *pastrami* fatiado ou alimentos cozidos. Queremos que sintam apenas o aroma do café.

As músicas que tocam em nossas lojas também contribuem para a imagem da marca. Até recentemente, nossa música era os instrumentais de *jazz* e música clássica, mas recentemente Timothy Jones começou a variar as seleções musicais acrescentando ópera, *blues*, *reggae* e até canções de *shows* da Broadway. Mas música é apenas um som dentre os que você ouve. Depois de fazer seu pedido, geralmente ouve o caixa dizer o nome do seu *drink*, e posteriormente ouve um eco pronunciado pelo barista. O assobio da máquina de café expresso, o som que se ouve quando o barista retira o café moído do filtro, o borbulhar do leite vaporizado em uma caneca metálica e, no balcão dos grãos, o barulho da concha de metal apanhando os quatro grãos, o ruído ao serem pesados – para os nossos clientes, todos esses são sons familiares e agradáveis.

Para corresponder ao calor da xícara nas mãos, temos que prestar atenção a tudo o que o cliente toca: ao estilo das cadeiras, às extremidades dos balcões, à textura do assoalho. Até mesmo a limpeza faz parte da experiência da loja, e é um fator que nós monitoramos regularmente, usando "compradores fictícios" que se passam por clientes e classificam cada ponto conforme uma série de critérios.

Construímos o romance do café no projeto visual de cada loja. Muitos incluem amostras de grãos de café em diferentes estágios do processo de torração, dos grãos crus à torração de cor canela para a maioria dos cafés vendidos em lata e até a torração escura do café Starbucks – com uma explicação do porquê de acreditarmos ser melhor torrar bem o café. O projeto de nossa última loja traz os grãos de café em suas gavetas e em grandes alimentadores de metal, um dispositivo que provoca a curiosidade das pessoas e faz com que elas façam perguntas.

Mantemos nossa visão pura projetando *banners* coloridos e pôsteres para evocar diferentes humores durante estações diferentes, enriquecendo a marca Starbucks com interesse e impacto visual. Recebemos centenas de pedidos de clientes querendo cópias de seus pôsteres favoritos. Os mais populares incluíam um recente dos tigres de Sumatra e três imagens originais da sereia que escolhemos usar em nosso aniversário de 25 anos, feitos por artistas conhecidos em 1971 por sua imagem psicodélica. Até usamos as próprias xícaras para transmitir mensagens, incluindo três "capítulos" de nossa história impressos em xícaras durante a comemoração de nosso 25º aniversário.

A maneira como os artigos são expostos também reflete sobre a marca. Nós estudamos atentamente cada detalhe e discutimos longamente se devemos ou não oferecer vários produtos: será que pacotes de polenta reforçam ou prejudicam a imagem da marca? E relógios de pulso? E balas de gelatina? Nós até trabalhamos diretamente com artesãos italianos para criar projetos originais e também pintar nossas canecas à mão.

Marcas autênticas não surgem de escritórios de *marketing* ou de agências de publicidade. Emanam de tudo o que a empresa faz, desde o projeto da loja, da escolha do ponto, treinamento, produção, embalagem até a compra da mercadoria. Em empresas de marca forte, todo gerente sênior precisa avaliar cada decisão perguntando: "Isso irá fortalecer ou enfraquecer a marca?".

É possível construir uma marca através da propaganda boca a boca?

Em Seattle, levou quinze anos para o excelente café dar certo. E cinco para as bebidas com café expresso. Entretanto, de alguma maneira, nós subestimamos o tempo de que precisaríamos para cativar as imaginações em outras cidades.

Quando fomos para Chicago em 1987, estávamos tão confiantes de termos desenvolvido uma fórmula cativante que consideramos garantido o retorno positivo de nossos clientes. O que não levamos em consideração, contudo, foi que nossa reputação transmitida boca a boca não nos precedeu. Poucas pessoas fora de Seattle sabiam o significado de Starbucks.

A partir dessa experiência, aprendemos que não era suficiente simplesmente abrir nossas lojas e assumir que os clientes viriam. Tínhamos de criar um entusiasmo adicional em cada cidade em que nos preparávamos para entrar. Como poderíamos fazer as pessoas começarem a falar sobre a Starbucks assim que abríssemos nossa primeira loja na vizinhança? Em cada mercado que ingressávamos, aprendíamos novas técnicas. Então, em 1994 e 1995, quando aceleramos rapidamente o número de novos pontos, havíamos desenvolvido uma abordagem múltipla.

Jennifer Tisdel, nossa vice-presidente de *marketing* no varejo desde 1992, organizou uma estratégia de entrada no mercado que teve início com a contratação de uma empresa local de relações públicas para nos ajudar a entender a herança e os interesses de uma determinada cidade. No início da sequência de abertura de nossas lojas nós sempre selecionamos um local-chefe, um ponto bastante estratégico em uma região agitada da cidade, para construir uma loja de grande movimento, como as do Dupont Circle em Washington, D. C., e Astor Place em Greenwich Village, em Nova York.

Ao mesmo tempo, nosso pessoal criativo projetava trabalhos em homenagem às peculiaridades de cada cidade, seguindo temas específicos. Para Nova York, por exemplo, foi projetada a caneca no formato da Estátua da Liberdade. Nós usávamos arte em canecas, camisetas e convites para nossos parceiros e clientes.

Diferente da maioria das lojas varejistas, os cafés são lugares em que as pessoas se reúnem naturalmente, então nós tentamos integrar nossas lojas à estrutura de suas comunidades locais. Para cada novo mercado, planejamos pelo menos um grande evento junto à comunidade para comemorar a nossa chegada, com os recursos revertidos a obras de caridade da região. Em Boston e em Atlanta, Kenny G realizou concertos beneficentes, para os quais convidamos líderes locais.

Antes de cada inauguração, nós fazíamos uma lista de pessoas que poderiam atuar como "embaixadores" locais da Starbucks. Começávamos perguntando aos nossos parceiros se eles tinham amigos ou parentes naquela cidade, que nós posteriormente convidávamos para eventos de pré-estreia e abertura oficial, e também os acionistas locais, os clientes atendidos por catálogo e os patrocinadores do CARE ou de outras causas que apoiamos. Enviávamos a cada um dois cupons de bebidas grátis com uma nota pedindo que eles "compartilhassem a Starbucks com um amigo". Realizávamos testes de prova com repórteres da região, degustadores, *chefs* e proprietários de restaurantes bem cotados. Para dar aos nossos baristas a chance de praticar, deixávamos que convidassem amigos e a família para as festas de abertura, onde o café e as tortas eram servidos gratuitamente, com uma sugestão de doação de 3 dólares para um grupo local sem fins lucrativos. Finalmente, fazíamos uma grande festa de abertura oficial, geralmente no sábado após a inauguração, às vezes com a presença de milhares de pessoas.

Os eventos em comunidade e os patrocínios tornaram-se parte integrante de nosso trabalho de *marketing*, em parte para construir uma consciência, mas também porque acreditamos que seja a coisa certa a se fazer. Além do nosso apoio ao CARE, nós tentamos ser sensíveis às questões locais, enfatizando principalmente o apoio a programas de combate à AIDS, causas em prol das crianças, especialmente crianças hospitalizadas, o meio ambiente, com enfoque na limpeza das águas, e artes, especialmente *jazz* e festivais de cinema. Nos últimos anos, trezentos a quatrocentos parceiros e clientes da Starbucks participaram ativamente da caminhada anual contra a AIDS em Seattle.

Também desenvolvemos parceria com o Doernbecher Children's Hospital em Portland, que incluía a venda de canecas especialmente desenhadas, apoiamos festivais de cinema em Toronto, San Francisco e Seattle, conseguimos levantar fundos para o projeto Rhode Island's Save the Bay (Salve a Baía de Rhode Island). Essas atividades, apenas algumas dentre as centenas que apoiamos, partem diretamente de nossa Declaração de Missão, que afirma o nosso compromisso em "contribuir positivamente para nossas comunidades e nosso ambiente". Não só esses apoios promovem a boa vontade, mas também causam um efeito positivo internamente, tornando os nossos parceiros orgulhosos de fazerem parte de uma empresa que dá retorno à comunidade.

Nas semanas seguintes a cada inauguração, nós frequentemente definimos um sistema de recompensa para agradecer a nossos clientes pelo comparecimento. A partir de 1993, passamos a emitir " passaportes" aos nossos clientes, que davam direito a 200 gramas de café grátis assim que tivessem completado o "*tour* mundial", experimentando os cafés nos diferentes países onde estávamos presentes. Em outras cidades, convidávamos os clientes para experimentar cinco bebidas diferentes, e depois eles recebiam uma dose grátis.

Também oferecemos materiais impressos nas lojas, que trazem informações aos clientes interessados em aprender mais sobre café. Cada loja possui um *display* de folhetos, incluindo o *The World of Coffee* (O Mundo do Café), que detalha os diferentes sabores de cada tipo de café que vendemos, o *The Best Coffee at Home* (O Melhor Café Caseiro), sobre como moer e preparar o café, e o *A Quick Guide to Starbucks Specialty Beverages* (Guia Rápido Para Bebidas Especiais da Starbucks), com diagramas que explicam bebidas como *cappuccino* e *caffè latte.*

Além disso, nós publicamos e distribuímos o *Coffee Matters* (Café Importa), um informativo mensal com foco no romance e na cultura do café através dos tempos. Usamos nossos relatórios anuais para contar nossa história também, de sessões sobre "romance com os grãos" e "a arte da torrefação" em 1992, até o projeto inovador e incomum de nosso relatório anual de 25º aniversário em 1996. Outro fator que contribuiu para a consolidação da nossa marca foram os pedidos por catálogo, que permitem comunicação direta com os clientes. Nossa linha de chamadas gratuitas concede acesso imediato a especialistas em café que podem discutir, com base em sólidos conhecimentos, a diferença entre um Sumatra e um Sulawesi, entre as misturas Gold Coast e Yukon.

Com o rápido ritmo de expansão, nosso pessoal de *marketing* em Seattle não pode mais monitorar as necessidades e os interesses locais tão bem quanto pessoas em campo. Consequentemente, descentralizamos nossos esforços de *marketing*, com doze parceiros em quatro zonas espalhadas pelos Estados Unidos cuidando da abertura de lojas, da organização de eventos e de patrocínios nas regiões, ajudando, assim, a assegurar que os nossos esforços empreendidos por toda a empresa fossem relevantes em um nível local.

Pelo fato de a Starbucks estar sempre oferecendo um padrão superior, quando tantos outros varejistas estavam baixando as expectativas, ela acabou reluzindo como um farol no setor varejista. Um cliente típico pode dizer: "Uau! Venho aqui e sou tão bem tratado. E quando volto no dia seguinte, eles sabem meu nome e sabem o que gosto de beber! E tem uma cadeira ali, ouço *jazz* e posso fechar os olhos e descansar por cinco minutos longe do trabalho e de casa. Posso fazer isso todos os dias por mim, e gastar apenas um dólar e meio ou dois. Não posso sair de férias para o Havaí, mas esse prazer eu posso me dar! E todos os dias".

Clientes extremamente satisfeitos assim são o poder por trás de nossa estratégia de propaganda boca a boca. Se toda nova loja puder despertar esse tipo de reação, a marca Starbucks corresponderá a uma experiência pessoal muito significativa, não importando o quanto sejamos onipresentes.

Construindo a marca fora de nossas lojas

Hoje, a marca Starbucks está indo além de nossas lojas. Cada vez mais, as pessoas estão encontrando nosso café em companhias aéreas, em navios de cruzeiro, em livrarias, supermercados. Essa maior exposição nos forçou a repensar o posicionamento da nossa marca.

Além dos restaurantes e aeroportos, nós nos recusamos a deixar mais alguém vender o café da marca Starbucks. Visando a proteger a nossa marca, nos recusamos a disponibilizá-la em drogarias, lojas de conveniência ou postos de gasolina. Em 1993, contudo, a Nordstrom concordou em vender o nosso café. Com grande reputação por suas roupas de qualidade e atendimento superiores, a Nordstrom era o tipo de parceiro estratégico que, tínhamos certeza, iria promover, e não enfraquecer, a nossa marca. Posteriormente, quando escolhemos supermercados para montar quiosques, pretendíamos encontrar os de maior reputação, como o Quality Food Centers em Seattle.

Agora que nós temos novos produtos como sorvete e *frappuccino* em garrafa, ambos vendidos em supermercados, é fundamental encontrarmos uma abordagem inovadora em termos gráficos. As nossas garrafas de *frappuccino* lembram as antigas garrafas de leite, mas são decoradas com estrelas e espirais que prometem um sabor inesperado. Quando nos deparamos com restrições de capacidade de engarrafamento, tivemos de considerar embalarmos o *frappuccino* em latas de alumínio. Foi uma decisão difícil, uma vez que as latas geralmente nos fazem lembrar de refrigerantes de um modo geral. Mas mais uma vez, nós criamos um excelente desenho para preservar a marca Starbucks e a submarca *frappuccino*.

Talvez a discussão interna mais intensa que tivemos tenha sido referente ao desenho das embalagens para sorvete. Um grupo argumentava que, como a Starbucks estava entrando em um território desconhecido, deveríamos usar os recursos gráficos já conhecidos pertencentes à marca e vender o sorvete em embalagens brancas com o logo verde, ou nas cores terracota e carvão de nossos pacotes de café, com o desenho da fumaça. Sorvete era algo muito inovador – deveríamos escolher algo conhecido e aprovado em termos de embalagem.

Mas outro grupo defendia que nós devíamos aproveitar todas as oportunidades de impulsionar a marca com um novo gráfico que fosse ousado, divertido e animado, assim como tomar sorvete. Usar o gráfico existente, temiam, significaria dizer: "Esse é o máximo a que conseguimos chegar".

Finalmente, a abordagem inovadora e cheia de vida venceu. Adotamos uma aparência mais ousada desenvolvida por Terry Heckler, com um campo de espirais e estrelas contra um fundo em tons de marrom, laranja e amarelo. Percebi isso como uma chance de ficar de fora, em vez de interferir.

A imagem da marca Starbucks afetou até o *design* dos nossos escritórios. Em 1997, quando reprojetamos nosso edifício e o chamamos de Starbucks Center, queríamos que ele refletisse um novo senso de diversão. Quando retiramos o símbolo SODO da torre em que fica o relógio do nosso edifício, colocamos a cabeça da sereia da Starbucks no topo do edifício. Agora, todos os que visitam os nossos escritórios, que outrora não eram percebidos da rua, observam a torre no alto, arrematada por um par de olhos e uma coroa estrelada.

Embora poucos de nossos clientes visitem os nossos escritórios, nosso novo *design* reflete um novo espírito que a Starbucks está assumindo, à medida que vamos além de nossa base varejista. Fanáticos como permanecemos por café e pela experiência com as lojas, queremos também que as pessoas percebam que a Starbucks tem um senso de humor e um lado brincalhão, uma personalidade bem diversificada, dotada de exuberância e irreverência, capaz de se relacionar com pessoas de diversos níveis e diversos humores.

Elevando a marca para um nível novo

Em 1995, a marca Starbucks enfrentou uma crise de identidade. Embora tenhamos construído uma reputação com base no café de classe mundial e uma relação significativa com as pessoas, o campo estava ficando tão saturado que alguns clientes não conseguiam nos diferenciar de vários outros concorrentes. Confusos com nosso porte e onipresença, eles sentiam falta de nossa qualidade e compromisso com a comunidade.

Claramente, a propaganda boca a boca não era mais suficiente para transmitir a nossa mensagem. Se não expuséssemos com clareza o que significávamos, deixaríamos espaço para confusão em relação às nossas intenções.

Nós sempre confiamos que o nosso café falaria por si mesmo. Entretanto, gradualmente percebemos que tínhamos de ser mais proativos ao contarmos nossa história. Descendo a rua, você pode passar por dois ou três cafés. Como é que vai saber qual deles serve as melhores bebidas com café expresso? Como pode saber qual torra seu próprio café e vende aos consumidores em todo o mundo, procurando ter melhores grãos? Em meados dos anos 90, precisamos de uma maneira melhor de articular nossa história e tecê-la formando uma imagem mais abrangente, que envolvesse a nossa alma e visão.

Grandes marcas sempre significam algo muito maior do que elas mesmas. O nome Disney transmite diversão, família e entretenimento, enquanto Nike significa desempenho atlético superior. Microsoft visa a trazer um computador para cada mesa. Eu queria levar a Starbucks para um outro nível, fazê-la significar algo mais do que uma excelente xícara de café e uma atmosfera acolhedora e convidativa.

Conforme crescemos, ficou claro que precisávamos de um defensor dedicado à marca, alguém cuja responsabilidade fosse esclarecer e elevar a mensagem da Starbucks. Eu mesmo sempre desempenhei um papel bastante ativo e direto em *marketing* e *merchandising*, pelo fato de esses itens estarem tão intimamente integrados ao valor de tudo o que fazemos enquanto empresa. Mas em 1994, eu procurava um novo executivo sênior de *marketing*, e queria que fosse alguém já com a experiência de ter levado uma marca à notoriedade nacional ou até mesmo global. Deixei o cargo de *marketing* vago por dezoito meses enquanto procurávamos a pessoa certa.

Foi um perfil difícil de encontrar. O candidato certo tinha de ser, até certo ponto, treinado em *marketing*, capaz de desvendar a personalidade da marca Starbucks e dar-lhe vida, trabalhando com outros departamentos da empresa. Tinha de ser alguém que tanto tivesse uma mente criativa quanto fosse capaz de executar uma estratégia. Além disso, eu queria alguém com quem pudesse aprender, alguém que fosse considerado o melhor e mais brilhante em termos de *marketing* e desenvolvimento de marca. O futuro da marca Starbucks, sabia, estaria nas mãos dessa pessoa.

Em fevereiro de 1995, encontrei Scott Bedbury em uma casa na região central de Oregon, escrevendo um livro sobre como liberar o processo criativo nos negócios. Ele havia trabalhado como diretor de publicidade na Nike de 1987 a novembro de 1994, anos em que as frases "Bo Knows" e "Just Do It" passaram a fazer parte do vocabulário dos Estados Unidos. Ao ter passado a atuar independentemente, ele havia escrito uma carta para mim, oferecendo-se para trabalhar como consultor de *marketing*. Eu tinha em mente outra possibilidade.

"Sim!", atendeu ao telefone, pensando que fosse sua esposa.

"É Scott Bedbury? Aqui quem fala é Howard Schultz."

"Ah, olá!", cumprimentou-me e em seguida riu. "Você não vai acreditar, mas eu acabei de escrever um trecho sobre a Starbucks em meu livro."

Leu o trecho para mim, uma página inteira cheia de *insights* interessantes. Ele parecia jovem, esperto, ativo. Falava rápido, as ideias saíam com pressa uma após outra. Eu convidei-o para vir a Seattle para que nos encontrássemos pessoalmente.

Menos de duas semanas depois, Scott estava em meu escritório, tentando vender seus serviços como consultor. Ele estava vestido em estilo casual impecável, como sempre, e seus olhos azuis reluziam enquanto falava. Parecia mais jovem ainda do que seus 37 anos, como alguém em sintonia com os estilos e necessidades da geração de 20 e poucos anos. Ele falava com entusiasmo sobre os três outros clientes potenciais que tinha sob sua mira.

Em cinco minutos, abri o jogo com ele. "Na verdade eu não preciso de um consultor", disse-lhe. "Preciso de alguém para ser nosso diretor de *marketing*."

Ele ficou muito surpreso. Havia planejado sua vida para os vinte anos seguintes. Mas acabou aceitando, e em junho mudou-se com a família para Seattle e começou a pensar em uma estratégia de *marketing* a longo prazo para a Starbucks.

Scott imediatamente se viu desafiado pelo fato de a Starbucks não ser apenas uma marca, mas também uma importadora, fabricante, varejista, atacadista e por vender através de catálogos. Nenhuma empresa que ele conheceu havia feito as cinco coisas e sobrevivido. Mas encontrou surpreendentes semelhanças com a Nike, também. Assim como a Nike, a Starbucks havia entrado em uma indústria de artigos de conveniência com baixa margem e transformado seu produto em um símbolo cultural. E eu fiquei surpreso ao saber que a Nike também havia começado construindo sua marca cliente por cliente. Phil Knight inicialmente contratava fanáticos por corridas para vender os calçados da Nike em competições do gênero.

Quando Scott ingressou na Nike, em 1987, a empresa estava em fase de transição, começando seu salto para a publicidade nacional. Tinha excelentes calçados para atletas, mas nunca havia tentado atrair ninguém além do público masculino, corredores e jogadores de basquete. Scott ajudou a Nike a "ampliar o ponto de abordagem" para sua marca incluir mulheres e "guerreiros de fim de semana", que não buscam o melhor desempenho, mas meramente pelo prazer do exercício físico. A Nike manteve-se fiel à sua identidade central como calçado para desempenho atlético superior, mas caçoava de si mesma e de seus seguidores, como astros de basquete, corredores amadores e até daqueles que levavam o cachorro para um passeio. Seus comerciais e anúncios desencadearam uma percepção emocional que ressoou muito mais do que normalmente ocorre na publicidade. Muitos ainda são lembrados, cinco a dez anos mais tarde.

Ao chegar à Starbucks, Scott tinha ideias mais inovadoras do que qualquer um de nós conseguiria acompanhar. Estava particularmente intrigado com a ideia de a Starbucks não precisar se confinar a quatro paredes das nossas lojas, e sua imaginação foi mais além do que podíamos imaginar. Nós deveríamos levar café para onde as pessoas mais gostavam ou mais queriam, dizia ele, contanto que pudéssemos garantir a sua qualidade. Tínhamos no quadro de pessoal milhares de excelentes baristas, muitos dos quais eram aspirantes a artistas ou músicos, que podiam ir às ruas para atender de forma proativa as necessidades dos nossos clientes.

Scott acreditava que a Starbucks deveria ser uma empresa "sabida": por dentro do que houvesse de mais recente em piadas, em música, personalidades, política, literatura, esportes e tendências culturais. Ele pretende, com ideias vibrantes e inovadoras, abalar o que alguns veem como previsibilidade na Starbucks.

Até Scott ingressar, a Starbucks havia gastado apenas uma pequena porcentagem de sua receita em publicidade. Em comparação com os 250 milhões de dólares usados pela Nike em orçamento de *marketing* mundial, nossos poucos milhões pareciam desprezíveis. Queria ter podido conceder a Scott uma grande verba para publicidade no dia em que ele entrou, mas o elevado preço do café nos obrigou a colocar alguns projetos onerosos na espera. Apesar dessa restrição, prosseguimos e começamos o processo criando uma voz para expressar a personalidade da nossa marca. Os dólares com a mídia viriam mais tarde.

Mesmo antes de Scott ter sido contratado, havíamos tomado a decisão de encontrar uma nova agência de publicidade. Escolhemos quatro agências de prestígio e pedimos que cada uma preparasse uma apresentação. Naquele verão, uma equipe da Starbucks se encontrou com as quatro, e eu expliquei quais eram minhas metas para a Starbucks. Eles realizaram pesquisa de mercado junto aos clientes e parceiros da Starbucks antes de fazer as apresentações, e descobriram um fator incômodo: a principal ameaça para a marca Starbucks era a crença cada vez maior, entre os clientes, de que a empresa estava passando a ter um perfil corporativo e a ser previsível, inacessível ou irrelevante.

A veemência dessas percepções me deixou espantado. Enquanto CEO, eu cuidadosamente havia mantido discrição, para conservar o enfoque onde eu acreditava que deveria estar: no café e nas lojas. Mas quando ouvi que algumas pessoas nos viam como uma corporação sem identidade, percebi que tinha de adotar um papel mais visível ao explicar quem eu era e quais eram minhas metas para a Starbucks.

Ironicamente, uma vez que uma empresa é suficientemente grande para fazer intensas campanhas publicitárias, precisa desarmar as pessoas que suspeitam do porte e da onipresença. Claramente, não havíamos contado nossa história suficientemente bem. Precisávamos comunicar quem somos: uma empresa apaixonada, empreendedora dedicada não só a oferecer um excelente café, mas também a enriquecer momentos diários de milhões de pessoas.

Escolher uma agência não foi nada fácil, uma vez que as quatro tinham ideias magníficas. Deixei Scott decidir e ele prosseguiu com a Goodby,

Silverstein & Partners, a premiada agência de San Francisco que criou o "Got Milk".

Disse a Scott e ao pessoal da Goodby que eu queria que a Starbucks se tornasse parte da vida das pessoas, que enriquecesse-as com um senso de descoberta e esperança. Deveria ser humana e real. Nossa propaganda deveria dizer às pessoas o que nós éramos e o que faríamos.

Assim que assinamos o contrato com a Goodby, Scott mergulhou em nossa própria pesquisa de mercado contratando um especialista da Nike, Jerome Conlon, para conduzir o esforço. Jerome trabalhara com a Nike por catorze anos, incluindo dez como chefe de *insights* para consumo. Os dois começaram a Big Dig (Grande Exploração), um projeto de pesquisa de três etapas, com nove meses de duração, começando com discussões em grupo em três cidades. Eles observavam ocultamente os clientes e clientes potenciais comentarem quais eram suas percepções com relação ao café e à experiência vivida na Starbucks. Por que as pessoas vêm para a Starbucks? Como elas imaginam um local ideal para um café? Scott estava especialmente interessado em ouvir as opiniões de jovens e estudantes, os consumidores de café do amanhã, muitos dos quais preferiam os cafés originais da região.

Mais uma vez ficamos chocados com algumas das opiniões que ouvimos. Os consumidores por volta dos 30 e 40 anos e os amantes de café estão de um modo geral satisfeitos com a experiência da Starbucks. Mas pessoas de 20 e poucos anos querem mais do que um local para tomar café. Elas querem um lugar que seja bom e singular, não necessariamente bem iluminado e eficiente. O que importa para elas é um local para passear à noite, não para tomar um *latte* rapidamente a caminho do trabalho.

A pesquisa nos ajudou a perceber que os clientes têm diferentes necessidades, e que nós temos uma oportunidade de tentar atendê-los de diferentes maneiras, em diferentes lojas. Durante o dia, um estudante pode querer algum lugar para estudar tomando uma xícara de café. À noite, aquele mesmo estudante pode preferir um local para encontrar os amigos, longe da má influência do álcool, e que ofereça excelente música, mas também chance de conversar. A caminho do trabalho, uma advogada de meia-idade pode querer comprar um *latte* duplo em um *drive-through*, mas no meio da manhã ela talvez prefira uma mesa e uma atmosfera mais à vontade para discutir negócios tomando café com o cliente. O desafio que enfrentamos foi manter, senão fortalecer, a relevância de uma marca que atraiu um grupo tão diversificado de consumidores.

A pesquisa nos forçou a repensar nossa estratégia de *marketing*. Nós nos vemos como herdeiros respeitados da tradição do café europeu, com todas as suas conotações de arte, literatura e ideais progressivos. Podemos fortalecer e enriquecer a experiência da Starbucks extraindo do seu legado e encontrando pontos paralelos nos Estados Unidos contemporâneos, assim como fizemos quando começamos a oferecer livros de alta qualidade recomendados por Oprah Winfrey em 1997. Precisamos continuar satisfazendo nossos principais clientes em alguns lugares, mas também é preciso "ampliarmos o ponto de acesso" para atrair aqueles que querem um Terceiro Lugar estimulante no qual possam se reunir ao entardecer.

A publicidade nacional apresenta um dilema para uma empresa como a nossa. Com mais de 14 mil lojas espalhadas pelos Estados Unidos, nós precisamos falar com as pessoas em muitas cidades de uma vez. Mas, por natureza, a publicidade em nível nacional alimenta receios em relação à onipresença. Como atingimos um público nacional ao mesmo tempo que ainda nos mantemos respeitados em nível local? Trabalhamos durante meses em um plano mestre, rejeitando muitos conceitos no decorrer do caminho.

Na abordagem aos nossos clientes, temos de ser respeitosos, inteligentes, bem-humorados, mas também enérgicos. Não se pode prender a atenção das pessoas hoje a menos que você as trate como trataria um amigo da sua família. No nosso caso, esses amigos são os nossos clientes. A marca une nossos parceiros, nossos clientes, nossos produtos e nossos valores centrais da mesma maneira que ocorre em uma família.

A Goodby começou a nos ajudar a moldar uma imagem simples, elegante, profunda, e enaltecedora, focalizando os benefícios emocionais daquilo que todos nós procuramos quando fazemos uma pausa para o café e, ao mesmo tempo, incorporando o espírito bem-humorado e brincalhão pelo qual a Goodby é conhecida. Eles estão procurando equilibrar o gigante corporativo de sucesso contra a interação humana que os nossos clientes vivenciam cada vez que vão tomar o café favorito.

Uma sugestão de abordagem da Goodby pode ser vista nesta frase de proposta de propaganda:

"Temos café abaixo de zero" – para a promoção de verão de 1996 de sorvete e *frappuccino.*

"Hoje, as letras de um escritor vão desaparecer como o vapor de uma xícara de Kona e a formidável memória americana será reescrita."

"Um gole do gelado *frappuccino* cria um clima refrescante à sua volta."

Objetivamos o inesperado, o original, o inteligente. Encontrar a mensagem e o tom exatos foi uma tarefa bem mais difícil do que eu imaginava. Meu principal objetivo é não só ter nossa publicidade, mas toda a experiência da, Starbucks estabelecendo relação humana e riqueza pessoal nos momentos mais preciosos, em todo o mundo, xícara por xícara.

VALE A PENA CORRER O RISCO POR 20 MILHÕES DE NOVOS CLIENTES

> *Segurança é, em grande parte, superstição. Ela não existe por natureza nem os filhos dos homens como um todo a vivenciam. Evitar perigos, a longo prazo, não é mais seguro do que a total exposição. A vida ou é uma aventura ousada ou não é nada.*
> HELEN KELLER, "The open door", 1957

Como não comprometer a empresa em uma decisão arriscada

Em janeiro de 1996, quase que da noite para o dia, a Starbucks mais que dobrou o número de pessoas que atingia. A United Airlines começou a servir nosso café.

Nas semanas que se seguiram, recebemos centenas de telefonemas de todo o país. "Vocês têm que resolver isso", as pessoas reclamavam. "O café da United é fraco e frio", "Ninguém acredita que realmente seja da Starbucks", "Vocês têm que dar um jeito."

O que deveria ser um momento de glória estava se transformando em um verdadeiro desastre. Havíamos nos arriscado em um grande empreendimento, e o retorno inicial não parecia ir nada bem.

Todo turista sabe que as companhias aéreas não podem servir uma xícara decente de café. Entretanto, a Starbucks vive ou morre de acordo com a reputação do seu café. Então, por que nos arriscamos nessa associação? Porque tivemos chance de fazer algo que ninguém jamais fez: redefinir a imagem do café das companhias aéreas.

O negócio que assumimos com a United colocou à prova uma das bases de nosso negócio: a confiança. Se as pessoas não pudessem confiar no nome Starbucks como sinônimo de qualidade, a marca se tornaria desprovida de significado.

A parceria com a United Airlines começou em junho de 1995, com um telefonema de Vincent Eades, que havia ingressado na Starbucks três meses antes como vice-presidente sênior de vendas especiais e *marketing*, o departamento que lida com restaurantes e atacado. Vincent soube de um estudo que havia sido recentemente concluído pela United Airlines, no qual seus passageiros reclamavam da qualidade do café servido durante os voos. Ele propôs a Starbucks como resposta ao problema.

Uma vez que a base da United é em Chicago, a maioria dos seus funcionários/proprietários conhecia a Starbucks e ficara entusiasmada com a ideia, embora o nosso café seja geralmente duas vezes mais caro do que o dos concorrentes. Os pilotos e os comissários da United tinham que sofrer diariamente com o que nós sofremos ocasionalmente: café de baixa qualidade nas companhias aéreas.

Mas, dentro da Starbucks, a proposta provocou fortes discussões. Essa ação faz sentido para a empresa? Que prejuízo sofreríamos se não funcionasse? Quantos novos clientes teríamos depois disso? E, finalmente, resumia-se a duas perguntas principais: isso diminuiria a integridade da marca? Poderíamos entregar de maneira confiável a qualidade que nossos clientes esperavam em mais de quinhentas aeronaves pelo mundo?

Era uma oportunidade gigantesca: aproximadamente 80 milhões de pessoas voam anualmente pela United, e entre 25% e 40% delas pedem café. Trata-se de um mercado potencial de pelo menos 20 milhões de pessoas por ano, muitas das quais estariam provando o café Starbucks pela primeira vez.

Vincent planejou com Ted Garcia, chefe de operações da cadeia de suprimento, explorar o que seria necessário para fornecer café para a United. Ted descobriu que nós precisaríamos oferecer café moído e embalado em pacotes de 70 gramas, e garantir a mais alta qualidade possível. Isso significava trabalhar com nosso fornecedor visando a criar uma máquina exclusiva de embalagem, feita conforme as nossas necessidades. Pelo fato de o fabricante precisar de um *lead time* de seis meses, Ted prosseguiu e encomendou o equipamento, sem ter certeza de que aquilo seria aprovado.

Na verdade, nós já estávamos fornecendo café para a Horizon Airlines, uma companhia regional da mais alta qualidade com base em Seattle. A Horizon foi a primeira companhia aérea a reconhecer o valor agregado que o excelente café proporciona aos passageiros. Entretanto, a Horizon prepara nosso café em terra, sob condições controladas, e não a bordo, servido rapidamente em voos de curta distância.

Com a United era muito mais arriscado. Com seus voos mais longos, não tinha escolha a não ser preparar o café durante o voo. Esse processo é bem mais difícil do que preparar café em um restaurante. As companhias aéreas apanham água em qualquer cidade, e tanto a qualidade quanto o sabor variam significativamente. Em voos de longa distância cruzando continentes e oceanos, os comissários são forçados a deixar o café sobre o aquecedor por muito mais do que os vinte minutos máximos que recomendamos. Os equipamentos para o preparo de café em aeronaves variam muito em termos de qualidade, e as companhias aéreas estão sempre procurando formas de reduzir o peso de quase tudo a bordo.

A United tem mais de 22 mil comissários de bordo em todo o mundo, e treinar cada um para preparar uma xícara perfeita do café Starbucks parecia quase impossível. O risco de fracasso era espantoso: 20 milhões de clientes potenciais cuja primeira impressão da Starbucks poderia ser algo péssimo.

Em setembro, recusamos a proposta da United. Vincent Eades ficou arrasado. O mesmo ocorreu com Ted Garcia. Mas nosso pessoal de *marketing*, bem como os membros do conselho, temiam que a marca pudesse sofrer danos irreversíveis ao ser associada a um setor tido como grande, popular e usual demais. Eles temiam que a United nos tratasse apenas como outro fornecedor. Não acreditavam que a United estivesse comprometida em servir nosso café do jeito que queríamos que fosse servido. E, finalmente, não estavam convencidos de que a United promoveria a Starbucks tanto quanto nós esperávamos.

Mas a United não aceitou um não como resposta. Então, retomamos as negociações até finalmente encontrarmos um acordo que atendesse ambas as empresas.

Pedimos que a United concordasse com um programa muito abrangente. Algo a que tanto eles quanto nós jamais nos comprometêramos antes. Pedimos que eles se comprometessem firmemente em preparar o café da melhor qualidade possível. Queríamos treinar todos os comissários não só para o preparo do café e os aspectos fundamentais que tornam o café fresco, mas também em relação à história e aos valores da Starbucks, para que eles pudessem responder às perguntas dos passageiros.

Insistimos em um programa de garantia da qualidade bastante abrangente e exaustivo. Examinamos tudo, desde a dosagem e a moagem até o sistema de filtragem da água. O equipamento de preparo da United era um dos melhores entre as companhias aéreas, mas nosso departamento de pesquisa e desenvolvimento descobriu que estavam planejando substituir uma peça de aço inoxidável por uma de plástico mais barata. Testamos o café feito das duas maneiras medindo os itens sólidos solúveis e pedimos que eles não fizessem a substituição. Eles concordaram.

Para garantir que haveria um ponto a nosso favor de imediato, a United prometeu promover o fato de que a partir daquele momento servia café Starbucks. Em janeiro de 1996, colocou anúncios na última capa das revistas *Businessweek*, *Times* e *U. S. News & World Report*. Não se tratava apenas da nossa primeira campanha nacional, mas também de um endosso dos funcionários/proprietários da maior companhia aérea do país – uma exposição que não podíamos pagar. Disseram uma frase de que particularmente gostei: "Afinal, trabalhar não é a única coisa que fazemos aqui. Temos que tomar café também".

A United até projetou um comercial de televisão engraçado e engenhoso que captou o que a Starbucks significava para eles. Nele, um entregador segurando uma sacola esfarrapada contendo café Starbucks deixa grãos de café torrado pelo aeroporto até a porta do avião, atraindo os passageiros pelo caminho.

Depois de muito cuidado no preparo e controle da qualidade, o café deveria ser excelente desde o primeiro dia. Havíamos definido fevereiro de 1996 como o prazo para começarmos a servir Starbucks em todos os voos da United. Até aquela data, a United teria esgotado todo o estoque de café do fornecedor anterior. Mas, quando o programa Starbucks começou, somente 30% a 40% de suas 500 e tantas aeronaves tinham o equipamento certo para o preparo do café. Descobrimos que, nas máquinas antigas, a água quente passava pelos grãos moídos com muita rapidez. Para solucionar isso, a United providenciou uma peça específica com uma placa metálica na base para ser customizada, mas o fornecedor não conseguiu produzir todas as peças novas até fevereiro. Em alguns voos, a United teve de usar cafeteiras antigas no primeiro mês.

A United também ouviu muitos sermões. Mas com vontade e determinação, ambas decidiram manter o curso. Imediatamente arranjamos uma porção de gente para solucionar o problema. Em quatro meses, o novo equipamento de preparo de café foi construído e entregue a todas as aeronaves da United, e o café começou a ficar saboroso e forte.

Hoje, a United classifica sua decisão de servir Starbucks como uma das melhores atitudes – aliada à ideia de oferecer um "Lanche Feliz" para as crianças. Uma pesquisa que realizamos em abril de 1996 indicava que 71 daqueles que tomam café na United o descreveram como excelente ou bom no geral. Cerca de 14% havia provado o primeiro Starbucks na United. Enquanto alguns diziam que o café servido durante o voo não era tão bom quanto o que haviam provado nas lojas Starbucks, uma grande maioria dos passageiros disse que era melhor do que o das outras companhias aéreas.

Vincent Eades gosta de usar uma metáfora assim: "Se você examinar uma borboleta conforme as leis da aerodinâmica, verificará que ela não deveria conseguir voar. Mas a borboleta não sabe disso, então ela voa". Na Starbucks, da mesma forma, fazemos coisas que não sabemos que não deveríamos conseguir fazer.

Tanto na United quanto na Starbucks, acreditamos que valeu a pena correr o risco. E 20 milhões de pessoas, em 2.200 voos diários, indo a vários destinos, em todos os continentes do globo, estão tomando o café Starbucks, a 35 mil pés de altura.

Você é a empresa que você defende

Muitas pessoas ficam surpresas ao saberem quantas oportunidades de parceria nós recusamos – muito mais do que aceitamos. Enquanto estávamos discutindo um acordo com a United, por exemplo, quase implementamos outro acordo multimilionário com uma rede de lojas que levaria nosso café para cidades em todos os Estados Unidos. Mas concluímos que a imagem e a filosofia dessa loja não eram coerentes com as nossas.

Enquanto 87% de nossas vendas ainda são geradas através de nossas lojas no varejo, somos assediados por pedidos a fim de expandir a distribuição de nosso café para outros locais. Ao avaliar qualquer um desses empreendimentos, o grupo especializado em vendas de Vincent não procura por fornecedores padrão, mas parceiros estratégicos.

Temos um processo de filtragem bastante rigoroso. As empresas que recusamos incluem aquelas que competem diretamente com nossas lojas no varejo, aquelas cuja gerência não tem a mesma orientação à qualidade, aquelas cuja atitude em relação aos clientes é incompatível com a nossa. Às vezes, também, não estamos preparados, logisticamente, para atender ao setor, muitas vezes por causa de sua localização geográfica. Também temos que nos certificar de que podemos construir um relacionamento a longo prazo que seja benéfico para ambas as partes, tanto em termos de lucros quanto de construção de marca.

O que começou na divisão de restaurantes da Starbucks, fornecendo café para restaurantes finos na área de Seattle, formou alianças com um grupo de organizações de elite. Em vez de meramente avaliar propostas que passam por nós, Vincent transformou o grupo especializado em vendas em uma força de vendas profissional que aborda estrategicamente setores específicos que se encaixam em nossos objetivos mais amplos.

Nosso objetivo é disponibilizar nosso café onde as pessoas fazem compras, viajam, divertem-se e trabalham. As parcerias estratégicas possibilitaram beber café Starbucks nas lojas Nordstrom, em navios de cruzeiro Holland America, nos hotéis Sheraton e Westin, e nas livrarias Barnes & Noble e Chapters, bem como em escritórios abastecidos pela U.S. Office Products. E a lista continua crescendo.

Mas à medida que o nosso café se torna cada vez mais disponível, as contradições inerentes entre vendas crescentes e preservação da integridade da marca foram menos intensificadas. Idealmente, queremos que todos tenham acesso ao café da Starbucks. Mas cada vez que nós damos início a outro grande empreendimento, enfrentamos as mesmas preocupações que enfrentamos com a United: perderemos controle da qualidade? Uma exposição maior ajudará ou prejudicará nossas lojas?

Descobrimos que a resposta era selecionar os parceiros certos, treinar seu pessoal por completo e monitorar com a maior proximidade e regularidade possível o quanto eles seguem nossos padrões.

Quando entramos em qualquer parceria, primeiro avaliamos a qualidade do candidato. Procuramos por uma empresa que tenha um nome reconhecido e uma boa reputação no setor em que atuamos, seja no de hotéis, companhias aéreas ou navios de cruzeiro. Deve estar comprometida com a qualidade e com o atendimento ao cliente. Procuramos pessoas que entendam o valor da Starbucks e prometam proteger nossa marca e a qualidade do nosso café. Todos esses fatores são avaliados antes de considerações financeiras.

Vincent Eades, que passou a atuar conosco ao sair da Hallmark Cards, tem uma forma rápida de eliminar parceiros inadequados. Ele simplesmente pergunta: "Se tivesse um bule de café sobre um aquecedor há uma hora e um cliente entrasse, você o serviria imediatamente?". Se a resposta for sim, dizemos adeus. Se não se mostrarem dispostos a jogar fora meio bule de café e preparar um café fresco, é porque não entendem o compromisso da Starbucks com o café.

Outro fator determinante é o quanto um parceiro potencial está disposto a treinar os funcionários. Geralmente, o proprietário ou gerente não é a pessoa que serve o café. Ao negociar, ele pode expressar o quanto aprecia a qualidade do café, mas será que a empresa dele realmente está disposta a fazer o investimento necessário em tempo e dinheiro para treinar todo o pessoal?

Começamos com acordos de um ano e depois ampliamos o compromisso para vários anos se o parceiro parecer ter bom desempenho. Esse acordo nos concede tempo para avaliar se nossos parceiros estratégicos estão cumprindo suas promessas e lhes dá tempo para ver se a relação com a Starbucks melhora seu negócio. Até aqui está funcionando com todos os nossos parceiros corporativos.

Os momentos decisivos que enfrentamos com a United me trouxeram a necessidade de tomar decisões arriscadas. Nada realmente fantástico pode ser feito sem que se corra riscos. Para uma empresa que conta com uma marca, é fundamentalmente importante defender e elevar a marca, mas não se pode deixar aquela meta valiosa impedi-lo de explorar novos terrenos. Quando surgem problemas, reveses sérios que podem parecer ameaçar a imagem que você cuidadosamente cativou, é preciso conter o julgamento em relação ao sucesso do empreendimento até lançar mão de todos os seus recursos na tentativa de solucionar essas dificuldades.

Seja o que você for fazer, não tente evitar riscos. Não faça as coisas da maneira como elas sempre têm sido feitas. Não tente se encaixar no sistema. Se você faz o que esperam de você, nunca vai superar as expectativas de ninguém.

VOCÊ PODE CRESCER E CONTINUAR PEQUENO NA ESSÊNCIA

A tarefa fundamental é manter a essência, dentro de uma grande organização, como se fosse uma pequena empresa.
E. R SCHUMACHER, "Small is beautiful: a study of economics as if people mattered", 1973

Como estar por toda parte sem perder a identidade

A atriz Janeane Garofalo recentemente brincava conosco na sessão *Comedy Hour* da HBO: "Eles acabaram de abrir uma Starbucks – na minha sala".

Gostamos tanto dessa frase que acabamos adaptando-a para um anúncio que traz uma garrafa de *frappuccino* e uma mulher ao lado de um descampado, com a legenda: "Um lugar excelente para abrir uma Starbucks".

Engraçadas como essas frases são, elas perigosamente chegam muito perto da principal vulnerabilidade da Starbucks. Estamos abrindo tantas lojas que as pessoas estão começando a sentir que estamos chegando à onipresença. O risco é que quanto maior fica a empresa, mais impessoal parece, tanto para aqueles que nela trabalham quanto para os clientes. Se a nossa vantagem competitiva sempre foi a relação de confiança que temos com os nossos parceiros, como podemos mantê-la à medida que nos transformamos de uma empresa de 25 mil pessoas em uma de 50 mil?

Não resta dúvida de que a Starbucks é capaz de atingir suas metas financeiras. Um aspecto mais frágil é se os nossos valores e princípios diretivos permanecerão intactos conforme dermos sequência à expansão. Eu consideraria um fracasso se atingíssemos o faturamento acima dos 2 bilhões de dólares à custa de nossa relação singular com nosso pessoal.

Como crescer mantendo a intimidade com nosso pessoal? Esse é o maior dilema que enfrento como líder da Starbucks.

Atingir esse ideal pode parecer impossível, uma contradição em si. Mas precisamos tentar. Se não tentarmos, a Starbucks se tornará apenas outra grande rede sem alma. Estou determinado a nunca permitir que isso ocorra.

Uma empresa pode crescer sem se transformar em uma "grande empresa"?

Nos Estados Unidos, as pequenas empresas geralmente são admiradas, entretanto as Grandes Empresas são odiadas e temidas. Talvez o motivo seja nossa forte inclinação ao individualismo. Porém, quanto mais uma pequena empresa prospera, maior se torna. E isso de repente a torna merecedora de desprezo?

Se você pedisse a pessoas em uma discussão em grupo que lhe dissessem o que significa Grande Empresa, seguramente ouviria uma série de frases negativas. Em um extremo podem mencionar o petroleiro Valdez da Exxon e os danos causados às águas do Alasca. O "amianto". "Pessoas que Mentem." O filme de Danny DeVito, *Com o dinheiro dos outros*. Grandes Empresas são capitalistas e, portanto, ameaçadoras.

E o que é pequena empresa? Pergunte ao mesmo grupo, e eles lhe darão uma lista completa de reações opostas. Pequena empresa significa pessoas esforçadas trabalhando para ganhar a vida. Os proprietários de pequenas empresas frequentemente são bem intencionados e se importam com os clientes. Alguns deixaram cargos em grandes corporações e querem viver a vida de um jeito diferente.

Finalmente, se você perguntar: "Quantas grandes empresas atuam como pequenas empresas?", a maioria das pessoas responderia: "Não muitas". Quando dizemos às pessoas que estamos tentando construir uma grande empresa sobre um alicerce de valores de pequena empresa, muitas não acreditam. Ou assumem que somos otimistas intratáveis ou começam a procurar razões ocultas que pudessem explicar nossas *verdadeiras* intenções.

Um dos maiores desafios da Starbucks é tentar romper a mentalidade de que o grande não pode ser bom. Se não conseguirmos, perderemos os mesmos valores que atraíram as pessoas em nossa direção.

Valores não minguam à medida que as vendas crescem

Desde que a Starbucks começou sua trajetória de rápido crescimento, deparamo-nos com cépticos que criticaram a estratégia. Contudo, a maioria de nós estava tão dedicada a atingir nosso objetivo, que simplesmente desconsideramos. Os nossos clientes estavam nos dizendo, com frequentes visitas de retorno e comentários cheios de entusiasmo, que aprovavam. Hoje, a aprovação é mais forte do que nunca. Mais de 5 milhões de clientes visitam nossas lojas por semana, e o que conta são os votos deles.

Mas cada vez mais temos ouvido outras vozes. Conforme a Starbucks cresce rápido a cada ano, abrindo centenas de lojas e entrando em regiões cada vez mais distantes de Seattle, a chance de um mal-entendido fica cada vez maior. Um ponto mal administrado pode prejudicar toda a reputação que levamos anos para construir.

Em uma porção de lugares, fomos repelidos por ativistas que não queriam a Starbucks em suas cidades. Algumas vezes, o proprietário de uma empresa local, com medo de não conseguir concorrer, fez com que seus clientes protestassem e nos mantivessem distantes. Em alguns casos, a crítica provocou ataques difíceis de serem respondidos sem que parecêssemos defensivos. Como podemos convencer as pessoas que não têm convivência em nossas lojas e experiência em nosso café de que nós não somos "predatórios" e "implacáveis"?

É doloroso ouvir essas palavras. A Starbucks não é uma entidade corporativa sem identidade. Somos eu, Dave Olsen, Howard Behar e outros indivíduos que desafiamos o senso comum e construímos uma empresa com base em nossa paixão e valores. Nós nos dispusemos a vencer, sem sombra de dúvida, mas nossa meta é vencer com integridade, como um jogador de talento e de muito princípio em um sistema empresarial livre. Nós canalizamos nossa energia competitiva contra rivais bem maiores do que nós mesmos, como as grandes empresas embaladoras de alimentos, não contra cafés convencionais. Nossa missão é aumentar o número de pessoas que aprecia o excelente café, torná-lo ainda mais disponível e apreciado.

As críticas formuladas contra nós, penso, cristalizam uma questão mais profunda: o crescente medo de homogeneização das vizinhanças e cidades. A maior parte da oposição que encontramos esteve intimamente relacionada a pequenas cidades ou áreas urbanas, onde as pessoas são altamente protetoras em relação a seu caráter original. Elas se preocupam com o fato de as redes nacionais poderem vir a deslocar lojas da região e também de os restaurantes *fast-food* acabarem tomando o lugar dos restaurantes comuns. Alguns grupos chegaram a nos impedir de abrir uma loja, aprovando leis e até alegando área insuficiente para estacionamento.

Algumas comunidades não sabem o que fazer com as Starbucks. Nós não nos encaixamos adequadamente em categorias existentes de varejo, restaurantes ou *fast-food*. A Starbucks não é um restaurante, mas um varejista especializado de nível superior que serve bebidas com café. Mas pelo fato de a maioria dos varejistas não servirem alimentos ou bebidas, vez ou outra temos que nos submeter a uma licença de "mudança para uso", porque oferecemos assentos, assim como os restaurantes. Então, existem pessoas que esperam que um café seja boêmio, com assoalho de madeira, revestimentos de tecido pelas paredes, mesas gastas e cadeiras diversificadas. Quando veem que a Starbucks é um local limpo e eficiente, com uma linha completa de artigos relacionados a café, ficam perplexos.

Claramente, existe espaço para muitos estilos diferentes de casas de café em uma determinada vizinhança. Notamos que sempre que várias empresas de café ficam próximas umas das outras, os clientes se reúnem por lá. Quando as pessoas sabem que uma área tem pontos de encontro próximos, planejam ir até lá, e então decidem qual café visitar. Elas podem variar e escolher entre os estabelecimentos, dependendo da necessidade e do humor. No final, todos nos beneficiamos.

Conforme o que vejo, aperfeiçoamos a categoria café. O consumo de café nos Estados Unidos aumentou desde a chegada da Starbucks, tanto em termos de quantidade quanto de qualidade, em grande parte por causa da consciência e das escolhas que a indústria especializada em café ofereceu. Alguns de nossos concorrentes admitem abertamente que esperam que a Starbucks entre em um mercado e ensine os clientes antes deles. Um de nossos rivais de Seattle anunciou uma estratégia deliberada de abertura de loja na calçada em frente a cada loja da Starbucks. Se isso me deixa feliz? Não. Mas nós nos concentramos nos nossos clientes, não na concorrência.

Os proprietários ocasionalmente agravam ainda mais os problemas que enfrentamos em novos mercados. É difícil encontrar bons pontos, especialmente em cidades pequenas onde o corredor varejista ocupa apenas dois ou três quarteirões. Os agentes imobiliários têm de trabalhar rápido quando um local fica disponível. Os proprietários às vezes usam a Starbucks como argumento de venda, informando a outra empresa de café ou outro locatário potencial que estamos interessados no espaço, e conseguem alavancar o aluguel. Então a Starbucks leva a culpa pelo aumento do aluguel quando nunca estivemos sequer envolvidos na negociação.

Em alguns casos, fomos deliberadamente enganados. Um proprietário pode chamar a Starbucks e perguntar: "Vocês estão interessados em alugar nosso espaço?". Eles não mencionam que já está ocupado por outro café, talvez um locatário com quem não tivessem um bom relacionamento, ou de quem quisessem se ver livres. Expressamos interesse, mas antes de termos qualquer chance de investigar, uma história ultrajante é publicada nos jornais da região: "A Starbucks está vindo para a cidade e está disposta a pagar aluguéis mais caros porque quer expulsar alguém do mercado". Nós não soubemos do locatário existente até ele iniciar uma campanha agressiva contra nós. Desde que fomos tachados de rede nacional desalmada, ninguém quer ouvir nossa versão da história.

Nos dois casos, quando os ativistas protestavam, examinávamos a situação atentamente e decidíamos não abrir uma loja na comunidade. Queremos pessoas que se sintam encantadas e entusiasmadas pelo fato de estarmos por perto, e não que se sintam mal. Nossa meta é encontrar comunidades que deem as boas-vindas.

Um artigo da *Newsweek* me deixou particularmente enfurecido ao comparar a Starbucks ao Walmart. A acusação é injusta e imprecisa. Primeiramente, nós não mudamos a economia de uma cidade. Não desafiamos uma redução dos preços cobrados por outras lojas; na maioria dos casos, os nossos preços são mais elevados, não mais baixos. Nós não desviamos o fluxo de pessoas da cidade para regiões periféricas. Em vez disso, melhoramos as regiões comerciais do centro da cidade e os centros varejistas, aumentando o movimento nas lojas da região. Na verdade, a Starbucks recebeu o Prêmio Stafford 1997, homenagem que a Scenic America oferece em reconhecimento à nossa "sensata utilização de espaços antigos da cidade" e aos nossos excelentes padrões de projeto. A Scenic America é a organização nacional dedicada a preservar e aperfeiçoar o caráter cênico das comunidades e do interior dos Estados Unidos. Muitos comércios varejistas complementares, como padarias e confeitarias, colocam suas lojas perto das nossas por questão de estratégia.

Muitos cafés são empresas locais e pequenas, e algumas acusam a Starbucks de ter abandonado seus princípios porque cresceu. Eles reclamam que nós abrimos lojas deliberadamente na frente das deles para atrair seus clientes. Contudo, se não estivessem concorrendo por um lugar com a Starbucks, estariam concorrendo com alguém? Como locatários, nós não podemos controlar as taxas de aluguel. O preço dos aluguéis é ditado pelo mercado e definido pelo proprietário.

Enquanto empresário, tenho grande respeito por qualquer um que cria uma empresa, seja ela um café ou alguma outra empresa. Uma categoria em crescimento como a de cafés especiais demonstrou ser suficientemente grande para muitos de nós termos sucesso. Agradar aos clientes e pensar antes de as coisas acontecerem são elementos muito mais relevantes para o sucesso de uma empresa do que se preocupar com quem abre uma loja do outro lado da rua.

Desde o início executamos os nossos planos de expansão conforme nossa própria estratégia imobiliária – localizando pontos que consideramos desejáveis – e não como uma resposta à concorrência. Analisamos cuidadosamente a demografia de determinada área, nossos recursos humanos e financeiros, o nível de conhecimento de café, e a capacidade de cada mercado acomodar uma determinada quantidade de lojas.

Quase em todos os lugares onde abrimos uma loja, agregamos valor para a comunidade. As nossas lojas tornam-se ponto de encontro instantaneamente, um Terceiro Lugar que reúne as pessoas. É isso o que a comunidade deve ser. Entretanto, alguns ativistas persistem em argumentar que estamos prejudicando o caráter de suas comunidades. Creio que isso esteja mais relacionado a um mal-entendido do que à realidade. Ainda assim, é algo perturbador.

O que aprendi no processo de responder a essas críticas é que a Starbucks precisa aumentar sua sensibilidade quanto às questões locais e à lealdade. Em comunidades que se incomodam com a nossa entrada, nos encontramos com líderes locais para nos inteirarmos de suas preocupações. Também precisamos falar com maior vigor sobre os nossos valores e as contribuições que fizemos.

Os gerentes da Starbucks têm poder de alocar doações a entidades locais como companhias de *ballet* e ópera, organizações de combate a AIDS, bancos de alimentos, escolas e associações de pais e mestres. Em todas as cidades, todos os grãos de café com oito dias são doados a bancos de alimentos. Os gerentes de loja também oferecem café para os responsáveis por levantar fundos. Uma loja em Seattle concede metade dos seus lucros para a Zion Preparatory Academy, uma escola afro-americana para crianças do interior. No ano fiscal de 1996, doamos mais de 1,5 milhão de dólares em dinheiro e em produtos, o equivalente a cerca de 4% de nossos rendimentos líquidos. Como nós não exploramos essas ações através de relações públicas, muitos de nossos clientes nem têm conhecimento delas.

Fazer doações à comunidade é uma política com a qual estamos comprometidos desde que começamos a operar. Fazemos isso porque é certo e porque torna os parceiros da Starbucks orgulhosos de trabalharem aqui. Na Starbucks, somos humanos, então nós nem sempre acertamos em cheio. Mas lutamos para obedecer a esses valores. O que esperamos é que o público nos julgue conforme nossas intenções e nossas ações, não de acordo com boatos.

Como crescer e permanecer pequeno?

Finalmente, a resposta para esse enigma está nas mãos de nossos baristas. Assim que uma loja abre, a pessoa atrás do balcão, a que prepara as bebidas com expresso e vende o café, é o rosto da Starbucks. O cliente não vai se importar com a onipresença se o gerente da loja for seu vizinho ou se o barista for filho de um amigo, ou ainda, se achar o pessoal tão cordial como em nenhuma empresa.

Mas como podemos fazer os novos baristas sentirem um senso de identidade com a Starbucks? Estamos contratando mais de quinhentas pessoas por mês. É um dilema que todos os varejistas enfrentam quando expandem para diversas cidades. Como é possível que cada barista, à medida que a Starbucks cresce, sinta a mesma paixão pelo café, o mesmo ímpeto, o mesmo compromisso sincero com a empresa dos nossos primeiros baristas?

Se você perguntar às pessoas que estavam com a Starbucks nos primeiros anos o que as motivava, saberá que era uma intimidade e um senso de propósito em comum. Em 1987, nós tínhamos menos de cem funcionários, e os escritórios e a torrefação ficavam no mesmo edifício. Quando um gerente de loja precisava de alguma coisa, ele ou ela podia telefonar para a fábrica e receber o que necessitava em algumas horas. Eu tinha uma política de portas abertas, e aqueles que tinham alguma reclamação sentiam-se à vontade para vir ao meu escritório e me contar.

Nós comemorávamos o aniversário dos nossos filhos, lamentávamos as mortes dos pais, e ríamos em concursos a cada festa do Dia das Bruxas, em que atirávamos tortas uns nos outros. (Nunca levei uma torta na cara, mas Orin e Howard Behar levaram.) Dave Seymour, que havia trabalhado em distribuição na fábrica desde 1982, tornou-se nosso fotógrafo não oficial e ele tem caixas de álbuns de fotografia e vídeos amadores dessas reuniões.

Eu costumava pensar que *marketing* era o departamento mais importante na Starbucks. Hoje, diria, sem dúvida nenhuma, que é o de recursos humanos. O nosso sucesso depende inteiramente das pessoas que contratamos, mantemos e promovemos. Por mais notável que seja nosso desempenho em *marketing*, projeto, contratos imobiliários, manufatura, operações em lojas, novos produtos, ou pesquisa e desenvolvimento, tudo isso é interpretado e ganha vida e significado a partir das pessoas da empresa. E o modo como cada função é realizada depende totalmente da relação que estabelecem entre si e de quanto se importam com a Starbucks.

Mas como 25 mil pessoas podem se sentir íntimos com uma corporação? Eu me faço essa pergunta o tempo todo.

Conceder opção de compra de ações a todos os funcionários provavelmente foi o melhor passo que demos para manter a empresa pessoal e atenciosa. Enquanto parceiro e sócio, até o mais distante barista sente uma relação com a empresa.

Nós sempre tentamos manter os salários por hora de trabalho superiores aos da média da indústria e oferecer benefícios que outras não oferecem. Além disso, formulamos uma ampla variedade de programas para assegurar que continuemos reconhecendo nossos parceiros como indivíduos. E além de responder aos comentários de Revisão de Missão dos nossos parceiros, nós nos comunicamos diretamente nos Open Forums trimestrais.

Todo outono reunimos o pessoal da gerência de campo de todos os Estados Unidos e do Canadá em Seattle para uma conferência sobre liderança.

Mostramos o centro de apoio e conversamos em reuniões de pequenos e grandes grupos. Nós homenageamos os gerentes do trimestre pertencente a cada região e os convidamos para um jantar anual em Seattle, onde comemoramos as realizações dos nossos Gerentes do Ano.

Toda loja tem um *e-mail*, chamado Dateline Starbucks, em que nós tentamos manter os parceiros do varejo atualizados através do correio de voz. Eu envio mensagens gravadas a todos os parceiros sempre que a empresa tem notícias importantes. Mas vozes por si só não conseguem fazer o que pessoas conseguem.

Em meados de 1994, quando nossa equipe somou 2.800 pessoas, recrutamos uma executiva sênior de recursos humanos, Sharon Elliott, para nos ajudar a lidar com as "questões de pessoal", de crescer e permanecer pequeno. Nos anos em que esteve na Macy's, na Squibb e Allied Signal, ela entendeu os riscos que as grandes empresas têm de enfrentar. Mas nunca encontrou uma cultura tão ágil e atenciosa quanto a da Starbucks. "Não se trata de um enigma. É como a Starbucks é", afirmou brevemente logo após ingressar. "Eu me sinto em casa."

Atribuímos duas tarefas importantes a Sharon: recrutar uma equipe gerencial sênior que nos levaria pelo ano 2000 e manter a atenção, a atmosfera de uma empresa pequena que até então havia nutrido os nossos valores.

Em um ano, a primeira tarefa estava completa. Nós tínhamos sete novos gerentes seniores, todos com experiência em empresas muito maiores do que a Starbucks:

Michael Casey, nosso diretor financeiro, havia trabalhado na Grace and Family Restaurants.

Vincent Eades, especialista em vendas e *marketing*, veio da Hallmark.

Ted Garcia, chefe de distribuição e produção, havia trabalhado na Grand Met.

Shelley Lanza foi conselheira geral da Honda of America.

Scott Bedbury era o responsável pela propaganda na Nike.

Wanda Herndon, da área de comunicações e relações públicas, trouxe experiência da Du Pont e da Dow Chemical.

Algumas pessoas na empresa se sentiam ameaçadas com tamanha dose de novos talentos, todos chegando ao mesmo tempo. Mas eu estava muito contente, pois demonstrava que a Starbucks havia chegado ao ponto em que os executivos sairiam de grandes empresas de sucesso e se mudariam para Seattle para entrar no nosso time.

Ao recrutar gerentes seniores, procuramos pessoas que compartilhavam nossos valores e traziam as habilidades e experiência de que precisávamos. Mas também queríamos diversidade em nossa equipe executiva. Sharon, uma afro-americana muito competente, estava bastante ciente da meta que deveria atingir. Antes de Sharon chegar, em 1994, nossa equipe gerencial sênior consistia de oito homens brancos e duas mulheres brancas. Em 1996, era composta por nove homens brancos, três mulheres brancas, duas mulheres negras e um homem negro – um grupo bem mais representativo do rosto dos Estados Unidos nos anos 90.

Mas como profissional de recursos humanos, Sharon tinha uma visão bem mais ampla da diversidade do que apenas a referente a raças e gêneros. Ela encorajava uma ampliação da força-tarefa em termos de idade, limitações, personalidade, e estilo de aprendizagem. Nós já havíamos decidido conceder benefícios iguais para diferentes gêneros, não como uma postura política mas em reconhecimento às necessidades da ampla variedade de indivíduos que já trabalhavam na Starbucks. Também começamos a abrir lojas expandindo a variedade mais ampla de vizinhanças, reconhecendo que as pessoas de diferentes grupos raciais, étnicos e de faixa etária também querem ter acesso conveniente ao café de alta qualidade. E começamos a oferecer treinamento em diversidade para todos os parceiros, enfatizando a tolerância não só como a coisa certa a se fazer, mas também como um segredo para vencer e tornar-se globalizado.

Em 1996, Sharon propôs o acréscimo de uma frase sobre diversidade em nossa Declaração de Missão, a primeira mudança efetuada desde que a adotamos em 1990. Para nós, era um acontecimento tão importante quanto a mudança da Constituição, mas foi aprovada por unanimidade.

Sharon também encorajou maior integridade e prestação de contas em nossas relações uns com os outros. Depois que ela chegou, encontrava com muita frequência o que chama de "O Lado Negro da Força": uma crença não expressa de que ser direto e aberto com os colaboradores equivale a tratá-los com respeito e dignidade insuficientes. Os supervisores estavam relutantes em dizer francamente às pessoas quando elas estavam apresentando desempenho insuficiente, ao ponto de, algumas vezes, os funcionários nem saberem que os supervisores estavam insatisfeitos e ficarem espantados com uma demissão. Foi o lado negativo da amabilidade, e eu fui tão culpado quanto qualquer outra pessoa. Sharon nos lembra incansavelmente de que é mais profissional ser franco com as pessoas em relação a suas deficiências para que elas possam se aperfeiçoar.

Outra atitude estratégica de Sharon foi contratar Wanda Herndon, que desempenha um papel muito importante em nossos esforços de explicar nossos valores a um mundo cada vez mais cético. Wanda desenvolvia as estratégias para formular nossa imagem pública e comunicava-se não só com os nossos parceiros, mas também com as comunidades, com os clientes, e com a mídia. Ela também planejava reuniões com acionistas para fazer os investidores sentirem que eram membros valorizados da comunidade Starbucks. Wanda tende a desarmar a crítica: elegantemente vestida, com o cabelo bem curto e uma risada contagiante, ela está longe da imagem preconcebida que a maioria das pessoas forma de uma executiva formal. Ela surpreende com seu estilo direto e franco.

Para assegurar a comunicação bilateral com nossos parceiros, passamos por frequentes pesquisas e auditorias culturais. Os resultados de uma delas, coordenada pela ARC Consulting em outubro de 1996, nos deu um grande alerta. A ARC conduziu quinze discussões em grupo em sete cidades e realizou pesquisas por telefone junto a novecentos parceiros. Suas conclusões gerais confirmaram minha crença de que nós nos esforçamos para manter uma cultura extraordinária que realmente valoriza as pessoas:

88% estavam satisfeitos com seus empregos,

85% acreditavam que a Starbucks demonstrava se preocupar com os funcionários,

89% orgulhavam-se de trabalhar na Starbucks, e

100% acreditavam que "trabalhar para uma empresa que você respeita" é um fator importante para satisfação no trabalho.

Os profissionais da ARC, que realizam pesquisas junto a muitas empresas, disseram-nos que esses números eram extraordinariamente elevados. A apuração também revelou que uma grande porcentagem de nossos baristas eram adolescentes ou estavam na casa dos vinte anos, e muitos consideravam que trabalhar na Starbucks era uma "parada" aceitável a caminho de uma carreira significativa. Os baristas se orgulhavam das habilidades com café que haviam adquirido e consideravam que o trabalho na Starbucks lhes proporcionava muito mais *status* do que trabalhar em uma loja de *fast-food*. Essa era a boa notícia.

A conclusão preocupante era que o nível de satisfação deles parecia estar em decadência. Quando os gerentes de loja se sentiam sobrecarregados ou os baristas se preocupavam com o número reduzido de funcionários, tendiam a culpar o rápido crescimento da empresa por esses problemas. Eles expressavam preocupação em relação ao fato de a Starbucks tornar-se apenas outra grande rede impessoal e perder o respeito pelos indivíduos. Embora ainda uma minoria, outros parceiros temiam que a Starbucks estivesse começando a se importar mais com crescimento e lucro do que com os seus funcionários.

Felizmente, conseguimos oferecer um ambiente que faz as pessoas quererem trabalhar para nós. Muito mais do que suas opções em compras de ações, os baristas nos disseram que se importavam com os benefícios emocionais que extraíam de seus empregos: a camaradagem entre os colaboradores, a interação com os clientes, o orgulho de uma nova habilidade e de um novo conhecimento, respeito dos superiores, e a satisfação fundamental derivada de trabalhar para uma empresa que os tratava bem.

Claramente, nós precisávamos encontrar maneiras melhores de assegurar que a qualidade da experiência da Starbucks se manteria, tanto para os parceiros quanto para os clientes.

Quando soube desses resultados, percebi que a empresa estava em uma encruzilhada. A tensão que acompanhava nossa rápida expansão era sintoma de um mal subjacente que poderia ter consequências a longo prazo. Se fôssemos refrear o crescimento, mesmo que por um ano, desapontaríamos os acionistas, que esperam crescimento contínuo e rápido dos rendimentos. Também corroeria o momento e o orgulho que nosso pessoal tem em trabalhar para uma empresa vibrante e próspera.

A solução, ao meu ver, é ser continuamente diligente em nossos esforços de proporcionar um excelente ambiente de trabalho para nossos parceiros e oferecer-lhes uma série de oportunidades de desenvolver suas habilidades. Precisávamos, também, comunicar melhor a nossa missão, para ajudar o pessoal da Starbucks a entender que nossa meta não é o crescimento pelo crescimento (ou pior, por Wall Street), mas oferecer o excelente café para o maior público possível. Nós precisávamos revigorar a relação emocional deles com a empresa.

À medida que você cresce, é preciso fazer seu pessoal crescer também

Qualquer empresa que expandiu drasticamente como a Starbucks percebe inevitavelmente que o rápido crescimento pode ser dolorido para os indivíduos envolvidos. Na Starbucks, nós tentamos promover as pessoas partindo de dentro, mas às vezes a velocidade do crescimento ultrapassa as capacidades daqueles que contribuem conosco. Nós também acreditamos que as pessoas que trabalham com coração e energia como fazemos correm um risco especialmente elevado de se exaurirem. Uma empresa cujo crescimento nunca para de acelerar, raramente dedica tempo suficiente para recompensar seus funcionários pelas realizações que outras empresas comemorariam.

Para mim, o ponto negativo mais doloroso do crescimento foram aquelas poucas ocasiões em que tivemos de abrir mão de pessoas atentas e comprometidas que não estavam de acordo com o que a etapa seguinte exigia. Nunca vou me esquecer do dia em que um parceiro muito leal veio até o meu escritório em prantos porque seu gerente disse-lhe que ele não tinha as características para permanecer no cargo. "Essa é a *minha* empresa, droga!", gritou ele. Eu fui tomado de compaixão, mas não tinha certeza do quanto podíamos fazer por ele. Felizmente, ele conseguiu encontrar outro cargo na Starbucks, mas outros tiveram de ser dispensados. Para mim, esse tipo de experiência é torturante. Força-me a considerar a seguinte pergunta: até quando devemos manter uma pessoa se ele ou ela não está contribuindo tanto o quanto precisamos?

Tão difícil quanto isso foi aquela época em que parceiros dedicados vinham ao meu escritório dizer que não estavam aguentando o estresse. Aconteceu muitas vezes. Estou ciente de que as demandas de trabalho e o nível intenso de atividades na Starbucks são elevados demais para muitas pessoas. É mais difícil para uns do que para outros manterem a paixão pelo trabalho dia após dia, ano após ano. Mas quando você compartilhou um sonho e uma meta com alguém, é difícil vê-lo partir.

Por outro lado, uma das experiências mais gratificantes para mim foi testemunhar o desenvolvimento de pessoas talentosas que cresceram com a empresa, por mais doloroso que esse amadurecimento às vezes pudesse ser. Em uma reunião do conselho, há não muito tempo, eu observava com orgulho e respeito enquanto uma de nossas executivas fazia uma apresentação altamente profissional e persuasiva. Era Christine Day, depois vice-presidente de serviços operacionais da Starbucks, a responsável pelo planejamento estratégico de nossa maior divisão. A mesma Christine que entrou na Il Giornale como minha assistente quando tínhamos uma única loja.

O sucesso de Christine é um bom exemplo das oportunidades de galgar uma carreira em uma empresa que se expande com rapidez. Mas seu progresso não foi totalmente isento dos momentos de ansiedade. Quando compramos a Starbucks, a transição foi difícil para ela. Ela teve de abrir mão de muitas coisas de que havia cuidado e assumir um novo papel com um conjunto mais estreito de responsabilidades. Seu trabalho passou a ser o de gerenciar compras, tráfego e estoque e coordenar a construção de novas lojas até 1990. Teve de se transformar de uma generalista de empresa gerenciada por empreendedores, em uma especialista de uma empresa gerenciada por profissionais.

Em 1990, Christine tornou-se vice-presidente de planejamento de lojas, durante um período em que nosso cronograma de abertura de lojas estava muito cheio. Em abril de 1995, passou a operações no varejo. Gradualmente, foi se sentindo mais à vontade e mais capacitada conforme adquiria o conhecimento e experiência necessários para cada nível. Tinha de aprender a conviver com constantes mudanças e pressão, enquanto alguns de seus colegas escolhiam não fazer a transição e trabalhar para uma empresa maior.

Christine adotou a visão da Starbucks como sua própria, como fez a maioria dos outros gerentes na empresa. "Todos nós acreditamos", diz ela. "Acreditamos porque existe valor e qualidade no produto e nas pessoas com as quais trabalhamos e no ambiente de trabalho. Isso é o que torna especial e é por isso que funciona."

Embora Christine seja a única que tenha subido de assistente a vice-presidente, a Starbucks está cheia de indivíduos que, como ela, escolhem ficar e crescer com a empresa, apesar das dificuldades. Nossa cara parceira, Gay Niven, começou em 1979 atendendo telefonemas para o gerente de *merchandising*, quando a velha Starbucks tinha apenas três lojas. Mais tarde, quando passamos para cinquenta lojas, ela passou a chefiar compras. Desde então, desenvolveu programas de treinamento e trabalhou em vários departamentos, tornando-se nossa principal contadora de histórias e ajudando a transmitir o legado e a cultura para os novos.

Deborah Tipp Hauck, que contratei como gerente de loja em 1982, é hoje vice-presidente de mercados e produtos. Jennifer Ames-Karreman, que em 1986 foi a primeira barista da Il Giornale, posteriormente assumiu o comando das operações de varejo do noroeste, e depois passou à diretora no varejo para café. Várias outras ainda mantêm viva a paixão que as trouxe para cá, encontraram formas de desenvolver carreiras realizadoras somando experiência em uma variedade de departamentos. Muitos daqueles que ajudaram a refinar nossa Declaração de Missão em 1990 permaneceram, seja em nossas torrefações, em nossos armazéns ou em nossas lojas.

É difícil, do escritório do CEO, avaliar até que ponto nossa paixão está se enraizando em mercados mais novos. Em dezembro de 1996, somei muitos pontos nas promoções de milhas voadas participando de reuniões de vendas antes do Natal na Califórnia, em New England, em Wisconsin e no Canadá. Fui o palestrante de cada uma delas. Enquanto me sentava e ouvia os discursos de abertura, anotava as relações que as pessoas tinham umas com as outras, e com o café, e finalmente com a empresa em si.

Uma dessas reuniões aconteceu em Newport, Rhode Island, para parceiros de Nova York, Nova Jersey, Filadélfia e New England. Foi a reunião com a qual eu mais me preocupei, porque estava sensível em relação ao fato de que a Costa Leste era um ambiente operacional mais difícil. Algumas pessoas me haviam dito que é mais difícil encontrar pessoas lá que não sejam cínicas em relação aos empregadores e ao trabalho. Eu temia que, nessas reuniões longe de Seattle, ocorresse uma fratura na cultura da Starbucks.

Mas para minha surpresa, fiquei encantado com a energia e paixão que vi por toda parte, especialmente em New England. De cidade em cidade, ouvi gerentes enfatizarem os mesmos pontos e as mesmas reações do público. Vi risos e entusiasmo diante das mesmas questões. Parceiros que eu nunca havia encontrado vieram até mim para dizer que nunca haviam trabalhado para uma empresa que se importava tanto com eles.

Aquela viagem me ensinou que existem pessoas em todas as cidades que querem acreditar que o trabalho pode ser mais envolvente e recompensador do que um relógio de ponto. Não me lembro mais de todos os nomes, e não podemos ser tão próximos quanto em 1987, mas a Starbucks ainda pode ser o empregador preferido oferecendo um ambiente de trabalho com mais camaradagem, preocupação e recompensas emocionais do que a maioria das empresas.

Nossos parceiros sabem o que é genuíno e o que é imitação. Quando eu falo com eles do fundo do coração, eles se referem à visão e à experiência da Starbucks. Quando a direção ouve suas preocupações e responde honestamente, eles percebem que a Starbucks não perdeu a identidade nem é impessoal. Nós vamos cometer erros. Mas se o nosso pessoal reconhecer que o que estamos tentando fazer, em nossos corações, é construir valor para todos nós, provavelmente estará mais propenso a perdoar os erros. Muitos já estão entendendo as vantagens que nosso porte traz, ajudando a assegurar que cresçamos ainda mais e continuemos sendo o mesmo tipo de empresa que somos. Eles são a Starbucks, e o sucesso da empresa reflete as realizações deles.

ATÉ QUE PONTO UMA EMPRESA PODE SER SOCIALMENTE RESPONSÁVEL?

Parece evidente que as empresas que servem ativamente seus muitos elementos constituintes de maneira criativa e moralmente solícita, a longo prazo, servem melhor seus acionistas. As empresas, na verdade, vão bem quando são boas.
NORMAN LEAR, fundador da "The Business Enterprise Trust", em "Aiming higher", de DAVID BOLLIER

Como CEO, minha principal responsabilidade é para com as pessoas da Starbucks: parceiros, clientes e acionistas. Eu também me sinto responsável diante daqueles que vieram antes de mim, aqueles que criaram o legado da Starbucks e transformaram-no no que é hoje.

Para mim, "responsabilidade corporativa", o termo que o presidente Clinton usou em uma conferência de CEOs em maio de 1996, significa que a direção precisa tomar conta das pessoas que fazem o trabalho e demonstram que se importam com as comunidades em que vivem.

E quanto à "responsabilidade social", o termo usado por empresas que concedem uma porcentagem de seus rendimentos a obras de caridade, vendem produtos orgânicos ou tentam salvar a floresta tropical? Nós não usamos esse termo para descrever a abordagem da Starbucks, em parte porque nossa empresa não tem inclinações políticas, e nós encorajamos a diversidade de opiniões em nosso pessoal. Por outro lado, contudo, considero positivo quando outras nos classificam como uma empresa assim porque "contribuímos positivamente para nossas comunidades e nosso ambiente" – algo que há tempos faz parte de nossa missão.

Entretanto, como empregadora e empresa de capital aberto, a Starbucks precisa se manter e crescer. Nós precisamos gerar lucros para demonstrar que a empresa é saudável e bem gerenciada. Na verdade, nunca distribuímos dividendos; todos os nossos lucros são diretamente investidos na empresa.

Alguns acionistas acreditam que as empresas não deveriam fazer qualquer contribuição para obras de caridade. Eles preferem tomar essas decisões diretamente, em vez de através das ações que possuem. Mas eu vejo de maneira diferente. Para refletir os valores coletivos de nossos parceiros, acreditamos que a Starbucks seja uma empresa que deve apoiar causas importantes tanto para as comunidades onde se localizam nossas lojas como para os países onde o café é cultivado.

Quem deve definir a pauta para decidir quais causas apoiar e como? E até que ponto temos essa responsabilidade, já que parece se conflitar com as necessidades de construir nossa marca e nossa empresa? Essas são perguntas que passam a ser mais e mais perturbadoras à medida que crescemos e nos tornamos mais capazes de fazer a diferença.

Quando o "coitado" se torna vencedor, cessam os aplausos

Antes de a Starbucks passar a ser uma empresa de capital aberto em 1992, éramos uma empresa que lutava em Seattle tentando crescer. Assim que conseguimos, contudo, a atitude em relação a nós mudou. Algumas das mesmas pessoas que outrora haviam torcido por nós, começaram a nos atacar. Assim que decidiram que nós não éramos mais coitados, passaram a buscar formas de nos derrubar.

Diante de 5 milhões de clientes satisfeitos por semana, nossos difamadores representam uma quantia ínfima. Mas quando você está tentando sinceramente construir uma empresa com princípios elevados, não tem como não se sentir desencorajado quando as suas intenções são mal interpretadas, e às vezes até deturpadas.

Muitos de nossos clientes e acionistas ainda nos veem como uma empresa local que vende café, um convidativo Terceiro Lugar, uma empresa persistente que está sempre testando novas e ousadas ideias. Mas exatamente esse sucesso ajudou a levantar suspeitas nos outros e deixá-los ansiosos por ouvir e acreditar no pior. Fui chamado de "magnata do café" e acusado de ser arrogante e mesquinho. É o ponto negativo do sucesso, e nada fácil de engolir.

Os executivos de grandes corporações estão acostumados ao título "magnatas" dado por grupos orientados a causas específicas. Quando a Starbucks começou a ser atacada, fomos pegos desprevenidos. Estávamos tão acostumados a nos considerar bons, como os "pobres-coitados" lutadores, que não conseguíamos acreditar que havia outras pessoas querendo nos atacar. Primeiramente, estávamos confusos com o que percebíamos como simples mal-entendidos. Respondíamos honestamente, e algumas vezes fomos atingidos.

Devemos seguir o código de conduta de quem?

Quando definimos os padrões da Starbucks como elevados, nunca previmos que seríamos criticados *porque* definimos padrões elevados. Foi o que aconteceu no final de 1994, quando uma rede de grupos ativistas da Guatemala começou uma campanha panfletária contra nós.

Histórico: em abril de 1989, Peter Blomquist, na época diretor regional da região noroeste do CARE, a fundação mundial de assistência e desenvolvimento, estava na fila da Starbucks. Enquanto aguardava para pedir seu *cappuccino* naquela manhã, apanhou um folheto da Starbucks chamado *A World of Coffee*, que trazia a fotografia de Dave Olsen e um mapa mostrando os países dos quais comprávamos café. Quase todos eram locais em que o CARE promovia saúde, educação e outros projetos de auxílio humanitário. "Dava para substituir aquele mapa por um mapa de países assistido pelo CARE", relembra Peter.

Ele consultou Dave sobre doações para o CARE, e ambos consideraram adequado. Depois de viajar para quase todas as regiões do mundo que cultivam café, Dave sabia muito bem como as condições de vida são precárias em áreas rurais do Terceiro Mundo. Pagando um preço *premium* aos fazendeiros que cultivavam café de alta qualidade, ele acreditava que estávamos ajudando diretamente as economias daqueles países e ao mesmo tempo fornecendo incentivos para promover o café de melhor qualidade. Mas como dependemos dos produtores de café para a nossa sobrevivência, ele ficou entusiasmado com a ideia de ajudar a melhorar suas vidas através de uma organização com um passado ativo.

Dave conversou comigo sobre o CARE, e essa abordagem nos agradou. Os programas do CARE não combatem apenas a fome, eles ajudam a melhorar as condições básicas de vida em países pobres através de esforços como ensinar às pessoas noções básicas de cuidados com a saúde e ajudá-las a ter acesso a água mais limpa. Embora fôssemos, na época, uma empresa pequena com vendas anuais inferiores a 20 milhões de dólares, gostávamos da ideia de contribuir com países produtores de café através do CARE.

Mas na época não estávamos em condições de doar. A Starbucks estava crescendo rápido em 1989, acrescentando vinte lojas a uma base de 26, e ainda estávamos perdendo dinheiro – mais de 1 milhão de dólares somente naquele ano. Tínhamos de compensar as perdas antes de pensar em contribuições de caridade. Mas Dave e eu definimos uma meta: assim que a empresa se tornasse lucrativa, começaríamos a doar para o CARE.

Em 1991, Dave Olsen viajou para a África para observar os projetos desenvolvidos pelo CARE no Quênia. Ele visitou uma escola e viu centenas de crianças africanas usando a revista do CARE, a *Pied Crow*, para aprender sobre higiene, família e comunidade, recuperação de terras, proteção ambiental e desenvolvimento rural. Duzentos alunos cantaram o hino nacional do Quênia para ele e sua família, e ele ficou muito emocionado. Voltou entusiasmado e pronto para formalizar nosso envolvimento.

Em setembro de 1991, finalmente sem entrar no vermelho, a Starbucks lançou uma parceria com o CARE, lançando-a com um concerto beneficente de Kenny G. Nós não só comprometemos doações anuais de no mínimo 100 mil dólares, mas prometemos a Peter Blomquist que integraríamos a instituição em todos os aspectos do negócio da Starbucks. Começamos a oferecer amostras de café do CARE e outros itens relacionados ao CARE, como canecas, mochilas e camisetas em nosso catálogo de vendas e em nossas lojas. Quando os clientes compram esses itens, uma parte do preço que pagam é doada ao CARE. Nós apresentamos o CARE em promoções nas lojas, quiosques de informações, e artigos publicados na *Coffee Matters*, bem como apoiando na organização de concertos beneficentes com Kenny G e Mary Chapin Carpenter.

A cada ano nós aumentamos nossa doação ao CARE; até 1993 éramos o maior doador corporativo anual à entidade nos Estados Unidos. Em 1996, no quinquagésimo aniversário do CARE, enviamos três parceiros, Dave Olsen,

Don Valencia e a especialista em eventos Vivian Poer, em uma escalada ao Monte Kilimanjaro, na África, para arrecadar fundos. Nossas contribuições para o CARE apoiaram programas em quatro países produtores de café – Indonésia, Guatemala, Quênia e Etiópia – incluindo projetos como sistemas de limpeza da água, treinamento em saúde e higiene, um esforço de alfabetização e um novo projeto em benefício dos pequenos fazendeiros na Península Zege da Etiópia, onde, de acordo com uma lenda, nasceu o café. Nós elaboramos programas por meio dos quais podemos ajudar a desenvolver soluções duradouras e muito valiosas, que permanecerão por muito tempo depois de o CARE passar a tratar de outras necessidades.

Pelo fato de nossa relação com o CARE ter se tornado uma fonte de orgulho para os nossos parceiros, ficamos surpresos quando, pouco antes do Natal de 1994, um grupo de trabalhadores ativistas da Guatemala, tendo como base Chicago, começou a distribuir folhetos em nossas lojas. Tais folhetos continham afirmações de que nós éramos enganosos e altamente instigantes. Disseram que os trabalhadores da zona cafeeira na Guatemala trabalhavam sob condições desumanas para receber apenas dois centavos por cerca de meio quilo, enquanto a Starbucks vendia a mesma quantia de grãos por até nove dólares. O folheto levou as pessoas a acreditarem, erroneamente, que esses trabalhadores fizessem parte de nossa folha de pagamento e que a Starbucks estava embolsando a diferença. Finalmente, as pessoas acabaram escrevendo para mim e se organizando contra a Starbucks.

Ficamos compreensivelmente desanimados, pois acreditávamos que não só havíamos nos comportado de maneira responsável, como na verdade havíamos tomado iniciativas que iam muito além do que qualquer outra empresa de café havia feito. Não havíamos explorado nosso apoio aos programas do CARE nesses países por razões de relações públicas, e agora nos perguntávamos se havíamos falhado ao não termos sido mais explícitos com relação a isso. Estava claro que tínhamos de responder ao ataque, mas de que maneira?

Nos meses que se seguiram, recebemos dúzias de telefonemas e milhares de cartões e cartas comoventes. Indivíduos bem intencionados escreveram pedindo que triplicássemos a remuneração diária dos trabalhadores, enquanto outros menosprezavam nossa longa contribuição ao CARE referindo-se a ela como uma "mãozinha". Embora compremos menos de 1/20 de 1% de todo o café do mundo, e o preço do café seja definido de acordo com as bolsas internacionais de mercadorias, as pessoas pareciam convencidas de que nós sozinhos tínhamos o poder de modificar o sistema de plantação da Guatemala.

Logo ficou claro que a Starbucks estava sendo atacada pela seguinte razão: porque temos não só uma marca bem conhecida em nível nacional como também porque somos uma empresa de princípios. Precisamente em função de nossas doações ao CARE, os grupos ativistas sabiam que estávamos preocupados com questões que afetavam países do Terceiro Mundo que cultivavam café. Eles queriam que usássemos nosso poder de compra para promover o intercâmbio social de acordo com os planos deles. Alguns daqueles que nos apoiavam começaram até a perguntar: "Por que não simplesmente parar de comprar café da Guatemala?". Entretanto, sabíamos que um boicote – ou até mesmo uma ameaça de boicote – afetaria diretamente as pessoas que menos poderiam suportar – os trabalhadores da zona cafeeira.

O que esses manifestantes não entenderam foi que, como nós não cultivamos café, não podemos garantir qual fazenda o produz, quais mãos colhem e quantos trabalhadores são pagos. O café da Guatemala que nós vendemos vem de milhares de fazendas diferentes. É processado, embalado e entregue a um exportador antes de ser expedido para nós. Podemos inspecionar a qualidade, mas não podemos determinar facilmente, para determinado lote, exatamente de quais fazendas vieram. Somos um cliente, e nem mesmo o maior cliente. Se nos recusássemos a comprar de exportadores guatemaltecos, eles venderiam para outros. Nossos clientes sairiam perdendo, e os trabalhadores não ganhariam nada com isso.

Não podemos nos curvar diante da pressão de todo grupo orientado a uma causa que resolva fazer piquete em frente às nossas lojas. Mas as condições de trabalho daqueles funcionários é uma questão que toca os nossos corações, e nós não queríamos que nenhum cliente pensasse que não estávamos fazendo o possível para ajudá-los. Então, depois de muita discussão internamente com Dave e o conselho, decidimos estudar as questões envolvidas para ver se fazia sentido estabelecer um código de conduta para os nossos fornecedores.

Em nosso encontro anual seguinte, em fevereiro, comprometi-me publicamente a estabelecer um código de conduta, estabelecendo diretrizes para nossos acordos com fornecedores em países produtores de café. Expliquei também que as questões eram bem mais complexas do que os manifestantes apresentavam. Os ativistas de direitos humanos aplaudiram a notificação, embora eu os tenha alertado de que não seria fácil. "Não quero fazer um acordo que eu não possa cumprir", disse na ocasião.

Nos seis meses que se seguiram, Dave realizou um estudo intensivo de códigos semelhantes que haviam sido adotados por empresas como a Levi-Strauss, The Gap, J.C. Penney, e Reebok, bem como uma análise atenta de nossas próprias crenças, valores éticos e atitudes com relação aos países fornecedores. Realizou também reuniões com representantes de uma variedade de grupos em defesa de causas diversas, bem como do CARE e da ANACAFE, a associação de produtores de café da Guatemala. Dave tentou manter o tom desses debates otimista e construtivo. Ele quis transmitir a seguinte mensagem: um ataque à Starbucks não é um ataque a uma entidade corporativa sem identidade, mas a um grupo de pessoas que, na verdade, compartilha muitos dos mesmos valores e metas que aqueles que a estão criticando.

Em setembro de 1995, Dave e seu grupo havia completado o "Compromisso da Starbucks para Fazer a Sua Parte", uma estrutura que esboçava nossas crenças e aspirações, bem como um conjunto de compromissos a curto prazo para ajudar a melhorar a qualidade de vida nos países produtores de café. Usamos o termo *estrutura* em vez de *código de conduta* porque nossas diretrizes eram necessariamente diferentes dos códigos adotados por importadores de produtos manufaturados como jeans e calçados. A Levi's, por exemplo, compra de cerca de seiscentas fábricas distintas em todo o mundo: cada fábrica tem maquinário mantido entre quatro paredes, o que possibilita a inspeção das condições de trabalho por lá. A Starbucks, por sua vez, compra indiretamente de milhares de fazendas em cerca de vinte países. Jamais poderíamos realizar inspeções significativas como faz um fabricante.

Nós não ameaçamos impor penalidades às plantações da Guatemala que não seguissem os nossos padrões, conforme algumas se propuseram, por causa da dificuldade prática de forçar obediência a esses padrões. Contudo, formulamos um plano específico de trabalho para educar os fornecedores em relação a nossa missão e valores, comunicando nossas metas para a indústria do café como um todo, e reunindo mais informações durante visitas a países escolhidos. Nosso objetivo era o de fazer a nossa parte conforme acreditávamos que teria efeitos mensuráveis e pelo que pudéssemos nos responsabilizar.

Até onde eu sei, nenhuma empresa americana que importa produtos agrícolas tentou implantar um código de conduta para um fornecedor estrangeiro. Mas depois de anunciarmos nossa estrutura, alguns ainda nos criticaram por ele não ser agressivo o suficiente.

No início de 1997, conseguimos formar uma aliança com a Appropriate Technology International para ajudar os pobres, os produtores guatemaltecos, em pequena escala, a aumentar seus rendimentos aumentando a qualidade de sua safra e acesso ao mercado. Com uma concessão de 75 mil dólares no primeiro ano, começamos a levantar fundos para facilitar empréstimos para co-operativas de produtores, começando com o financiamento de instalações para processamento de café úmido destinadas a minimizar o impacto ambiental. A maioria dos produtores que estamos ajudando estão lutando para manter a família e a si mesmos a partir do que produzem em alguns acres de terra, e eles sofrem com elevados índices de doença e desnutrição. Vemos esse esforço apenas como um primeiro passo, um programa inovador que poderia ser expandido para fazer a diferença para os produtores de café em outros países também.

O notório incidente nos ensinou o lado negativo de ser responsável e responsivo. Torna-nos vulneráveis a uma variedade muito mais ampla de grupos de interesse específicos e indivíduos com pautas diversas e às vezes obscuras. Em Vancouver, British Columbia, nossas lojas foram pintadas com tinta *spray* e vandalizadas depois que outro grupo nos atacou porque a Starbucks apoiava o Vancouver Aquarium, que mantém baleias em cativeiro. Um outro grupo nos pediu para pressionar a Pepsi, nossa parceira em *joint venture*, para parar de fazer negócios em Burma por causa de abusos dos direitos humanos por lá. Nós nem fazemos negócios em Burma! Até mesmo a Audubon Society requereu que protegêssemos as aves migratórias cujos *habitats* florestais estavam sendo devastados para dar lugar a plantações de café.

Enquanto uma empresa cresce, seus valores inevitavelmente vão sendo desafiados, mas não de maneira previsível. Empresas grandes e de sucesso podem ser mais generosas e socialmente responsáveis do que as pequenas, mas também podem ser colocadas diante de padrões inalcançavelmente elevados.

Ser responsável com os funcionários, com as comunidades, os acionistas e com o bem superior significa equilibrar cuidadosamente uma série de interesses conflitantes. É preciso ter muita certeza dos valores e pesá-los honestamente contra a necessidade de manter a empresa. Se você irritar os fornecedores, se alienar grupos de clientes, se gastar tempo e dinheiro demais em causas, não será capaz de construir uma empresa forte e duradoura. Se a sua empresa fracassar, ou deixar de crescer, não poderá mais ser socialmente responsável.

Na Starbucks, temos que pesar o que podemos gastar contra o que pensamos que é certo. É por isso que continuamos contribuindo para o CARE mesmo quando os lucros são baixos, como aconteceu no início de 1996. E é por isso que criamos a Starbucks Foundation em 1997, recrutando Peter Blomquist como diretor. Mas nós vamos declarar nossa opinião e apoiar causas de acordo com nossos próprios planos, agindo conforme nossas crenças e valores, e não conforme aqueles ditados por outros.

"Não diga que não estamos fazendo nada", diz Dave àqueles que nos criticam. "Diga que estamos fazendo outra coisa que não o que vocês gostariam."

Não importa como os outros nos julgam, nós continuaremos fiéis aos valores que nos apoiaram quando éramos pobres-coitados – com ou sem aplausos.

O que fazer quando sua ética ambiental colide com o básico nos negócios

Administrar uma empresa e ao mesmo tempo seguir elevados padrões éticos representa um outro dilema: às vezes não se consegue imaginar como cumpri-los.

Considere o caso do copo Starbucks.

Por mais de dez anos, a Starbucks tem vendido café para viagem em copos descartáveis de papelão com uma tampa plástica. Entretanto, esse copo foi um dos aspectos mais irritantes com os quais lidamos, um enigma que parecia testar nossos valores contra a imagem da nossa marca e nosso desejo de atender o cliente.

O problema é o seguinte: segurar café quente em copos de papelão pode ser pouco confortável. As bebidas com expresso, como os *lattes*, não são tão quentes porque são acrescidas de leite vaporizado. Mas para o café comum e o *caffè* americano, sempre tivemos que colocar um copo dentro de outro para tornar mais fácil carregar.

Para maior conveniência do cliente, dois copos resolvem. Mas cada vez que usamos dois copos ao servir café, temos o dobro de copos Starbucks indo parar no lixo – aparentemente um desperdício de material que vai contra nossa ética ambiental. Morando em uma cidade ambientalmente consciente como Seattle, estou especialmente ciente e preocupado com a quantidade de lixo que geramos.

Se você perguntar aos parceiros varejistas da Starbucks – muitos dos quais têm por volta de 20 anos – quais questões mundiais mais os preocupam, o consenso surpreendentemente é meio ambiente. Eles detestam ver copos descartáveis saindo das lojas a cada minuto, guardanapos da Starbucks esvoaçando nas calçadas, tampas plásticas que são usadas uma vez e descartadas. Eles adoram o café, mas não querem acrescentar mais refugo a aterros que já estão lotados.

Em resposta a essas preocupações, a Starbucks formou um Comitê Ambiental, um grupo de alto nível que procurou formas sistemáticas de reduzir, reutilizar e reciclar o lixo, bem como contribuir para os esforços ambientais da comunidade.

Desenvolvemos o que pode ser uma abordagem única ao considerar questões ambientais. Para coordenar os esforços em nossas lojas, criamos uma Equipe Verde responsável pela empresa no geral, composta por gerentes de loja de todas as nossas regiões. Três vezes por ano eles se encontram com a diretoria e representantes de departamentos como operações no varejo e *marketing*, coordenam planos para atividades do Dia da Terra, realizam auditorias de reciclagem e defendem novas ideias que depois levam para as suas regiões. É a nossa forma de tentar tirar o máximo de nossos parceiros sobre como nos tornarmos não só ambientalmente sensíveis, mas líderes nesse setor.

Cada divisão com cerca de dez lojas tem uma liga ambiental que coordena os esforços. A maioria das lojas nomeia um parceiro para monitorar os esforços de reciclagem e encontrar formas inovadoras de reduzir os custos. As lojas frequentemente realizam as *Green Sweeps* (Varreduras Verdes), enviando pessoas às vizinhanças, e até a praias, parques, estacionamentos, e outras áreas próximas, para recolher lixo. Nós encorajamos os nossos clientes a apoiarem nossos esforços ambientais oferecendo descontos se trouxerem seus próprios copos para nós enchermos, vendendo canecas para viagem e servindo bebidas em xícaras de porcelana, se os clientes especificarem "para agora" em vez de "para viagem".

Nosso sistema nem sempre é tão eficaz quanto gostaríamos que fosse, mas assegura que nosso pessoal de operações esteja sempre ciente de nossas metas ambientais.

Frequentemente surgem boas ideias em lojas e elas passam para os níveis superiores. Uma loja retirou as facas e colheres de plástico, disponibilizando-as somente quando o cliente pedisse. Essa iniciativa reduziu drasticamente o número de utensílios plásticos que são jogados fora. Uma divisão negociou com um mercado da região para que coletasse as caixas de leite usadas. Nós precisamos contar com a iniciativa local, porque as práticas de reciclagem e serviços variam por todo o país.

Em outubro de 1994, contratamos Sue Mecklenburg, da escola de administração da Universidade de Washington, para atuar como diretora para questões ambientais. Quando ingressou, nós já havíamos implementado diversas iniciativas para reduzir o desperdício de embalagem e expedição. Não havia, relembra ela, muitos retoques por fazer. Então ela se empenhou em nossa principal questão relacionada ao ambiente: os copos descartáveis duplos.

Em 1995, formamos uma equipe, a Hot Cup Team, com membros envolvidos em questões ambientais, compras, *marketing*, pesquisa e desenvolvimento, operações no varejo, bebidas e alimentos. O primeiro passo que deram foi conversar com os fornecedores. A primeira alternativa para os copos de papelão, descobriram, seria o poliestireno, que isola bebidas quentes bem melhor do que o papelão.

Escolhemos três tipos de copos de poliestireno e montamos discussões em grupo para que as usassem com 250 clientes. A alternativa mais cotada foi a de poliestireno fino prensado, o mesmo tipo que é usado em lojas de conveniência e postos de gasolina. Produzimos uma quantidade com o nosso logo e testamos em Denver. Enquanto alguns clientes consideravam esses copos uma melhoria frente aos copos duplos, muitos os reprovaram. O poliestireno não refletia a qualidade que as pessoas passaram a esperar de nós, e a percepção era de que o plástico é ainda menos amigável ao meio ambiente do que o papelão. Para dispormos dos copos usados, nós as expedíamos para uma fábrica de reciclagem na Califórnia. Na realidade, ao mesmo tempo que é tecnicamente possível reciclar o poliestireno, também é algo impraticável em muitas cidades.

Além disso, nós tínhamos de enfrentar outra dificuldade prática. Tipicamente, nossos clientes saem das nossas lojas com os copos. Um cesto de coleta posto na porta das lojas seria inútil para alguém que tomasse o café longe da loja. E antes de mais nada, qualquer pessoa que pretenda terminar de tomar o café na loja teria pedido uma xícara de porcelana. Falando em termos reais, a maioria dos nossos clientes não têm como reciclar xícaras de poliestireno independentemente.

Mudar para poliestireno, naquela época, teria representado uma economia de 5 milhões de dólares por ano para a Starbucks – e muito mais conforme o número de lojas fosse se multiplicando nos anos seguintes. Mas decidimos ir contra. Não solucionaria nossa questão ambiental, e não estava coerente com a nossa imagem.

De volta ao ponto de partida, começamos a procurar por um copo melhor, mas não encontrávamos um que atendesse às nossas necessidades. Então decidimos fazer um teste com um revestimento de papel. Em vez de dois copos, colocaríamos um anel de papelão ondulado em torno de cada copo de café comum. O revestimento usava apenas metade do material que um segundo copo e continha papel reciclado. Quando imprimimos nosso logo, percebemos que o revestimento não representaria economia nenhuma, mas decidimos oferecê-lo mesmo assim.

Entretanto, para uma solução mais a longo prazo, decidimos observar fora da empresa. No início de 1996, Sue consultou o Fundo de Defesa Ambiental, que havia feito uma parceria com o McDonald's para encontrar uma alternativa ambientalmente mais adequada para a caixa plástica em que vinham embalando seus hambúrgueres. Ansioso por ajudar as empresas a desenvolverem soluções inovadoras para problemas ambientais, o Fundo de Defesa Ambiental havia estabelecido conjuntamente a Alliance for Environmental Innovation (Aliança para Inovação Ambiental) com o The Pew Charitable Trusts. Em agosto de 1996, a Starbucks e a Alliance concordaram em trabalhar conjuntamente para reduzir os impactos ambientais nocivos de servir café. Nossa meta é reduzir o uso de copos descartáveis, tanto aumentando o uso de copos reutilizáveis, quanto introduzindo um novo copo ambientalmente mais adequado.

Contatamos cerca de 45 grupos – fornecedores de copos, projetistas industriais e assim por diante – que achávamos que podiam solucionar o problema. Nos reunimos com cerca de 25 deles, analisamos suas ideias e protótipos, desenvolvemos uma breve lista de oito copos que apresentamos em discussões em grupo em três cidades e testamos os três semifinalistas em Seattle, Chicago e Boston durante o verão de 1997. Nosso objetivo era identificar a alternativa preferida até o outono de 1997 e passar à produção em 1998.

Manter-se fiel a um padrão elevado é algo que leva tempo e dinheiro. Exige que você gaste uma enorme quantia de tempo e dinheiro lidando com questões que muitas outras empresas confortavelmente ignorariam. Quando os problemas parecem insolúveis, é preciso acompanhá-los.

Trata-se de uma luta contínua. Mas nós nos importamos com a maneira como as pessoas se sentem, com o que nossos parceiros estão pensando e com aquilo em que os clientes acreditam. E seguimos isso.

COMO NÃO SER UMA REDE DE CLONES

A arte é uma aventura em um mundo desconhecido,
que pode ser explorado somente por aqueles que estão dispostos
a correr riscos.
MARK ROTHKO, "The New York Times", 13 de junho de 1943

Nada me deixa mais furioso do que ouvir a crítica comparar a Starbucks a uma rede de lojas de descontos ou *fast-food*. Não que eu não admire a maneira como a Walmart e McDonald's desenvolveram suas empresas, pois há muito a aprender com o sucesso deles. Mas a imagem que projetam, nos produtos e projeto, é muito distante do tom que cultivamos na Starbucks, de estilo e elegância.

Talvez eu tenha estabelecido padrões elevados demais. Como um pai com senso de realização exacerbado, quero tudo para a Starbucks: sucesso de todas as formas convencionais, somado a um nível extraordinário de inovação e estilo.

Na Starbucks, mantemos o projeto conforme os mesmos padrões elevados que exigimos do nosso café. Precisa ser o melhor da classe, da mais alta qualidade, e expressar uma personalidade sofisticada, porém acessível. Nós queremos que cada loja reflita o caráter da vizinhança em que se encontra, entretanto, deve estar claro que tudo pertence à mesma família. Nosso ritmo acelerado de crescimento nos forçou a padronizar o *design* e as compras, porém criamos uma variedade de opções para que não estejamos produzindo uma rede de clones. Queremos que nosso estilo seja coerente sem ser desinteressante. Desde o início, lutamos contra essa contradição interna: como projetar um estilo individual e característico quando se está abrindo lojas tão rapidamente?

Eu nunca permitiria que a Starbucks sacrificasse ou degradasse sua elegância e seu estilo em nome do crescimento. Na verdade, temos caminhado exatamente na direção oposta. À medida que crescemos, podemos investir no tipo de projeto inovador e criativo que nos traz pontos positivos. É assim que manteremos o senso de surpresa e *encantamento* que sempre foi a marca da experiência na Starbucks.

Criando uma personalidade de *design*

Eu sempre adorei os aspectos de projeto da Starbucks. Considero o grafismo e o *design* das lojas um diferencial, uma maneira de mostrar aos nossos clientes que a Starbucks está um passo adiante. Muitos de nossos clientes são sofisticados e seletivos, e esperam que façamos tudo de acordo com a preferência deles, não só o preparo do nosso café, mas também o projeto estético de nossas lojas e embalagens. Quando entram em nossas lojas, estão em busca de um luxo acessível, e se o cenário não for luxuoso, por que voltar?

Começando na Il Giornale, nós tentamos recriar a experiência dos cafés italianos, usando decoração europeia e contemporânea, bem iluminada e amistosa. Trabalhei com um arquiteto, Bernie Baker, no planejamento do *layout* da loja, o posicionamento do logo, a localização dos balcões perto das janelas, os acessórios para colocar jornais, e o menu, que foi projetado para ser semelhante a um jornal italiano. A máquina de café expresso ficava no centro, com balcões ao redor.

Assim que unimos a Il Giornale e a Starbucks, reprojetamos totalmente as lojas Starbucks para ter certeza de que refletiriam uma aparência italiana. Na nova configuração, colocamos o bar de café expresso na parte dos fundos, para que a primeira coisa que os clientes notassem ao entrar fossem os grãos de café expostos. Abandonamos o marrom e acrescentamos algumas cadeiras. Inicialmente, não mais do que nove em cada loja. Na época, esse perfil era perfeito.

Logo após a fusão, tive uma ideia que desde então tornou-se um dos elementos mais originais do visual da Starbucks: o uso de ilustrações para enfatizar a singularidade de cada tipo de grão de café.

Até então, quando você entrava em uma loja da Starbucks e pedia 200 gramas de, digamos, House Blend, a pessoa atrás do balcão carimbava o nome do café em um pacote branco e marrom. Mas aquelas palavras simplesmente não faziam jus à rica variedade de sabores e diferentes culturas dos países de origem. Para mim, cada café tem uma personalidade própria, com base no local onde é cultivado ou em por que a mistura foi criada. Cabia a nós, pensei, encontrar um artifício visual para transmitir essas distinções para os nossos clientes.

Recorri outra vez a Terry Heckler, tanto em busca de seu senso de estilo quanto de sua ligação com a fundação da Starbucks, e pedi que ele criasse imagens que capturassem o espírito de cada café. Depois de desenhar o logo verde da Starbucks, que colocamos em nossos pacotes, também desenhou uma série de selos para cada tipo de café que vendíamos. Cada um deles evocava elementos culturais do país de origem, a flora ou fauna locais, o ânimo que um café específico criava ou acentuava. Até hoje, se você pedir 200 gramas de, digamos, um café Quênia, o barista irá colocá-lo em um pacote padrão da Starbucks, mas o identificará com um selo colorido desenhado para aquele tipo de café – anteriormente um elefante, agora a imagem de um tamborileiro africano. O selo do Sumatra por muitos anos mostrava a cabeça de um tigre; o da Nova Guiné, um tucano multicolorido; o da Costa Rica Três Rios, uma mulher levando um cesto de frutas na cabeça. Eu queria que as ilustrações fossem fortes sinais visuais que permanecessem evocativos mesmo depois de o produto ser trazido para o nosso país.

Introduzir o novo selo era um processo caro, acrescentava dois centavos ao custo de cada pacote de café. Nós não só tivemos que fabricar os selos, mas afixá-los nos pacotes também representou trabalho extra em nossas lojas. Minha justificativa, é claro, era: "Tudo importa".

Nós usamos esses selos originais durante cerca de dez anos, atualizando-os e acrescentando elementos somente quando necessário. Então, em 1997, reanimamos nosso visual com um conjunto novo de selos, com imagens diferentes.

Muitas outras empresas desde então passaram a copiar a nossa ideia de selos. Mas os selos tornaram-se símbolos visíveis do estilo Starbucks, lembranças vivas da experiência da Starbucks que tocam as pessoas e fazem com que elas voltem.

Outros fornecedores de café também começaram a copiar o projeto de nossa loja, assim que viram a importância desse fator para atrair clientes. Na verdade, a Starbucks teve de questionar vários concorrentes para impedir que usassem imagens parecidas demais com as nossas. Uma empresa chegou a imitar não só o projeto de nossa loja, as cores, o logo, mas até os folhetos.

Com o passar dos anos, nossa embalagem evoluiu, à medida que tentamos manter um estilo coerente mas ainda transmitir variedade e profundidade. A partir de 1987, nossos pacotes de café, copos, guardanapos e outros materiais eram todos brancos com o logo verde. Mas a partir de setembro de 1992, quisemos ampliar e renovar a aparência, então contratamos uma empresa de *design*, a Hornell Anderson, para projetar nossa embalagem. Trabalhando com Myra Gose em nosso departamento de *marketing*, eles criaram um novo vocabulário gráfico, com tons naturais de terra. Também criaram o padrão da fumaça do café que usávamos nos pacotes, paredes, pôsteres, e papel de embrulho, um ícone da marca que se tornou uma indicação visual da Starbucks. E projetaram um pacote de café diferente, usando um vermelho terracota e carvão com o mesmo padrão de capa. Em 1992, nós pedimos também que Terry Heckler revisasse nosso logo da sereia: ela ficou muito parecida com o que era, mas perdeu o umbigo. Na empresa, Myra tornou-se guardiã da aparência, a consciência do projeto da Starbucks, certificando-se de que qualquer embalagem ou produto novo estaria coerente com a imagem que queríamos transmitir.

Projeto das primeiras lojas: equilibrando coerência e estilo

Começando em 1987, nós desenvolvemos um forte tema de projeto global que asseguraria que nossas lojas tivessem o mesmo estilo. Meu objetivo era fazer cada loja em cada novo mercado refletir uma imagem idêntica às das primeiras lojas Starbucks em Seattle. Quando fomos para Chicago, Los Angeles e outras cidades, eu queria que as novas lojas projetassem os valores e estilo da Starbucks original.

Conforme a ampliação acelerou, fomos percebendo a importância de projetarmos nossas próprias lojas, tanto em prol da velocidade e da eficiência quanto da integridade de projeto. Tentamos usar arquitetos e projetistas externos mas alguns não compreendiam o espírito da coisa. Eles nos davam o que estava na moda no varejo naquele ano, e nós queríamos uma aparência singular e sustentável.

Então tomamos uma decisão cara mas também perspicaz: a partir de 1991, formamos nossa própria equipe de arquitetos e projetistas, para assegurar que cada uma de nossas lojas transmitiria a imagem certa. A maioria das empresas não pode pagar pessoas tão especializadas nessa fase de crescimento. No início, eles trabalhavam sob a supervisão da Christine Day, que na ocasião era vice-presidente de planejamento de lojas. Tínhamos internamente, com efeito, uma empresa de arquitetura e projetos.

As cem primeiras lojas, aproximadamente, foram projetadas à mão, sobre mesas de desenho, e eu examinei e aprovei o plano detalhado de cada uma delas, da sinalização ao acabamento dos balcões. Certa vez, quando surgiram questões de *layout* em nossas três primeiras lojas em Los Angeles, fui até lá com nossos projetistas no dia seguinte para decidirmos pelo melhor ajuste.

Ironicamente, embora todas as nossas lojas fossem parecidas, elas nunca foram uniformes como clones. No início, na verdade, projetamos cada loja de acordo com as necessidades porque tínhamos de fazer isso. Diferente do McDonald's, nós não somos proprietários do imóvel nem construímos lojas individualmente, mas assinamos contratos de aluguel e nos mudamos para locais existentes que são diferentes tanto em formato quanto em tamanho. Para controlar os custos, tivemos de usar materiais e mobílias semelhantes, mas nenhuma loja ficou exatamente igual a outra. Por exemplo, dependendo do cenário – urbano ou suburbano, formal ou informal – nós variamos o tipo de acabamento em madeira (cerejeira escura, clara ou mogno) nos parâmetros mais amplos de projeto.

Para manter a aparência coerente e as despesas razoáveis, duas de nossas projetistas, Brooke McCurdy e Kathleen Morris, desenvolveram uma série de paletas, cada uma com seis cores básicas e opções múltiplas, incluindo alternativas de acessórios claros, tampos de balcão, e cores para o piso. Christine Day usou a analogia das três irmãs – cada uma com uma aparência individual, mas visivelmente da mesma família. Nossos projetistas tinham um senso de propriedade por cada projeto, e frequentemente atendiam chamadas do local quando os gerentes de construção descobriam uma coluna ou outro aspecto que pudesse afetar o projeto.

Ainda assim, à medida que a Starbucks se expandia pelo país, as pessoas começaram a reclamar que muitas de nossas lojas eram parecidas – uma vulnerabilidade que os concorrentes estavam ansiosos por explorar. Em todas as cidades dos Estados Unidos, foram abertos cafés pequenos e independentes com decoração original feita sob encomenda conforme o humor e a sensibilidade da região. Em cidades que contavam com faculdade, eram badalados e originais. Nos subúrbios, eram acolhedores e confortáveis. Qualquer que fosse o sabor do café, se criasse uma atmosfera agradável e prazerosa, atrairia consumidores. As pessoas começaram a dizer que nosso projeto era grosseiro e institucional.

É uma crítica que toca o coração. Nós queremos estabelecer uma relação pessoal com nossos clientes, mas também queremos que nossas lojas sejam acessíveis e convenientes. Como abrir trezentas lojas por ano, cada uma diferente e projetada para adequar-se ao tom da vizinhança da região?

Em 1994, sob o comando de Arthur Rubinfeld, começamos a experimentar formatos diferentes. Projetamos um grupo de lojas singulares padronizadas para se adequarem a necessidades específicas. Fizemos a experiência com alguns *drive-throughs* em pontos onde os transeuntes se apressavam para ir a outro lugar. Projetamos quiosques em alguns supermercados e outros locais públicos.

Mas mais importante para aqueles que queriam um Terceiro Lugar, era o fato de termos acrescentado cadeiras e introduzido o conceito de Grand Cafés, lojas-chefe com lareiras, cadeiras em couro, jornais, poltronas, atitude. Os clientes adoram. Existe uma fantástica satisfação em se sentar com uma xícara de café em frente a uma lareira.

Em um local no Upper East de Manhattan, nós criamos uma sala boêmia no segundo andar. Completa, com sofás usados e cadeiras de descanso compradas em uma venda de garagem, logo tornou-se um oásis vespertino e um ponto de encontro nos finais de tarde em uma cidade sem qualquer reputação por locais seguros para se sentar e relaxar.

Mas essa abordagem levou a um problema maior. Nosso rápido crescimento passando por vários mercados novos, aliado a nosso formato ampliado, estava fazendo com que os investimentos iniciais nas lojas fugissem do controle. Nosso custo médio para abertura de loja atingiu um pico de 350 mil dólares em 1995, um valor inacreditavelmente elevado. Os Grand Cafés que havíamos projetado de acordo com as necessidades custam muito mais.

Então enfrentamos um novo dilema: como reduzir os custos drasticamente e ainda assim compor um esquema de projeto para a próxima geração que parecesse novo, não importando quantas lojas nós construíssemos.

Para ficar um passo na frente é preciso investir em criatividade

Esse é o enigma que passamos a Wright Massey quando Arthur contratou-o em 1994 para ser vice-presidente de projeto. Wright não se encaixa na imagem típica de um projetista. Com seu rosto largo, parece que se sente mais à vontade em um campo de futebol americano do que em um estúdio. Porém, ele não só é um arquiteto experiente – projetou cerca de quarenta hotéis –, mas também um artista que cria obras em aquarela. Ele é franco e direto, com um forte sotaque californiano, ágil em criticar e reconhecer uma ideia brilhante.

Wright forçou nosso pessoal a trabalhar em equipe como eles nunca haviam feito antes. Fez com que elaborassem um plano para "desenvolvimento sinérgico", esboçando expectativas para nosso pessoal em cada uma das disciplinas: assuntos imobiliários, construção, projeto, operações, compras e gestão de contratos. Antes daquele esforço, nossos projetistas haviam mantido a maioria das informações em suas mentes, como um conhecimento tribal, e ele os incentivou a escrevê-lo e sistematizá-lo. A meta era rever todo o processo de planejamento de loja para obter um desenvolvimento mais rápido, custo inferior e melhores projetos.

Antes de contratarmos Wright, nosso pessoal de campo vinha tentando aparar os nossos custos por projeto. Mas Wright reconheceu que as grandes economias viriam somente se aproveitássemos nosso porte e escala. Construir centenas de lojas por ano nos concedeu um tremendo poder de compra que nunca havíamos conseguido. Então centralizamos compras, desenvolvemos contratos padrão e taxas fixas, revisamos nossas relações com os fornecedores, prometendo grandes volumes de trabalho para aqueles que mantivessem controle dos custos.

Mas isso não foi suficiente. Era preciso aprender algumas lições com as redes de clones. Nosso grupo de operações no varejo definia exatamente a quantidade mínima de equipamento de que cada loja precisava, e o grupo de projeto trabalhava com compras para encomendar e estocar com antecedência itens padronizados a um custo 20% a 30% inferior, conseguindo descontos diretos por volume com os representantes. Isso significava encontrar espaço em armazém ou implementar uma complexa entrega *just-in-time*. Para peças necessárias em todas as lojas, como gavetas para grãos de café ou para o bar, conseguimos padronizar o formato e tamanho, de modo que podíamos encomendar grandes quantidades. Qualquer espaço estranho poderia ser coberto com painéis decorativos. O objetivo era desenvolver processos que não escravizassem os projetistas, e sim que os ajudassem a ser mais criativos.

Embora caixas modulares sejam como o beijo da morte para um bom projeto, encontramos uma forma de fazê-las funcionar para nós. Em 1996, reformamos nosso sistema de computador e desenvolvemos novo *software* que nos ajudou a encaixar acessórios e equipamentos padrão e estimar custos conforme o projeto evoluía. Aproveitando nosso porte e coordenando nossas necessidades de operações com nossas metas de projeto, conseguimos encurtar o tempo de desenvolvimento de uma loja de 24 para dezoito semanas e reduzir significativamente a média de custo por loja. Isso disponibilizou os recursos de que precisávamos para um projeto de maior alcance: projetar nossas Lojas do Futuro.

O objetivo de Wright era elevar o nível de projeto de nossa loja, passando à frente da concorrência. Ele pretendia criar um novo projeto lírico e estético, com riqueza e texturas, suficientemente forte para contar a história da Starbucks, indo além de apenas um novo esquema de cores revisto, outro tipo de madeira, ou um novo estilo de cadeiras, e tentando captar a essência da experiência da Starbucks. Ele guiou sua equipe criativa para explorar a cultura e a mitologia e tecer um conto fantástico.

"Bom projeto não significa cores bonitas.", Wright gosta de dizer. "É colocar algo fora de alcance e fazer as pessoas alcançarem."

Para extrair o máximo de potencial criativo, montamos um estúdio "secreto", no fundo do edifício Starbucks Center, em Seattle, e contratamos uma equipe de artistas, arquitetos e projetistas para criar nossa nova geração de lojas. Poucos sabiam da existência do estúdio. Apenas um grupo de pessoas tinha as chaves e outras tinham de assinar um acordo de confidencialidade para serem admitidas. Mantivemos o projeto em silêncio para que o impacto fosse maior quando os novos projetos fossem lançados no final de 1996.

Dave e eu nos encontramos cedo com a equipe de projeto Loja do Futuro, explicando nossa visão de como deveria ser a Starbucks: uma autêntica experiência com o café, uma extensão da própria casa, um ambiente enriquecedor e recompensador capaz de acomodar tanto serviço rápido quanto momentos de silêncio. Então, os projetistas prosseguiram, pesquisando sobre sereias, tão sedutoras e imprevisíveis quanto o próprio café, e sobre a Starbucks, a equilibrada maruja. Eles exploraram a mitologia dos oceanos, a ideia do Terceiro Lugar, e a arte e literatura sobre a cultura do café através dos tempos. Os desenhos que criaram tentam transmitir esses temas extremamente bem, através de murais, ícones e outras imagens.

Eles se livraram de tudo o que era duro e reto, e trouxeram romance e mitologia, suavidade e aconchego, usando processos contemporâneos de produção para captar uma aparência eclética, do que é feito à mão. Mas conservaram minha visão original da arte do preparo do café expresso, dando ênfase a ela, colocando a máquina atrás de um bar arredondado e criando um balcão de madeira onde os baristas podiam colocar as bebidas prontas para os clientes.

Em vez de optar por uma aparência simples e uniforme, eles desenvolveram variações complexas dos quatro elementos, que são a terra, o fogo, a água e o ar, relacionando-os às quatro etapas da confecção do café: cultivo, torrefação, preparo e aroma. Isso deu lugar a quatro projetos de lojas diferentes, cada um com sua própria paleta de cores, esquema de luzes, e materiais, porém todos unificados por um conceito com senso de realização exacerbado. *Cultivo*, por exemplo, enfatiza as matizes de verde. *Torrefação*, combina vermelhos profundos e marrons. *Preparo* enfatiza o azul, por causa da água, e marrom por causa do café. *Aroma* usa uma paleta de cores claras com amarelos, verdes e brancos. Todos os conceitos incorporam texturas naturais, recursos artesanais, e elementos suspensos no teto com base em formas orgânicas. Dentro desses quatro modelos básicos, podemos variar os materiais e detalhes específicos para adaptá-los a diferentes cenários, de edifícios no centro da cidade a áreas suburbanas e cidades universitárias.

Para as pessoas envolvidas, o processo foi sofrido, com grandes oscilações no moral, redefinição de papéis e reavaliação dos valores centrais, como um renascimento da Starbucks. Elas estavam, afinal de contas, lidando com a imagem que eu havia composto cuidadosamente para a Starbucks. Wright diz que ele se perguntava, às vezes, se acabaria sendo demitido ou assassinado pela revolução que estava tentando causar. Em alguns momentos o progresso era lento e agonizante, e alguns conceitos iniciais ou iam longe demais ou eram excessivamente superficiais. Mas eu tratei de me afastar do trabalho da equipe e deixar as imaginações fluírem.

Lembro-me de como me senti ao contemplar os protótipos de lojas no estúdio no quinto andar para analisar os conceitos finais de projeto. Arthur e Wright estavam comigo, mas não quis debater nada ou ouvir qualquer explicação. Eu simplesmente quis mergulhar no espírito que a equipe havia criado. O que eu via refletia um nível de criatividade e arte muito superior àquele do qual viemos, aquele projeto original da Il Giornale.

Os artistas me mostraram ícones que haviam desenvolvido, usando variações no formato da sereia, para ser usado nas lojas, e um total reprojeto de selos para identificar os cafés. O resultado final foi uma série de imagens tão originais e imaginativas que eu senti admiração pelo tipo de talento que fomos capazes de inspirar.

"Fantástico", aprovei. "Vamos logo, levem isso para nossas lojas novas."

Assim que os novos protótipos de loja foram aprovados, enfrentamos o desafio de encontrar formas de colocá-los dentro do restrito orçamento que havia sido definido para as lojas existentes. Isso significava a necessidade de negociar contratos com um grupo diferente de representantes e fornecedores. Em junho de 1996, Wright e sua equipe haviam encontrado uma forma de comprar mais de trezentos itens diretamente dos representantes, reduzindo nosso custo geral de investimento em 10%.

Os projetos finais, concluídos no final de 1996, incluíam quatro formatos e quatro paletas de cores. Nossas lojas Classe A, com 130 m², têm áreas flexíveis para cadeiras e uma completa seleção de mercadorias, podendo usar qualquer uma das quatro paletas de cores e desenhos. As lojas Classe B, formatadas para espaços menores, enfatizam a eficiência espacial. Recorrem às mesmas quatro paletas, mas são menos caras para serem construídas.

Também introduzimos dois novos formatos: o breve bar e o *doppio*. O breve bar é projetado como uma loja dentro de outra loja em supermercados ou saguões de entrada de edifícios comerciais, e é suficientemente compacto para caber em locais anteriormente considerados pequenos demais para uma Starbucks inteira. *Doppio*, batizado em analogia a dois jatos de expresso, é a menor loja, ajustando-se em menos de 1m². São autônomos e podem ser facilmente remontados. As duas unidades menores usam o mesmo estilo e acabamentos que as lojas maiores.

Devido às tarefas aparentemente contraditórias de reduzir os custos e ao mesmo tempo criar um novo projeto, a equipe de Wright não só fez esse, mas um terceiro, inventando novos formatos que permitiriam vender em locais que nunca havíamos pensado antes.

Não foi só a crítica às "redes de clones" que orientou o esforço da Loja do Futuro em 1995 e 1996. Nós estávamos indo mais além. Mas essa experiência é característica à forma como a Starbucks reage. Se existe um problema, nós não só tentamos solucioná-lo mas também criar algo inovador e elegante no processo.

QUANDO DIZEM PARA VOCÊ FOCALIZAR, NÃO FIQUE MÍOPE

Se és capaz de manter a tua calma quando / Todo mundo ao redor a perdeu e te culpa; / Se és capaz de crer em ti quando estão todos duvidando / E ainda permite que eles duvidem / Se és capaz de dar, segundo por segundo, / Ao minuto fatal todo valor e brilho / Tua é a Terra com tudo o que existe no mundo, / E – o que ainda é mais importante – és um Homem, meu filho!
RUDYARD KIPLING, "If"

Em dezembro de 1995 tivemos um feriado infernal.

Todo Natal, nós, como a maioria dos varejistas, nos preparamos para um enorme frenesi – na torrefação, nas lojas, nos escritórios. Na Starbucks, é a única época do ano em que nossas outras mercadorias de varejo – grãos de café, máquinas de expresso, chocolates, canecas – tornam-se tão importantes quanto os *lattes* e *cappuccinos* diários. Geralmente, o espírito natalino se mistura ao alvoroço geral e os clientes admiram os produtos coloridos nas prateleiras, executivos conversam com os caixas, e nós desmaiamos no final do mês com um sorriso de satisfação, prometendo a nós mesmos que nos organizaremos melhor no ano seguinte.

O Natal de 1995, contudo, teve uma história diferente. Vendavais e fortes nevascas atingiram várias regiões diferentes, forçando um número de lojas a fecharem durante dias. Os jornais estavam repletos de comentários de varejistas desesperados tentando atrair os compradores para as lojas. As previsões para a temporada de compras ficavam ainda mais pessimistas.

A cada manhã, nossa equipe de vendas no varejo se reunia na sala ao lado do meu escritório. Essas reuniões tinham cada vez mais um tom de expectativa e inquietação. Alguém apresentava os relatórios de vendas do dia anterior, separados por região, categoria de produto, quantia de vendas em dólares, número de clientes. Era como receber nota de provas. Nós comparávamos os números reais com os orçados e revisávamos nossa previsão toda semana. Se não planejássemos um dia, recalculávamos alguns números para descobrir o que era preciso fazer para planejar o restante da semana, e do mês, trimestre e ano.

O valor-chave era o relatório comparativo diário, que media o crescimento das vendas nas lojas abertas há um ano ou mais. Com mais lojas abertas, as vendas globais obviamente cresciam. Mas será que cada loja individualmente vendia mais do que no ano anterior?

Os relatórios comparativos mensais demonstravam um crescimento médio de 5% sobre o mesmo mês no ano anterior. Agora os números dos relatórios diários chegavam a 2%, 1%, zero, às vezes até negativo. Era uma tendência assustadora.

Aliada à pressão estava o fato de que nossas ações continuavam atingindo alturas recordes. Se não atingíssemos os nossos números naquele mês, já sabíamos, os investidores reagiriam de forma drástica e as ações sofreriam acentuada queda.

Para piorar ainda mais as coisas, sabíamos que de todo modo, nossas metas de lucro seriam difíceis de atingir, uma vez que a Starbucks ainda tinha estoque de café com preço elevado que havia comprado durante o verão de 1994. Orin esperava que algumas de suas medidas de economias de custo fossem frutíferas, mas era cedo demais para calcular o impacto que causariam nos resultados. Com Orin eu podia ser sincero sobre o quanto estava desanimado. Ele se sentia igual a mim.

O que podíamos fazer? A maioria das principais decisões que determinavam nossas vendas haviam sido tomadas seis meses antes, quando solicitamos mercadoria, criamos embalagens e compramos café para nossas misturas. Rapidamente descobrimos alguns erros que não podíamos consertar. Para o Natal de 1995, havíamos trocado a tradicional embalagem verde e vermelha por cores pastel, e os clientes não compraram. Havíamos pedido muitas máquinas de expresso e um número insuficiente de presentes de valor acessível. Nosso planejamento já havia sido concluído, então tínhamos preparado estoque muito maior de certos cafés, incluindo a mistura de Natal. Havíamos embalado nossos cafés para presente em pacotes grandes de 400 gramas, como sempre, mas também oferecíamos, pela primeira vez, amostras pequenas de 100 gramas. Os pacotes pequenos foram um estouro, mas já havíamos pré-embalado grande parte de nosso café nos pacotes maiores antes de dezembro. As pessoas da torrefação tiveram de trabalhar horas extras, freneticamente retirando café dos pacotes grandes e enchendo os pequenos. Foi uma despesa adicional que mal podíamos pagar.

Ainda assim, nos anos anteriores sempre fomos capazes de levantar as vendas da temporada de festa com promoções especiais ou outro artifício encontrado no último minuto. Então Orin e eu criamos um plano. Nós verificaríamos quais produtos vendiam além do planejado, quais vendiam menos do que o planejado e refinaríamos nossa mensagem publicitária coerentemente a cada semana. Scott Bedbury ficou ansioso para testar alguns *slogans* que construíam imagem, mas acabamos focalizando no argumento mais direto: "Ótimos presentes por menos de vinte dólares". Conforme sugeri, nós até oferecíamos café de graça depois das 5h da tarde, para encorajar os consumidores a pararem nas nossas lojas depois das compras. Em um clima de consumo, eles podem notar e querer comprar nossos produtos.

No início do mês, parecia que nossa empresa havia se tornado um jogo de apostas elevadas. A maré não estava a nosso favor, mas eu tinha certeza de que venceríamos, de uma forma ou de outra. Mas a cada dia que passava, eu me sentia menos e menos esperançoso. Decidi cancelar minhas férias com a família para o Havaí. Foi difícil para Sheri e as crianças, mas senti que eu precisava estar a postos com a tropa.

Todas as manhãs, eu recebia um fax em casa com os números das vendas do dia anterior. Então corria para o escritório para uma reunião às 7h30 com Orin. Depois disso, nos reuníamos com a equipe de operações no varejo. Comecei a temer essas reuniões. Sentia um aperto no estômago, mas sabia que tinha de parecer otimista. As pessoas em nossos escritórios e lojas estavam trêmulas, e eu queria deixá-las contagiadas com o mais pleno otimismo. A pior coisa que eu poderia fazer, pensava, era começar a dizer que eu estava apavorado diante daquilo. Isso só agravaria o problema.

Um dos aspectos fundamentais da liderança, percebia mais e mais, é a capacidade de instilar confiança nos outros quando você mesmo está se sentindo inseguro.

Finalmente, em meados de dezembro, cheguei a uma conclusão que era dolorosa e também libertadora. Em virtude do porte e da escala da empresa, eu não podia mais fazer a diferença na solução de problemas cruciais. Antigamente, a Starbucks era uma lancha de corrida, ágil e fácil de pilotar contornando obstáculos no caminho. Qualquer que fosse a questão, eu podia me envolver e, com esforço e concentração, ajudar a encontrar uma solução. Se as vendas estavam retardadas, podíamos mudar a tática com uma notificação do dia, respondendo de maneira rápida e intuitiva. Podia ajustar o leme um ou dois centímetros e o barco inteiro obedecia ao comando. Os resultados eram imediatos.

Em 1995, a Starbucks estava parecendo com um porta-aviões. Assim que estivesse em uma dada direção, seu curso não seria facilmente alterado. Não importava quanto eu forçasse mudanças de última hora, o navio permaneceria insistente em sua rota. Havia ficado grande demais para movimentos bruscos.

Enquanto grande empresa, precisávamos confiar mais e mais em planejamento e disciplina, em vez de em ajustes de última hora alavancados por nossos instintos. Trata-se de uma habilidade que deveríamos ter desenvolvido muito antes de dezembro de 1995, mas, infelizmente, foi preciso um problema maior para fazer todos nós entendermos que precisávamos encontrar métodos de previsão mais acurados e planejar por períodos mais longos. E eu estava começando a aceitar o que os consultores gerenciais haviam me aconselhado: para ser uma grande empresa duradoura, é preciso construir um mecanismo para evitar e solucionar problemas que durarão mais do que qualquer líder individual.

Assim que percebi isso, mudei de tática. Decidi comunicar minhas preocupações abertamente, não só aos meus gerentes, mas a todos da empresa. Convoquei uma grande reunião com todas as pessoas que trabalhavam em nossos escritórios em Seattle. Como nossa área comum ainda não estava concluída, nos reunimos em uma cafeteria no terceiro andar, todos formando uma multidão, comigo ao centro.

A cafeteria estava decorada com enfeites de Natal, mas lá não pairava o espírito natalino. Eu estava cercado de rostos cheios de expectativa e olhos sombrios. Embora a maioria dos parceiros não acompanhasse os números diariamente, havia rumores de que não conseguiríamos atingir nossas metas.

O que eu fiz então foi atípico, pois sempre fui conhecido por discursos otimistas e animadores. Mas naquele dia, eu sabia que um discurso daqueles teria simplesmente ficado entalado na minha garganta.

"Talvez pela primeira vez no decorrer de muitos anos de vocês com a Starbucks", comecei, "estamos tendo uma temporada de festas frustrantes. Nosso desempenho não está sendo como esperávamos. Não há desculpas. Não é culpa de ninguém. Mas estou preocupado." Expliquei minhas preocupações e quais seriam os caminhos caso nossos números de vendas e rendimentos não atingissem o planejado.

"Sucesso", disse, "não é um título." Tínhamos de conquistá-lo, diariamente. Só porque a Starbucks havia atingido todas as suas metas no passado não significava que estávamos imunes a erros. Tínhamos de estar em um modo de constante renovação e reconhecer que o futuro de nossa empresa não se baseava no que havíamos conseguido ontem. Precisávamos perseverar, mesmo quando nossas metas a curto prazo pareciam longe de ser atingidas.

Para uma turma de indivíduos com senso de realização exacerbado, foi um recado difícil de engolir. Eu podia ver os olhares abatidos e pés se revezarem para suportar o peso.

"Espero que venhamos a atingir os números", concluí. "Mas se não conseguirmos, ainda seremos a mesma empresa que éramos há um mês." Tentei fazê-los focalizar nas questões a longo prazo: qual a essência da empresa, para não permitir que o desapontamento diante da situação ficasse no caminho da grande empresa que havíamos construído, e aprender com os nossos erros.

As pessoas vinham depois a mim, dizendo: "Trabalhei para outras empresas, e nunca ouvi um CEO falar com tanta honestidade e emoção em uma situação de dificuldades. Aprecio a forma direta como você explicou aquilo com o que estamos lidando".

Mas também ouvi outros dizerem que gostariam que eu não tivesse sido tão direto. Eles me viam como um herói, aquele que podia reverter até o pior jogo, e não gostaram de me ver descer do pedestal e admitir que eu não era invencível. Eles achavam que eu devia ter ocultado minhas preocupações e vulnerabilidades pessoais. Alguns gerentes vieram até meu escritório naquele dia dizendo: "Howard, penso que você decididamente não devia ter feito isso. O que está havendo? Para que aumentar ainda mais o temor?".

Levou alguns meses para meu grupo chegar à mesma conclusão que eu sobre a empresa. Passar por uma adversidade como aquela ajudou a afiar a equipe gerencial – sendo que, ao todo, um terço dela estava na empresa havia menos de seis meses.

Um problema que todos nós da diretoria tínhamos era o de lidar com a culpa. Diferente da crise dos preços de café, esse foi um desastre que sentimos que podíamos ter evitado. Nos sentimos pessoalmente responsáveis por termos desapontado uns aos outros. A mágica sempre começava conosco e aquela era a primeira vez que não podíamos estalar os dedos e eliminar o problema.

Hoje, recordando, estou certo de que francamente tomamos a atitude certa. O líder de uma empresa não pode, e nem deve, sempre ser o líder da torcida. Precisa estar disposto a permitir que seu pessoal veja os pontos fracos e a dor, contanto que o entendam no contexto das maiores realizações da empresa.

Quando não se tem a maré a nosso favor, é errado adotar um discurso animado. As pessoas querem orientação, não retórica. Precisam saber qual é o plano de ação, e como ele será implementado. Elas querem ser responsáveis por ajudar a solucionar o problema e ter autoridade para agir sobre ele.

Muitos gerentes acham difícil admitir seus temores para aqueles que dependem de suas decisões. Mas eu acredito que se você se igualar aos seus funcionários nos tempos difíceis, eles confiarão mais em você quando disser que as coisas estão indo bem. Acredito que nosso pessoal, com a experiência que tivemos no Natal de 1995, saiu com um grau mais elevado de confiança em mim e, o que é mais importante, no significado da Starbucks.

Não deixe o futuro escapar a cada passo seu

Tive outros *insights* naquele Natal, também. Um deles foi o de como é fácil perder de vista os planos a longo prazo, quando problemas de curto prazo exigem atenção. Em épocas de tensão, é fácil as pessoas tomarem decisões ruins por não entenderem as implicações de maneira ampla.

No início, era mais fácil entender a empresa, e cada gerente podia ver rapidamente quais impactos suas escolhas teriam sobre a empresa como um todo. À medida que crescemos, contratamos mais especialistas com funções específicas, mas muitas dessas pessoas – pelo fato de terem vindo de empresas maiores e mais avessas a riscos, e por terem observado apenas uma pequena parcela da empresa – tinham pontos de vista estreitos.

Um dos meus maiores temores é o que chamo de *incrementalização*: o que pode parecer certo do ponto de vista de um especialista da empresa pode ser um verdadeiro desastre para a empresa como um todo.

Foi uma gemada que me fez perceber isso naquela temporada. Trata-se de uma bebida que Dave e eu introduzimos na Il Giornale em 1986. Desde então tornou-se uma grande favorita da estação para os clientes da Starbucks.

Em 1994, alguém do grupo de alimentos e bebidas encontrou uma excelente maneira de economizar tempo e dinheiro. Em vez de ter de abrir caixas e caixas para fazer essas bebidas, por que não usar um xarope com sabor de gemada que é previamente misturado? Podia ser servido ao pressionar um botão segurando o *caffè latte* embaixo do bocal. Era simples e elegante. Nós testamos a nova versão da bebida em nossas lojas de Portland durante o fim de ano de 1994 e ela foi bem recebida. Mas quando decidimos oferecê-la em nível nacional, no Natal de 1995, de alguma forma o xarope não tinha o mesmo sabor e ninguém percebeu. Em função do porte e escala da empresa, eu nem cheguei a ser informado.

Então, em meio à agitada estação, eu estava lendo as sugestões de clientes, como sempre faço, e comecei a notar que muitos deles faziam a mesma reclamação: "Sua gemada tem um sabor ruim" e "O que aconteceu com a gemada fresca?".

Fui até uma reunião do grupo de alimentos e bebidas e disse: "O que está acontecendo com a gemada?". Os membros do departamento se entreolharam acanhados. No papel, o xarope fazia muito sentido, e os clientes de Portland não haviam reclamado durante o teste. Mas quando as vendas de gemadas começaram a cair drasticamente, perceberam o passo em falso que haviam dado. Esse foi um exemplo da empresa dando um passo tão sutil que ninguém prestou atenção ao efeito como um todo.

Aprendemos a nossa lição. No Natal seguinte, resgatamos a versão real da gemada.

Um bom CEO mantém o cenário global em mente enquanto as pessoas estão focalizando os detalhes. Mas a direção também deve apressar os chefes de departamentos a se consultarem mutuamente e examinar as implicações de mudanças de política em um nível mais amplo. Uma decisão de reduzir os custos ou aumentar a eficiência só será capaz de agregar valor se estiver coerente com as metas gerais que a empresa está tentando atingir, a longo prazo.

Alcançando destaque em uma nação saturada por varejistas

Qualquer que tenha sido o erro cometido internamente, a principal razão das fracas vendas no Natal foi externa. Conforme dezembro ia passando, ouvíamos relatórios alarmantes de outros varejistas. A Gymboree, uma grande empresa, registrou desempenho negativo de 19% em lojas equivalentes durante o mês de dezembro. Os relatórios comparativos da Computer City registraram 8% abaixo do convencional. As vendas da Mervyn's caíram 1,4%. Todos os varejistas norte-americanos registraram queda de vendas em dezembro de 4,1%, de acordo com a Telecheck Services.

Comparativamente, nossos problemas pareciam bem menores. Encerramos o mês com um desempenho positivo de vendas – 1%. Obviamente o problema ultrapassava os limites da Starbucks.

Os Estados Unidos se tornaram uma nação saturada por varejistas, na qual um número muito grande de lojas está perseguindo os dólares de pouquíssimos clientes. Os consumidores têm alternativas demais para escolher no mercado e então decidir de maneira sábia como gastar o dinheiro que têm disponível.

Quando a Starbucks entrou no cenário nacional no início dos anos 90, a saturação do varejo havia se tornado um problema sério. À medida que os anos passam se torna mais difícil transmitir nossa mensagem. Não dedicamos um enorme orçamento à publicidade nacional como fazem as grandes empresas. As pessoas estão mais ocupadas e menos inclinadas a sair para fazer compras e experimentar novos lugares.

Contudo, a saturação no varejo cria uma tremenda oportunidade para a Starbucks. Diferente das marcas de alimentos embalados, nós conseguimos nos relacionar com as pessoas, uma por vez, através das nossas lojas. E pelo fato de nos esforçarmos de maneira coerente para fornecer um produto de qualidade e uma experiência de qualidade, quando outros varejistas caem na mesmice, nós conseguimos destaque.

Mas, a cada ano que passa, surpreender e encantar os nossos clientes fica mais difícil. Nós estimulamos nossos clientes a desejarem um serviço de nível elevado. Assim como todo bom varejista, temos que nos diferenciar continuamente oferecendo produtos ou experiências que eles não podem obter em outro lugar. Temos que trabalhar para oferecer maior profundidade, variedade e riqueza no projeto de nossas lojas. Precisamos ultrapassar os limites de segurança.

Os clientes estão sempre procurando algo novo e interessante, especialmente na época de Natal. Essa demanda necessita de uma autorrenovação e reinvenção contínuas por parte dos varejistas pelos Estados Unidos, e para nós especificamente. Nós temos que continuar tentando criar novas categorias e novos produtos que cativem a imaginação dos clientes.

Todo varejista sonha com um produto que arrase, que desapareça das prateleiras como um passe de mágica. É o que o CD *Blue Note Blend* foi para nós em março de 1995, e o *frappuccino* foi nos verões de 1995 e 1996. Mas não se pode esperar conseguir esse tipo de sucesso a cada quatro semanas.

É por isso que, mesmo diante de números de vendas natalinas de cortar o coração, eu continuei estimulando nossas equipes de *marketing*, pesquisa e desenvolvimento a prosseguir em seus esforços para desenvolver novos produtos. Precisamos dos projetos que vislumbram o futuro para reter o interesse e a lealdade dos clientes.

Embora tenhamos conseguido identificar tendências externas óbvias que explicavam nossas vendas desapontadoras, teríamos errado se simplesmente parássemos e disséssemos: "Está sendo um ano ruim para todo mundo. Não é nossa culpa". Temos que continuar buscando uma forma de nos erguermos para alcançar destaque em uma nação saturada por varejistas.

Os melhores CEOs são míopes e também hipermétropes

No final, nós não percebemos isso naquele ano. No início de janeiro, quando anunciamos nossos números de vendas, o preço das ações despencou. Posteriormente, naquele mês, calculamos que havíamos sofrido uma defasagem em relação à nossa meta de aumento nos lucros de apenas um ponto percentual, graças às melhorias de Orin. A Starbucks ainda estava muito lucrativa, mas os rendimentos não cresciam com tanta rapidez quanto havíamos previsto.

Ainda assim, os analistas de Wall Street foram impiedosos. Alguns culpavam a mim e minhas inovações de produto por desviar a empresa de seu negócio principal. A história, argumentava um deles, revela que o maior risco para os operadores de restaurantes e lojas varejistas é a perda de foco.

"Quando isso acontece, qualquer *brand equity* que a empresa tenha construído começa a se diluir", dizia ele. "Nós preferiríamos que fosse dada maior atenção à execução em nível de loja."

Aquilo me consumiu. É exatamente essa orientação a curto prazo que perturba muitos CEOs em Wall Street. Uma empresa cuja direção não está fazendo planos para o futuro a longo prazo nunca pode ultrapassar o último conceito passageiro da moda.

Mesmo dentro da Starbucks durante aqueles meses, algumas pessoas reclamaram que eu as estaria pressionando muito, exigindo mais empenho em projetos de longo prazo quando nossos negócios principais precisavam de reparos com urgência. Notei ressentimento em algumas vozes. Enquanto limpavam a bagunça depois do Natal, eu estava me divertindo com meus brinquedos novos: sorvete, *frappuccino* em garrafa, um tremendo contrato com a United Airlines.

Será que eu estava meio cego?

Não. Meus olhos estavam focalizados no futuro a longo prazo. Eu estava à espreita, dobrando a esquina para ver o que poderia nos atingir depois daquilo. A Procter & Gamble havia acabado de comprar um dos maiores fornecedores de grãos para os supermercados, a Millstone Coffee of Everett, de Washington. Os grandes estavam vindo ao nosso encalço? Devíamos reconsiderar a decisão anterior de não comercializarmos nosso café em supermercados? Quais produtos podíamos criar que fossem únicos, que nos garantissem um nicho inabalável em um mercado cada vez mais competitivo? Como podíamos alavancar a marca Starbucks, conservando sua elegância e estilo mas alcançando mais clientes? Precisávamos perseguir uma visão a longo prazo na construção da marca Starbucks criando novos produtos. Para estarmos prontos até o ano 2000, tínhamos de dar início aos testes imediatamente.

Com melhorias na manufatura, operações no varejo, e planejamento, a Starbucks também ficou melhor ao lidar com o futuro a curto prazo. Durante o Natal de 1996 conseguimos evitar muitos dos problemas que haviam nos atacado no ano anterior. Mais uma vez, o clima geral no varejo foi fraco, e o clima foi ruim, especialmente no noroeste Pacífico. O crescimento das vendas de nossas lojas, de 2%, não foi tão bom quanto gostaríamos. Mas nossos esforços de contenção de custos apresentaram bom desempenho, e os rendimentos estiveram a contento de Wall Street. Enquanto gerentes, sabíamos o que esperar, e o mercado de ações não teve reação adversa.

Fizemos tudo o que estava ao nosso alcance para assegurar vendas fortes durante a temporada de 1996. Fizemos nossa lição de casa. Cumprimos um plano bem elaborado e, com previsões muito mais acuradas, embalamos quase com exatidão a quantidade de café para atender a demanda. E mais, eu fui mais otimista e contextualizei. Não esperei um milagre natalino de última hora, e pude focalizar nas perspectivas para o ano novo. Com um novo vice-presidente de *merchandising*, Peter Gibbons, contratado da Disney, e uma equipe maior nos laboratórios de Don Valencia, nós tínhamos novos produtos prontos para serem lançados no verão.

Naquele segundo ano, estávamos todos mais calmos. Percebi que não seria o fim do mundo caso não conseguíssemos bons resultados no Natal. Por quê? Porque todos sabíamos que estávamos criando, a longo prazo, em prol da marca e da empresa. As vendas do Natal não determinam o destino da Starbucks.

Wall Street também entendeu, e as ações começaram a subir em janeiro, refletindo perspectivas positivas para 1997.

Assim como o capitão daquele porta-aviões, eu fixo os olhos no horizonte e sigo em frente. Dessa vez eu nem senti falta da lancha de corrida.

LIDERE COM SEU CORAÇÃO

Liderança é descobrir o destino da empresa e ter coragem de segui-lo... Empresas que conseguem têm um propósito nobre.
JOE JAWORSKI, do "Organizational Learning Center", MIT

Uma visão a longo prazo

Na prateleira do meu escritório, tenho uma pequena bola de cristal. Ganhei da divisão local da Young Presidents Organization, como símbolo do prêmio Merlin.

Conforme diz a lenda, Merlin nasceu no futuro e retrocedeu no tempo, voltando ao passado. Ele deve ter se sentido muito diferente de seus contemporâneos, por ter noções nada convencionais do futuro. Não sou um sábio, mas às vezes acredito que sei como ele deve ter se sentido. Minha visão do futuro, minhas aspirações em relação ao tipo de empresa que a Starbucks deve ser, são facilmente mal interpretadas pelas pessoas de dentro e de fora da empresa.

Um consultor gerencial de Santa Fé, Novo México, Charles E. Smith, comparou executivos visionários com o famoso mago. "Líderes excepcionais", escreveu ele, em 1991, "cultivam o hábito merlinesco, de agir no presente como embaixadores de um futuro radicalmente diferente, para inspirar suas organizações com uma visão inovadora do que é possível alcançar."

No início dos anos 80, e hoje mais ainda, eu tinha uma ideia bastante clara do que a Starbucks poderia vir a ser. Sabia a aparência que eu desejava para ela, a sensação que as lojas transmitiriam, o ritmo de crescimento, e a relação com as pessoas.

Hoje, quando olho adiante, vejo um futuro se estendendo para muito além dos atuais quarenta anos de vida da Starbucks. Em sessões anuais de planejamento estratégico, nossa equipe sênior vem refinando essa visão para certificar-se de que é audaciosa e ao mesmo tempo atingível. Temos esclarecido nossos valores e tentado articular nossas metas a longo prazo. E embora muitos de nossos executivos sejam relativamente novos, estou surpreso com a semelhança de nossas crenças e metas.

A empresa que imaginamos é uma empresa grande, duradoura e ainda zelosa em relação à sua missão de oferecer excelente café para todos por toda parte. Suas lojas proporcionarão uma experiência recompensadora e enriquecerão a vida de pessoas em comunidades por todo o mundo, xícara por xícara. Mas queremos que nossa ousadia e desafio do senso comum a leve em novas direções também, alavancando a força da marca, inventando novos produtos que surpreendam e encantem, vendendo por muitos canais de distribuição, possivelmente indo além do café para outros itens que fazem parte da vida diária das pessoas.

As oportunidades são empolgantes. Na maioria dos países, o consumo médio de café por adultos é de duas xícaras por dia, porém a qualidade desse café é, em grande parte, muito ruim. Em alguns anos, esperamos que nossa *joint venture* com a Pepsi, das vendas de *frappuccino* engarrafado e outros produtos, produza rendimentos excedentes de 1 bilhão de dólares, uma quantia maior do que o total anual de vendas atualmente.

Mas nossos planos vão muito além dos números. O alicerce dessa empresa não está relacionado ao crescimento. Está relacionado à paixão, à profunda relação que temos com nosso pessoal, com nossos clientes e acionistas.

Não importa quantas avenidas a Starbucks percorre, e não importa quanto crescemos, nossos valores centrais e propósito não mudarão. Quero que a Starbucks seja admirada não só pelo *que* realizamos mas pelo *como* realizamos. Acredito que podemos desafiar o senso comum conservando nossa paixão, nosso estilo, nosso ímpeto empreendedor e a relação pessoal ainda enquanto nos tornamos uma empresa global. É imprescindível que o pessoal da Starbucks em todos os níveis compartilhe o sucesso da empresa, tanto em termos de orgulho quanto de recompensas financeiras. E se através de nossa conduta e princípios pudermos inspirar os indivíduos e líderes de outras empresas a ter grandes aspirações, isso será motivo de alegria.

Estou convencido, mais do que nunca, de que podemos ser bons e bem-sucedidos. Podemos ser extremamente lucrativos e competitivos, com uma marca extremamente respeitada, e também sermos respeitados por tratar bem o nosso pessoal. No final, não só é possível fazer ambas as coisas, como passa a ser difícil fazer uma coisa sem a outra.

Temos que liderar com nossos corações. Nos negócios, assim como na vida, cada um de nós deveria ter uma bússola interna que guiasse nossas direções, um entendimento instintivo do que é mais importante no mundo. Para mim, não são os lucros, ou as vendas, ou o número de lojas, mas a paixão, o compromisso, entusiasmo de um grupo de pessoas dedicadas. Não se trata de dinheiro, mas sim de perseguir um sonho que os outros acreditam que você não atingirá e encontrar uma forma de dar algo, aos funcionários, aos clientes, à comunidade. Espero que ao examinar a Starbucks, cada vez que você focalizar em qualquer parte do cenário, em vez de fraturar os valores, seja capaz de observar atentamente os princípios diretores da empresa. Ao olhar mais profundamente, o que você vê é uma empresa honesta, autêntica, respeitosa e digna.

No livro *Feitas para Durar*, os autores James Collins e Jerry Porras falam das metas audaciosas. Para a Starbucks, nossa meta ambiciosa de longo prazo é nos tornarmos uma grande empresa sólida com a marca mais reconhecida e respeitada do mundo, conhecida por inspirar e nutrir o espírito humano.

A Starbucks de hoje está distante dessas aspirações elevadas. Nós cometemos muitos erros. Nenhuma empresa pode ser uma utopia. Mas se não tiver grandes aspirações, se você almejar apenas o "bom o suficiente" ou "acima da média", é precisamente o que conseguirá. Se você buscar a excelência, inspirará sua equipe a trabalhar visando a uma meta maior. Quando você encontra dificuldades e negligência, deve lidar com elas de maneira direta e coerente com o melhor desempenho futuro. Seu pessoal ficará mais tolerante se entender a missão que vocês têm em comum e conforme a qual estão trabalhando juntos.

Os problemas que a Starbucks tem enfrentado nos últimos anos – a oposição que enfrentamos em relação à nossa onipresença, aos preços voláteis do café, vendas frustrantes de Natal, reclamações e protesto – não nos cegaram diante do cenário maior, o valor a longo prazo que criamos. Nenhuma empresa pode crescer, nenhum sonho se realiza, sem que se enfrentem desafios, surpresas, desilusões pelo caminho. Quanto mais sincero nosso compromisso, mais esses contratempos nos machucarão, mas mais ainda seremos capazes de inventar soluções que reflitam nossos valores.

A Starbucks ainda luta para ter sucesso, e nós enfrentaremos muitas dificuldades no futuro, algumas muito mais sérias do que as que já enfrentamos até agora. Não podemos continuar aumentando indefinidamente nosso faturamento e lucros à razão de 50% ao ano. Todas as grandes empresas passaram por tempos difíceis que forçaram um autoexame e um repensar das prioridades. O teste maior será como lidamos com essas fases. Espero que nós da direção tenhamos aprendido o suficiente com os problemas pequenos para conseguirmos superar os maiores que virão.

Suspeito que muitas das extraordinárias ideias que modelarão o futuro da Starbucks virão de dentro da nossa própria empresa. Enfatizando um forte compromisso com a reinvenção e autorrenovação, mantendo o espírito empreendedor vivo, estamos fazendo o possível para promover uma atmosfera que encoraja a inovação.

Continue prestando atenção na música

Identifico-me com a música dos Beatles, assim como muitos da minha geração, porque me lembra de pessoas, lugares e épocas em que eu cresci. Fiquei ansioso para assistir à antologia especial dos Beatles na TV e ouvir os próprios integrantes do conjunto falarem sobre a história da banda. Em uma entrevista durante um dos programas, Paul McCartney disse algo que realmente me tocou.

Foi depois de acabarem de se apresentar a uma multidão de "apenas" 50 mil pessoas no Shea Stadium, e estavam ficando cansados de viajar. O encerramento da turnê foi no Candlestick Park, em San Francisco, em 29 de agosto de 1966.

No programa de TV, Paul, George e Ringo estavam sentados ao redor de uma mesa, relembrando os motivos pelos quais haviam decidido encerrar as viagens. "Estávamos ficando cada vez piores como banda enquanto todas aquelas pessoas vibravam", disse Paul. "Era encantador o fato de eles gostarem de nós, mas não conseguíamos ouvir para tocar."

Essa citação me tocou muito fundo e é de extrema importância. Eles não conseguiam mais ouvir a música que produziam. Quando isso ocorria, a essência deles se perdia. Eles tinham que voltar para o estúdio e reencontrar o som deles.

Na Starbucks – e em muitas empresas, em qualquer setor – existem tantos momentos agitados durante o dia em que estamos simplesmente fazendo o trabalho, tentando apagar incêndios, solucionar um número de problemas pequenos, que frequentemente perdemos de vista o que realmente estamos fazendo lá.

Eu ficaria muito triste se, daqui a vinte anos, a Starbucks alcançasse a penetração, a presença e o reconhecimento que almejamos às custas de nossos valores centrais. Se perdermos a nossa sensibilidade e nossa responsabilidade, se começarmos a pensar que é aceitável deixar as pessoas para trás no decorrer de nossa escalada, terei a forte sensação de que falhamos.

Não importa quantos clamores nos cercam, temos que nos certificar de que ainda conseguimos ouvir a música. Conforme escreveu um de meus autores prediletos, Noah benShea, em *Jacob the Baker*, "é o silêncio entre as notas que cria a música". Às vezes temos que parar e prestar atenção nesse silêncio.

Alguns parceiros mais novos na Starbucks nos ouvem falar sobre números e ainda não apreciam a base de valores e princípios que significam tanto para nós que construímos a empresa. Para eles e para os nossos clientes, precisamos tornar isso humano e pessoal. Precisamos falar com nossa própria voz e mostrar nossa personalidade, para que os outros não nos julguem erroneamente com base em falta de conhecimento.

Precisamos transformar a Starbucks em uma empresa global e ao mesmo tempo manter a cultura, o coração e a alma de uma pequena empresa em Seattle, Washington.

E o que a esperança tem a ver com isso?

Meu tipo de idealismo ilimitado está, conforme percebo, fora de sincronia com o cinismo daqueles anos 90. O ceticismo tornou-se sinônimo de sofisticação, e a loquacidade representa enganosamente a inteligência. Os sábios consideram os idealistas ingênuos ou interesseiros. E mesmo que alguém esteja bem 90% das vezes, a crítica inevitavelmente estará focalizada nos outros 10%. Se uma empresa define padrões elevados, é mais fácil julgá-la deficiente.

Em uma atmosfera assim, por que se preocupar em ter grandes aspirações? Um número muito grande de pessoas não o faz. Então a mediocridade é comum demais nos Estados Unidos e pelo mundo afora. À medida que nos aproximamos do final do milênio, nos encontramos enfrentando uma rachadura ainda mais profunda dos valores.

Nos últimos anos, enquanto meus dois filhos cresciam, eu tentei orientá-los e me certificar de que se transformariam em adultos responsáveis e atenciosos. Quero transmitir a eles os valores que considerei significativos em minha vida.

Certa noite nós alugamos o filme *Forrest Gump* e assistimos juntos. Meus filhos adoraram e, durante uma semana, ficaram repetindo a frase: "A vida é como uma caixa de chocolates". Eu comecei a pensar na razão de aquele filme, que não era especialmente profundo, ter provocado um efeito emocional tão poderoso em tantas pessoas. O herói do filme era um homem que, obviamente considerado lento, demonstrou ter mais *insights* do que qualquer outra pessoa porque não permitia que os valores negativos do mundo confundissem seu entendimento do que realmente importa na vida.

Algumas semanas mais tarde, levei meu filho para assistir a *Basquete Blues*. Esse filme teve um efeito semelhante sobre ele, pois, como eu, ele é apaixonado por basquete. É um longo documentário que se dá num cenário insano, no meio do desespero, porém os temas que aborda estão implacavelmente relacionados a vencer os obstáculos.

O que me chamou a atenção nos dois filmes foi que inspiraram forte esperança. Nós temos tanta necessidade de um herói, de uma história que pareça real, a que todos possam se referir. Todos ansiamos por algo otimista, algo honesto e autêntico.

Essa necessidade de sinceridade tornou-se outra vez aparente algumas semanas mais tarde, quando Cal Ripkin quebrou o recorde mundial de número de participações em jogos de beisebol. Enquanto eu e meu filho assistíamos a Ripkin em sua entrevista na TV, meus olhos ficaram cheios d'água. Ao seu lado, um pouco atrás, estava um Joe DiMaggio com os olhos cheios de lágrimas, herói de todos os heróis nos últimos cinquenta anos, um cara que havia jogado com Lou Gehrig. Então Cal Ripkin disse: "Eu nem consigo pronunciar meu nome junto com o de Lou Gehrig". Dava para ver a mãe, o pai, esposa e filhos de Ripkin, pessoas comuns, em um momento inspirador.

Por que havia tantos fãs tão dedicados ao sucesso de Cal Ripkin? Não estavam simplesmente torcendo para ele conseguir quebrar o recorde, mas era uma resposta genuína à sua humildade. Entra dia, sai dia, como disse ele, tudo o que tem feito é o seu trabalho, mas com abnegação e melhor do que qualquer pessoa. Em uma era em que meia temporada de basquete pode ser cancelada por causa de uma greve para reivindicar dinheiro, nossos corações se abrem para um jogador que apenas vai até lá e joga bola, vez após vez, e acaba quebrando o recorde de todos os tempos.

No vazio deixado pela ética nessa era, as pessoas desejam muito ser inspiradas. Mesmo que por um filme, ou programa de TV, ou por uma excelente xícara de café, querendo se livrar do ruído negativo que invade a todos nós.

Quando você entra em um teatro ou escolhe um bom romance, só precisa de um pouco de tempo.

Quando 5 milhões de pessoas por semana procuram uma loja da Starbucks e esperam na fila para tomar uma bebida com café expresso, quando os clientes retornam várias vezes a cada semana, não estão vindo apenas por causa do café. Estão voltando por causa do sentimento que têm quando estão lá. E o sentimento está diretamente relacionado ao fato de que nos recusamos a fazer as coisas do jeito que os outros fazem. Não abrimos mão da esperança de que existe um jeito melhor.

Quando atingir a linha de chegada, estará cercado por vencedores

Como uma criança do Brooklyn, eu tinha medo de pensar no futuro. Depois de meia vida, percebi que todos nós temos o poder de modelar a imagem que temos do futuro. Se imaginarmos, planejarmos, formos espertos ao agirmos em relação a ela, podemos desejar que aconteçam coisas surpreendentes. Mas precisamos ter certeza de que é uma visão que vale a pena trazer para a vida real. Se tem um propósito nobre, as recompensas são bem maiores.

O sucesso não deve ser medido em dólares: deve ser medido por como você conduz a jornada, e como seu coração está no final dela.

Os negócios podem nos ensinar muito sobre o que as pessoas podem realizar quando trabalham juntas. Uma pessoa é capaz de fazer muito. Mas se ela ingressar em uma empresa de pessoas que estejam comprometidas com as mesmas metas, se as estimular e inspirar e explorar suas forças interiores, podem fazer milagres juntas.

É preciso coragem. Muitas pessoas tentarão lhe dizer que é impraticável ou impossível. Dirão para você reduzir suas ambições. Dirão que nos negócios não existe benevolência.

Lembre-se: você ficará com uma sensação de vazio se atingir sozinho a linha de chegada. Ao correr com um time, contudo, você descobrirá que grande parte das recompensas vêm ao tocarem a fita juntos. Você quer estar cercado não só por observadores que aplaudem, mas por uma multidão de vencedores, comemorando como um só.

A vitória é muito mais significativa quando não resulta só dos esforços de uma pessoa, mas das realizações conjuntas de muitas. A euforia é duradoura quando todos os participantes lideram com o coração, vencendo não só por si mesmos, mas uns pelos outros.

O sucesso tem mais sabor quando é compartilhado.

AGRADECIMENTOS

Colaborar para um livro sobre algo tão pessoal como a história de uma vida e as lutas internas relacionadas à construção de uma empresa é algo que exige um elevado grau de confiança e respeito mútuo. Dori Jones Yang e eu tivemos sorte de desenvolver tais características no início do processo, que demonstrou ter tido mais altos e baixos do que podíamos prever. O que nos manteve centrados durante a experiência de dois anos foi uma crença forte e comum de que outras pessoas poderiam se beneficiar, e talvez serem inspiradas, pelas histórias e *insights* que estão por trás do sucesso da Starbucks.

Dori e eu gostaríamos de agradecer às setenta pessoas, de dentro e de fora da Starbucks, que concordaram em ser entrevistadas durante a pesquisa para este livro, bem como às cinquenta pessoas que leram e fizeram comentários sobre o manuscrito. Sem suas lembranças, histórias, *insights* e sugestões, este livro não seria metade do que é. Em meu escritório, Georgette Essad, Nancy Kent e Christina Prather nos ajudaram de muitas maneiras com este livro durante dois anos.

Embora muitos parceiros da Starbucks sejam citados neste livro, muitos outros que não foram deram contribuições de valor inestimável para a empresa e demonstraram, através do exemplo, o que significa "dedicar-se de coração". Deixo aqui meus agradecimentos aos seus esforços e compromisso.

Também somos profundamente gratos a Joel Fishman, da Bedford Book Works, nosso agente literário, que estalou os dedos sobre este projeto e o transformou para sempre. E gostaríamos de expressar nossos agradecimentos a Rick Kot, editor da Hyperion, que personifica o equilíbrio descrito neste livro: meticuloso e profissional como editor, sensível e solícito nas relações humanas.

E o mais importante, gostaria de expressar meu profundo reconhecimento a Sheri, por estar presente a cada passo do caminho e por me mostrar como criar o perfeito equilíbrio na vida entre trabalho e família.

E da coautora, Dori Jones Yang:

Além do já mencionado, gostaria de estender meu agradecimento pessoal a meus pais, William B. Jones e Margaretta H. Jones, que nutriram em mim o amor pela redação ainda em idade tenra; Bruce Nussbaum, meu estimado e confiável mentor; Lew Young e Steve Shepard, editores-chefes da *Businessweek*, que acreditaram em mim durante quinze anos; Lynn Tonglao, que transcreveu muitas das entrevistas; Paul Yang, que participou de cada etapa deste livro e serviu de vital apoio e inspiração para que "fosse concluído"; Emily Yang, minha confidente, ajudante e amada filha, e Howard Schultz, que realmente é quem diz ser.

Reimpressão, novembro 2022

Fontes FREIGHT SANS, MORE PRO
Impressão IMPRENSA DA FÉ
Papel ALTA ALVURA 90/M²